Über den Herausgeber:

Hans-Christian Huf, geboren 1956. Studium der Geschichte, Germanistik, Politologie und Soziologie in München, Paris und Bordeaux. Seit 1987 in der Redaktion »Kultur und Gesellschaft« des ZDF. Leitender Redakteur der Prime-Time-Fernsehserie »Sphinx– Geheimnisse der Geschichte«.

SPHINX

1

Geheimnisse der Geschichte

Von König Minos bis Kleopatra

Herausgegeben von
Hans-Christian Huf

WILHELM HEYNE VERLAG MÜNCHEN

Heyne Sachbuch
19/838

Umwelthinweis:
Dieses Buch wurde auf chlor- und säurefreiem Papier gedruckt.

Taschenbuchausgabe 1/2003

Der Wilhelm Heyne Verlag ist ein Verlag der Ullstein Heyne List
GmbH & Co. KG, München
http://www.heyne.de
Printed in Germany 2002
Umschlagillustration: akg-images/Erich Lessing, Berlin
Umschlaggestaltung: Hauptmann und Kampa Werbeagentur, München-Zürich
Herstellung: Udo Brenner
Druck und Verarbeitung: RMO-Druck, München

ISBN 3-453-86132-9

SPHINX

Geheimnisse der Geschichte.
Die Fernsehserie.
Von Hans-Christian Huf

Geschichte ist, was geschehen ist; das Geschichtete, das, was in Schichten übereinanderliegt: Vergangenheit. Für den Menschen mit seiner ihm innewohnenden Neugierde auf das Künftige wie das Vergangene ist der Umgang mit dem, was einmal war, eine Grundvoraussetzung menschlicher Selbstvergewisserung, Kontinuität und Kultur: Wer sind wir, woher kommen wir und – wohin gehen wir?

Während die Beschäftigung mit dem Künftigen auf höchst schwankendem Boden steht, halten wir den Rückblick auf das längst oder unlängst Vergangene für gesichert, ruhend auf dem, was an Zeugnissen, Quellen und Spuren aus dem Fortlauf der Generationen übriggeblieben ist. Und doch ist Geschichte weitgehend der Versuch einer Rekonstruktion. Sie will die scheinbare Einheit von Vergangenheit, Gegenwart und Zukunft herstellen, sie will Identität vermitteln. Gemeinsame Erinnerung ist ein Stück unseres Lebens.

In der Alten Welt war die Vergangenheit gegenwärtig im Mythos und in der Religion. Heute wendet man sich bewußt zurück in die Vergangenheit, da weder Gott noch eine verbindliche Ethik der Menschheit Ziele setzen. Man sucht Versicherung in der Vergangenheit. Daß der Umgang mit Vergangenheit uns weise für immer mache, wie Jacob Burckhardt im 19. Jahrhundert meinte, daran glauben wir heute nicht mehr.

Geschichten werden seit undenklichen Zeiten erzählt, doch erst die Neuzeit entwickelte den Begriff der Geschichte. Der Geschichtswissenschaft liegt zum einen die Forderung nach höchster Rationalität zugrunde, sie wendet sich mit größtmöglicher Objektivität den vorhandenen Quellen zu oder spürt verschüttete auf, »sammelt« also; zum anderen bedarf sie zur Verlebendigung, zum Nacherleben der vielfältigen Einzelergebnisse einer zusammenfassenden Vision, anders gesagt: der Interpretation und des erzählerischen Talents. Nur so kann der Historiker das Allgemeine wie das Besondere, das für die jeweilige Zeitgenossenschaft Packende und an die menschlichen Wurzeln Verweisende zu einem Gesamtverständnis des menschlichen Lebens nachvollziehbar herausarbeiten.

In diesem Sinne hat die Wissenschaft von der menschlichen Geschichte eine große Reihe bedeutender Erzähler hervorgebracht, deren Werke, auch wenn sie heute manchmal überholt sind, den Umgang der Menschen mit sich selbst, die menschliche Selbstreflexion – und die bedeutet letztlich Menschsein – bereichern. An die Seite der prosaischen Geschichtserzählung ist in diesem Jahrhundert durch die Entwicklung der neuen Bildmedien die filmische Erzählung getreten. Sie hat den Vorteil, eine bildliche Darstellung bieten zu können, aber auch den Nachteil, daß sie zu einer mediengerechten Verknappung gezwungen ist.

Durch die Allgegenwart des Fernsehens ist die gesamte Welt zu einem einzigen Netz der Kommunikation geworden. Der Zuschauer erhält Zugang zu jedem beliebigen Schauplatz der Erde und anschauliche Bilder von Ereignissen, von denen er früher allenfalls durch Zeitungen und Bücher oder durch Hörensagen erfuhr. Die heutige Informationsgesellschaft kann somit an sämtlichen Ereignissen auf diesem Erdball nahezu unmittelbar teilnehmen. Schauplatz des Fernsehens ist schlechthin die gesamte Welt.

Diese Allgegenwärtigkeit des Mediums Fernsehen hat allerdings auch eine Überfülle an Einzel-Einblicken zur Folge, die sich kaum noch in ein schlüssiges, verbindliches Menschen- beziehungsweise Weltbild einfügen lassen. Um so notwendiger erscheint es, in der Rückwendung in die Vergangenheit immer wieder neu den Versuch zu unternehmen, eine Kontinuität im menschlichen Handeln sichtbar zu machen. Es ist das Glück des »Re-«porters – dessen, der Geschichte ins Hier und Jetzt holt –, wenn ihm der Nachweis gelingt, daß lange Vergangenes für uns heute noch von Bedeutung ist.

Nicht alle Ereignisse, Umstände, Gestalten, Unternehmungen, Triumphe, Katastrophen, die wir als Teil der Menschheitsgeschichte kennen, sind in all ihren Zusammenhängen aufgeklärt: Sie gelten hartnäckig als geheimnisvoll, als Geheimnisse. Dieses beinahe Mythische, nicht Aufgeklärte gehört zum Zauber der Vergangenheit. Vielleicht liegt gerade im Dunkel vieler historischer Ereignisse und Persönlichkeiten ihre Anziehungskraft.

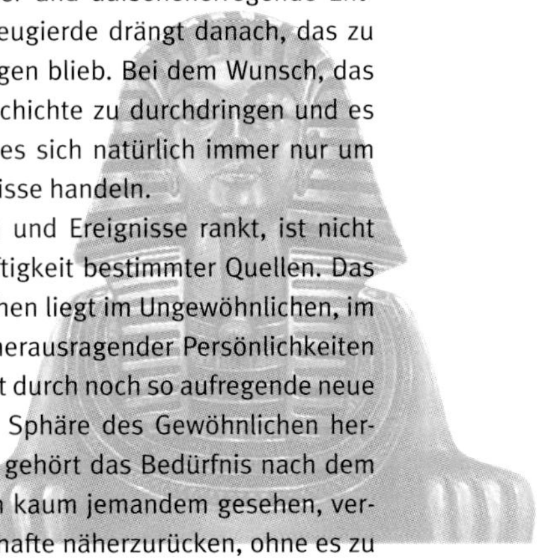

Die Welt ist heutzutage bis in die letzten Winkel vermessen und bietet kaum mehr Platz für Abenteuer und aufsehenerregende Entdeckungen. Doch die menschliche Neugierde drängt danach, das zu lüften, was ihrem Blick bisher verborgen blieb. Bei dem Wunsch, das eine oder andere Geheimnis der Geschichte zu durchdringen und es der Erhellung näherzubringen, kann es sich natürlich immer nur um vorläufige und nicht um letzte Ergebnisse handeln.

Der Mythos, der sich um Figuren und Ereignisse rankt, ist nicht allein entstanden auf Grund der Dürftigkeit bestimmter Quellen. Das die Zeiten Überdauernde solcher Mythen liegt im Ungewöhnlichen, im letztlich nicht Faßbaren bestimmter herausragender Persönlichkeiten der Geschichte, und es wird auch nicht durch noch so aufregende neue Erkenntnisse vermindert oder in die Sphäre des Gewöhnlichen heruntergeholt. Zur menschlichen Natur gehört das Bedürfnis nach dem Außerordentlichen. Bilder, vorher von kaum jemandem gesehen, vermögen das Mythische, das Legendenhafte näherzurücken, ohne es zu verkleinern, und so dem Zuschauer auch den Anstoß zu Träumen zu vermitteln. Indem die Welt nacherzählt wird, erfährt sie Deutung: Ins Geschehene wird Phantasie projiziert. Man weiß nicht, wie es war – denn wie es war und geworden ist, liegt im Schoße des Geheimnisses. Die Erzählung gibt vor, es zu ergründen. Der Geist der Zeit ist des Erzählers eigener Geist.

Die einzelnen Geschichten geben auch Auskunft über die problematische Situation des Menschen, über seine großen, verwegenen Entwürfe wie über sein Scheitern. »SPHINX – Geheimnisse der Geschichte« will deshalb keineswegs etwa ein umfassendes Geschichtsbild aus über die Jahrhunderte verstreuten Bausteinen entwerfen. Die Serie begreift sich vielmehr als Versuch, trotz widersprüchlicher Thesen und Einzelergebnisse einen Umriß legendärer Geschehnisse und Persönlichkeiten aufzuzeigen und dahinter die Fragen nach dem menschlichen Dasein deutlich sichtbar zu machen.

Denkt man zum Beispiel an Alexander »den Großen«, an Hannibal oder an Napoleon, so berührt an diesen überragenden Gestalten der beinahe übermenschliche Wille, Teile des Erdballs – für die damaligen Zeitgenossen freilich ging es um die ganze Welt – der eigenen Gestaltungs- und Ordnungsvorstellung zu unterwerfen. Sie wollten Grundlagen schaffen für überdauernde Reiche, in denen die Menschen als Untertanen unter einem einheitlichen Recht und in einer universalen Zivilisation zusammengefaßt waren. Schon am Beginn unserer abendländischen Geschichte sehen wir große Staatsideen, gewaltige Unternehmungen: Diese Ideen in die Wirklichkeit zu überführen scheiterte. In der Tragik solcher Wahrnehmung etwa mag sich die Antike kaum von unserer Zeit zu unterscheiden. Partikularismus, Nationalismus und Herrschaftsideologien scheinen immer wieder über jede übergreifende Zivilisationsidee zu obsiegen.

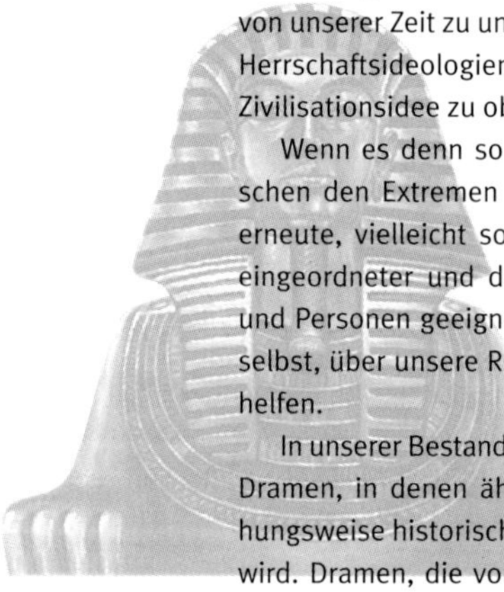

Wenn es denn so ist, daß die menschlichen Dinge immerzu zwischen den Extremen Chaos und Ordnung pendeln, so erscheint die erneute, vielleicht sogar neuartige Befragung rätselhafter, nie ganz eingeordneter und damit un-»erledigter« geschichtlicher Ereignisse und Personen geeignet, dem zeitgenössischen Nachdenken über uns selbst, über unsere Rolle, unsere Möglichkeiten und Grenzen nachzuhelfen.

In unserer Bestandsaufnahme werden aus Geschichte Geschichten – Dramen, in denen ähnlich wie auf dem Theater menschliche beziehungsweise historische Realität gebündelt und beispielhaft erkennbar wird. Dramen, die von Spannung, Steigerung, Verknappung und von der Darstellung des Wesentlichen bestimmt sind. Dramen, die, solange Geschichte die Menschen berührt, zum unvergeßlichen Erinnerungsschatz des Homo sapiens gehören.

Das Sinnbild der Sphinx – eines in der ägyptischen und griechischen Mythologie auftauchenden Fabelwesens – soll das, was auf den folgenden Seiten im Mittelpunkt steht, symbolhaft aufscheinen lassen: Geheimnisse der Geschichte. Deshalb haben wir die Fernsehserie und das gleichzeitig erscheinende Buch »SPHINX« getauft. Die Sphinx wird zum Zeichen für einen unermeßlichen geschichtlichen Raum, der freilich nie vollständig entschlüsselt werden kann. Die Sphinx wird zum Sinnbild einer Geschichte, deren letzter Sinn unerklärbar bleibt. Aber der Mensch gibt sich nicht damit zufrieden, daß er aus dem Dunkelen kommt und im Dunkelen versinkt; er deutet die Geheimnisse der Welt und Geschichte und glaubt sie zu verstehen.

Oder er zweifelt und verzweifelt am Sinn, empört sich über Sinnlosigkeit und verdrängt, was er sowieso nicht zu begreifen vermag.

In der mythischen Erzählung haust die Sphinx auf einem Felsen bei Theben und tötet jeden Wanderer, der ihre Rätselfrage nicht zu beantworten weiß: »Was ist am Morgen vierfüßig, zu Mittag zweifüßig, am Abend dreifüßig?« Ödipus findet die Lösung: Der Mensch sei damit gemeint. Daraufhin stürzt die Sphinx sich in die Tiefe.

Der Mensch als des Rätsels Lösung: Wenn er geboren wird, bewegt er sich, noch ziemlich hilflos, auf dem Boden – mit Händen und Füßen; der aufrechte Gang macht den Menschen erst zum Menschen; sein Leben nähert sich dem Ende, wenn er mit dem Stock kraftlos seinem Tod entgegengeht. Der Mensch wird geboren, lebt und stirbt. Sein Name mag noch einige Zeit – und sei es auf seinem Grabstein – in Erinnerung bleiben; dann geht auch er ins Vergessen ein.

Anders bei den berühmten Hauptpersonen der Weltgeschichte; sie »bleiben« – »aufgehoben« im Mythos und in der aufgeschriebenen Historie. Kleopatra und Hannibal sind uns nahe, doch wir kannten sie nicht zu ihren Lebzeiten, sondern kennen sie nur aus ihrem Nachleben. Unser Wissen ist geprägt von einer »Unschärferelation«. Je stärker wir uns auf Personen der Vergangenheit konzentrieren, desto mehr rücken wir sie ins Imaginäre: Unsere Deutung erschafft sie erst.

Historiker nehmen zwar in Anspruch zu ergründen, was geschehen ist, aber viel mehr noch erfinden sie Geschichte. Denn immer sind es Bruchstücke, die gefunden und dann, in einem häufig willkürlichen Akt, zusammengefügt werden. »Ich weiß, daß ich nichts weiß« gilt auch heute noch vielfach für den geschichtlichen Spurensucher.

Immerhin gibt es unterschiedliche Grade des Nichtwissens; ein Mehr und ein Weniger an offenen Fragen. Bei den in dieser Reihe vorgestellten Themen ist die »Fragwürdigkeit« besonders groß. Der Weg der ausgewählten Personen vom Morgen über den Mittag zum Abend zeigt viele Dunkelstrecken; und was an »flammenden Ereignissen« ihren Weg erhellt, sind meist Kriege oder Katastrophen.

Sicher waren die großen geschichtlichen Figuren durchdrungen von der Richtigkeit ihres Tuns. In der Phase der Zweibeinigkeit hat so mancher sich für einen Gott der Welt gehalten, getrieben von Wahn und Ehrgeiz, eine neue Welt zu schaffen. Soll man in diesem Zusammenhang von einer Kraft der Illusionen, der Selbsttäuschungen sprechen? Geschichtliches Handeln vollzieht sich in der Spannung, die durch den

Wunsch nach Dauer und die schmerzliche Erfahrung der Endlichkeit entsteht. – Die Sphinx bestraft denjenigen, der das Rätsel nicht löst; belohnt sie denjenigen, der es löst? Sie tut es nicht; sie löscht damit sich selbst aus. Gelingt es dem Menschen nicht, zum »Wissen« vorzudringen, hat er seine Bestimmung verfehlt. Er scheitert im Nichtwissen. Weiß er des Rätsels Lösung, scheidet die Rätselgeberin dahin. Der Mensch ist in jedem Fall verurteilt: zur Unkenntnis oder zum Wissen, das keine Fragen mehr aufwirft. Niemand ist mehr da, der neue Rätsel aufgibt: Der gerettete Mensch hinterfragt sich und die Welt nicht mehr und ist damit auch am Ende. Ohne Sphinx ist die Antwort nicht mehr viel wert.

Vor kurzem erregte Francis Fukuyama, ein hoher Beamter im amerikanischen Außenministerium, Aufsehen mit einem Buch, in dem er die These vertritt, das »Ende der Geschichte« sei gekommen, das Rätsel sei gelöst: Mit dem Zusammenbruch der kommunistischen Gesellschaft habe sich der liberale Rechtsstaat endgültig gegen seine größten Herausforderer und vermeintlichen Überwinder, Faschismus und Bolschewismus, bewährt. Die Weltgeschichte scheine an ihrem Ziel angelangt zu sein.

Gibt es ein Ende der Geschichte? Bewegen wir uns in einem Prozeß des Fortschritts zur Freiheit hin? Hat Geschichte, als unablässige Aufeinanderfolge von Kriegen, ihr Ende erreicht? Gibt es eine universalgeschichtliche Entwicklung des Fortschritts wie in den Naturwissenschaften? Oder ist der Mensch ein irrendes, irrationales Wesen, das immer wieder in alte Schemata und überwunden geglaubte Zustände zurückfällt? Trifft Nietzsches Vorwurf zu, Historie sei Karneval, nichts als ein Fundus von Kostümen?

Die Darstellungen in diesem Buch wie auch parallel dazu die Fernsehfilme lösen keine letzten Geheimnisse. Aber indem sie geschichtliche Personen und Ereignisse zu ihrer Rätselhaftigkeit befragen, rufen sie »Nach-«denken hervor. Dabei gleicht die Rolle des Aufklärers dem Schicksal des Sisyphus, der um die Vergeblichkeit seines Tuns weiß – und sich dennoch weiterbemüht. Es geht nicht darum, die Wahrheit zu besitzen, sondern sich immer wieder auf den Weg zu ihr zu machen.

Der Reisende sieht sich heute noch im Wüstensand Ägyptens mit dem wissenden, überlegenen Lächeln der Sphinx konfrontiert, das daran mahnt, daß auch wir uns immer wieder neu der Prüfung zu stellen haben. In unserer scheinbar so aufgeklärten, fortschrittlichen

Gesellschaft gibt es zu viele vorgebliche Rätsellöser und zu wenige Rätselsucher. Die Filme, deren Personen und Stoffe wir in diesem Band vorstellen, sind Fahndungs-Filme, strebende Such-Filme: Genau so verstehen sich auch die Erzählungen in diesem Buch.

Das Geheimnis des Minos – im Mythos verhüllt – haben Forscher nach und nach durch archäologische Aufdeckung gelöst. Man hat Erkenntnisse über die minoische Kultur auf Kreta gewonnen: das Leben auf dem Lande und in den Städten, die Kunst des Seefahrens, die Klassen und die Rechtsprechung, die religiösen Bräuche. Viele Rätsel birgt die Sprache. Geheimnisvoll nach wie vor der Palast des Minos: War er Höhepunkt einer lebensfrohen und zivilisatorisch weit entwickelten Kultur? Oder war er Totentempel, Heiligtum eines gewaltigen Jenseitskultes oder eine riesige Einbalsamierungsstätte? Rätselhaft bleibt vor allem der plötzliche Untergang dieser Kultur und die Frage, wie es überhaupt dazu kam, daß Kreta zur Wiege des Abendlandes wurde.

Hannibal wagte mit dem Zug über die Alpen etwas, was vorher völlig undenkbar schien. Mit 70 000 Kriegern, 15 000 Pferden und 37 Kriegselefanten überquerte er erst die Pyrenäen, dann die Alpen. Einigermaßen sicher kennt man heute den Weg, den er nahm. Man weiß um die Verluste, die eine solche strategische Leistung forderte. Man hat herausgefunden, wie er sich den Weg »freisprengte«. Geheimnisvoll bleibt die freilich aggressive Energie, der auf Zerstörung gerichtete Einfallsreichtum dieses Feldherrn.

Hannibal versteht es nicht, den Sieg über die Römer auszunutzen; er versäumt den Einmarsch in Rom. Dafür kann man verschiedene Gründe anführen. Wie ist es erklärbar, daß ein Draufgänger sich als verschlossener Selbstzweifler erweist? Hannibal, der voller Expansionsdrang den Mittelmeerraum eroberte und dann später auf der Flucht, »am Rande«, in Bithynien seinem Leben ein Ende setzte, hatte seine Gründe, angesichts der unerbittlichen Römer Selbstmord zu begehen. Geheimnisvoll bleibt, wie es im Kopf eines Tatmenschen aussieht, welche Gedanken ihn auf dem Weg in die »Dreifüßigkeit« leiten.

Kleopatra – man nannte sie die ägyptische Sphinx aus Griechenland. Aufgeklärt sind die Verbrechen und ihre genealogischen Zusammenhänge in der ptolemaischen Dynastie, der Kleopatra entstammte –

die »Ungeheuerlichkeiten« der Gatten- und Geschwistermorde. Geheimnisvoll bleibt die Persönlichkeit dieser Frau – »was für eine Frau!« – eine Mischung von Schönheit, Liebe und Machtwillen.

Daß Kleopatra Caesar verfiel, der sie seinerseits geliebt, aber vor allem benutzt hat, läßt sich psychologisch und politisch verstehen, genauso die Verbindung mit Marcus Antonius. Ein Geheimnis jedoch bleibt, ob sie bei seinem Tod nachhalf und wie sich ihr Sturz vollzog.

Attila ist, wie das Volk der Hunnen, dem er entstammt und das er von Sieg zu Sieg führte, aus der geheimnisvollen Tiefe Asiens »aufgebrochen«. Warum? Warum stürmte er als brutales »Irrlicht« durch Europa – um bald wieder im geschichtlichen Nichts zu versinken? Historiker haben nach gründlichen Nachforschungen gezeigt, daß die »schlimmen Hunnen« mehr waren als nur eine plündernde Horde. Sie haben deren Kultur – denn es war eine solche – rekonstruiert, viele Dunkelheiten des rätselhaften Aufstiegs geklärt. Geheimnisvoll bleibt nicht nur der Tod Attilas in der Hochzeitsnacht, sondern auch die Frage, was ein Volk, wie so viele andere Völker, dazu treibt, den Wahnsinn des Krieges als Lebensform zu wählen – seine Identifikation in der Vernichtung zu suchen und zu finden, bis es selbst niedergemacht und ausgelöscht wird.

Von Legendenbildung umrankt ist das Bernsteinzimmer, seit es der preußische König Friedrich Wilhelm I. 1716 dem russischen Zaren Peter dem Großen zum Geschenk gemacht hat. Aber noch mehr als die Erinnerung an das sogenannte achte Weltwunder beschäftigt uns sein mysteriöses Verschwinden. Ist das Bernsteinzimmer verbrannt, wurde es verschleppt, was geschah mit ihm 1945 in Königsberg?

Die Einzelergebnisse der Geschichtsforschung und die vielen »Geschichten« addieren sich zur Geschichte als Geheimnis. Weltreiche entstehen und zerfallen. Millionen Menschen opfern sich und werden geopfert, damit eine »Idee« verwirklicht wird, die sich allzuoft als menschenverachtender Wahnwitz erweist – etwa im Nationalsozialismus oder im Bolschewismus. Und nach ein paar Jahrzehnten steht man wieder dort, wo man begann; meist allerdings ist der Abgrund noch viel tiefer geworden. Ist Geschichte Sinngebung des Sinnlosen? Geschichte sei, so Shakespeare, »told by an idiot«?

Bewunderungswürdig, wie Friedrich Schiller bei seiner Antrittsvorlesung als Professor für Geschichte in Jena 1789 – im Jahr der Französischen Revolution, die uns in besonderem Maße über den Sinn und Unsinn der Geschichte nachgrübeln läßt –, wie Schiller auf die selbstgestellte Frage »Was heißt und zu welchem Ende studiert man Universalgeschichte?« eine idealistisch-universalistische Antwort findet: »Licht wird sie in Ihrem Verstande und eine wohltätige Begeisterung in Ihrem Herzen entzünden. Sie wird Ihren Geist von der gemeinen und kleinlichen Ansicht moralischer Dinge entwöhnen, und indem sie vor Ihren Augen das große Gemälde der Zeiten und Völker auseinander breitet, wird sie die vorschnellen Entscheidungen des Augenblicks und die beschränkten Urteile der Selbstsucht verbessern.«

Unsere Geschichte, die durch machtbesessene Potentaten in Vergangenheit wie Gegenwart geprägt ist, läßt den kulturellen Enthusiasmus, wie ihn Schiller zeigte, kaum noch zu.

Wir leben in einer Epoche, in der der Glaube an eine logisch fortschreitende, sich sinnvoll entfaltende Geschichte gründlich abhanden gekommen ist, in der wir mitunter vermuten, daß im geschichtlichen Verlauf sich nichts auf eine höhere Entwicklungsstufe hebt, sondern geradezu unverständliche Rückfälle in vorzivilisatorische Zustände, in die nackte Barbarei geschehen. Deshalb ist es geboten, mehr denn je illusionslos über Geschichte nachzudenken und sie, wenn möglich, von jeder Art Verklärung zu reinigen.

Heute sehen wir im ehemaligen Jugoslawien und anderswo den Rückfall der Geschichte in Krieg und Stammeskrieg. Eine Rückkehr in ein neues Mittelalter stellt der Franzose Alain Minc fest; eine Welt außer Rand und Band sieht Zbigniew Brzezinski. Wir erleben eine Zweiteilung der Erde in eine Zone des Wohlstands und des Friedens und in eine der Armut und des Krieges.

In einer solchen Epoche ohne gesichertes Selbstverständnis über Sinn und Zweck unseres Wirkens mag es die Augen öffnen – vielleicht sogar ehrlicher sein –, wenn wir Geschichte auch unter dem Aspekt des Rätselhaften, des Überraschenden, des nicht Geklärten betrachten. Denn der Sinn der Geschichte liegt nicht vorgefertigt griffbereit. Wir selbst müssen der Geschichte, unserem Tun Sinn geben.

Die Sphinx steht fragend vor uns, und um sich ihr stellen zu können, bedürfen wir eines stetig von neuem auflebenden Wagemuts, hineinzublicken in uns selbst.

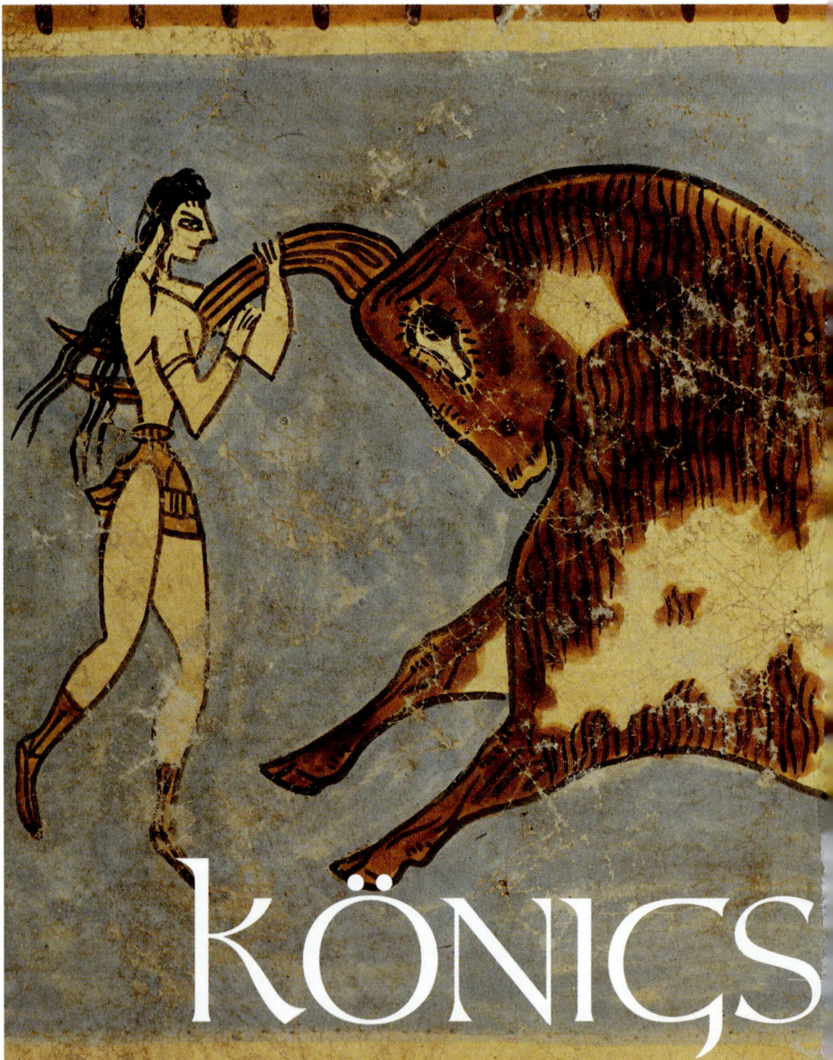
KÖNIGS

Michael Gregor

Kreta – das verlorene Paradies

Kreta ist bis heute eine Insel der Rätsel geblieben. Ihre Frühzeit lag jahrtausendelang im Dunkel von Göttermythos und Heldensage. Und doch war bei Griechen und Römern nie in Vergessenheit geraten, daß einst Großartiges auf dieser Insel im Schnittpunkt von Europa, Asien und Afrika geschehen war. Das Minoische Reich, das seinen Namen später nach dem sagenhaften König Minos erhielt, wurde zur Quelle der griechisch-römischen Sagenwelt. Hier soll der Göttervater Zeus zur Welt gekommen sein. Seine Mutter Rhea mußte ihn vor dem seine Kinder verschlingenden Vater Kronos in einer Höhle des Dikte-Berges verstecken. Als Erwachsener lockte Zeus in Gestalt eines imposanten Stieres die Prinzessin Europa auf seinen Rücken und entführte sie über das Meer nach Kreta. Dort zeugte er mit ihr das erste kretische Herrschergeschlecht. Minos, Rhadamanthys und Sarpedon hießen die halbgöttlichen Söhne; Minos gelangte auf den Königsthron.

Die Sagen wurden mündlich überliefert. Im Laufe der Zeit vermengten die Erzähler das in ihnen geschilderte Geschehen und deuteten es neu. Aus diesen Sagen den Kern einer wahren Begebenheit herauszufiltern, ist ein fast hoffnungsloses Unterfangen. Viele ihrer Helden tauchen manchmal als Könige oder Prinzessinnen auf, werden aber anderenorts auch als göttlich bezeichnet. In der wissenschaftlichen Forschung war man lange Zeit der Ansicht, daß Mythen und Sagen freierfundene Märchen seien. Man dürfe in ihnen keine tatsächlich geschehenen Ereignisse aus der Geschichte suchen. Das galt auch für die Sage von König Minos und dem Minotauros.

Das Labyrinth des Minotauros

Minos beauftragte der Sage nach den Erfinder und Baumeister Daidalos, ein Haus der verschlungenen Gänge und Treppen zu entwerfen. Daidalos schuf ein Wunderwerk, einen Irrgarten aus Stein – das Labyrinth, aus dem niemand, hatte er es einmal betreten, wieder herausfinden konnte. Später dann wollte der König erfahren, ob seine Herrschaft über Kreta gesichert sei. Vom Gott Poseidon erflehte er einen Stier als Zeichen, daß seine Regentschaft das Wohlwollen der Götter habe. Das Tier, versprach Minos, werde er als Dank dem Gott opfern. Daraufhin schickte Poseidon ihm aus den Tiefen des Meeres einen herrlichen weißen Stier. Doch da gewann bei Minos die Habgier die Oberhand, und er brachte das Tier heimlich zu den königlichen Herden.

So lassen sich Götter nicht betrügen, und Poseidon ersann eine furchtbare Rache. Er erzeugte mit Hilfe von Aphrodite in Königin Pasiphae, der Frau des Minos und Tochter des Helios, eine hemmungslose Liebe zu dem Stier. Dieser zeigte sich jedoch wenig erfreut über die Annäherungsversuche der Königin und floh vor ihr. Wieder verfiel Daidalos auf eine geniale Lösung. Er konstruierte eine lebensgroße hohle Kuh aus Holz, die er mit Rindsfell überzog. Pasiphae kroch in das Gestell, und der Stier ließ sich täuschen. Bald darauf gebar die Königin ein Ungeheuer, einen Knaben mit dem Kopf eines Stieres. Minos blieb die Mißgeburt jedoch nicht verborgen, und er steckte den »Minotauros« genannten Bastard ins Labyrinth. Den Helfershelfer Daidalos ließ er ins Gefängnis werfen.

2 Theseus drang mit Hilfe der minoischen Königstochter Ariadne in das Labyrinth von Knossos ein und bezwang den Minotauros. (Antike Vasenmalerei, etwa 540 v. Chr.)

Bald traf den König ein weiterer Schicksalsschlag. Sein geliebter Sohn Androgeos war nach Athen gereist, um an sportlichen Wettkämpfen teilzunehmen. Im Fünfkampf war er unbezwingbar und besiegte alle Rivalen. Doch diese ertrugen ihre Niederlage nicht und erschlugen Androgeos. König Minos raste vor Schmerz und Trauer und schickte seine Kriegsflotte gegen Athen, um das Verbrechen zu sühnen. Athen wurde geschlagen, es mußte auf die Forderung der Sieger eingehen und Menschenopfer stellen. Alle neun Jahre sollten 14 junge Athener, sieben Jünglinge und sieben Jungfrauen, nach Kreta geschickt werden, wo sie im Labyrinth dem Minotauros zum Fraß vorgeworfen wurden. Lange Zeit leistete Athen den schrecklichen Tribut, bis Theseus, Sohn des Königs Aigeos, freiwillig mit den Opfern nach Kreta fuhr. Seinem Vater versprach er, bei der Rückkehr des Schiffes weiße Segel zu setzen, sollte er siegreich aus dem Kampf mit dem Minotauros hervorgehen.

Als die Athener im Hafen von Knossos landeten, sah Ariadne, Tochter des Minos, den stattlichen Helden und verliebte sich in ihn.

3 Daidalos hatte im Kerker für sich und seinen Sohn Ikaros aus Wachsklumpen und Vogelfedern Flügel gebastelt und versuchte damit von der Insel zu flüchten. Doch Ikaros kam der Sonne zu nahe und stürzte ab. (Gemälde von Carlo Saraceni, 16./17. Jh.)

Doch wie konnte sie den Geliebten vor ihrem fürchterlichen Halbbruder retten? Sie besorgte ein Wunderschwert und erdachte eine List. An die Eingangspforte des Labyrinths band sie das Ende eines roten Wollknäuels und gab den Wollfaden Theseus mit auf den Weg. So konnte Theseus den Minotauros besiegen und aus dem Irrgarten entfliehen. Ein nie zuvor gesehenes Ereignis hatte zusätzlich die Wächter abgelenkt: Zwei Menschen flogen wie Vögel über Knossos in der Luft umher. Daidalos hatte im Kerker für sich und seinen Sohn Ikaros aus Wachsklumpen und Vogelfedern Flügel gebastelt und versuchte damit von der Insel zu flüchten.

Auch Theseus gelang mit Ariadne die Flucht. Sie erreichten die Insel Naxos. Was hier geschah, wird in verschiedenen Varianten der Sage unterschiedlich dargestellt. Am bekanntesten ist die folgende, bei der mehrere Götter ihre Hände im Spiel hatten: Theseus segelte ohne Ariadne nach Athen und vergaß, statt des schwarzen ein weißes Segel zu setzen, wie er es dem Vater versprochen hatte. Aigeos erblickte das Unglückszeichen und stürzte sich voll Gram vom hohen Felsen ins Meer, das seither das Ägäische genannt wird.

Als der griechische Dichter Homer um das Jahr 750 v. Chr. zum erstenmal die Namen Minos, Daidalos, Theseus und Ariadne schriftlich aufzeichnete, war Kreta längst ein erobertes und von vielen Völkern besiedeltes Land:

»Kreta ist ein Land inmitten des weinroten Meeres,
Schön und ertragreich und wellenumflutet; es leben dort
Menschen
Viele, ja grenzenlos viele in 90 Städten, doch jede
Spricht eine andere Sprache. Es ist ein Gemisch; denn
Achaier
Finden sich dort und hochbeherzte Eteokreter,
Dorer mit fliegenden Haaren, Kydonen und hehre Pelasger.
Unter den Städten ist Knossos, die große, und Minos als König
Pflegte mit Zeus, dem gewaltigen, Rat, je neun volle Jahre.«

Der Sage nach zieht König Minos in die Unterwelt ein und sitzt dort auf seinem Thron über die Toten zu Gericht. Erst einige Jahrhunderte später wird in der griechischen Literatur aus dem weisen Minos ein Wüterich. Die zu strahlendem Glanz aufgestiegene Stadt Athen hatte es offensichtlich nicht verwinden können, daß sie dem vormals mächtigeren Kreta tributpflichtig gewesen war. So wurde die Geschichte umgeschrieben. Der Philosoph und Naturforscher Aristoteles, Lehrer von Alexander »dem Großen« und später selbst bei den griechischen Landsleuten in Ungnade gefallen, zweifelte am Minos-Bild seiner Zeit:

»Minos stand bei unseren Dichtern von jeher in üblem Ruf und wurde immer auf den attischen Bühnen heruntergemacht. Es half ihm gar nichts, daß er von Hesiod als der allerbeste König und von Homer sogar als ein Vertrauensmann des Zeus bezeichnet wird. Lieber wurde den tragischen Dichtern geglaubt. Sie konnten den Minos auf der Bühne als üblen und gewalttätigen Herrscher auftreten lassen, auch wenn er nach der gewöhnlichen Sage ein weiser König und Gesetzgeber war.«

Die Götter der Unterlegenen waren häufig Verunglimpfungen durch die Sieger ausgesetzt. Vielleicht war einst der nun schrecklich genannte Minotauros ein auf Kreta hochverehrter Stiergott gewesen. Auch später entstandene Religionsgemeinschaften haben bekanntlich »heidnische« Göttinnen einfach in böse Hexen verwandelt.

4 Auf Kreta spielte der Stier im religiösen Kult eine wichtige Rolle. Nach Jahrtausenden gelangte dieser großartige Stierkopf durch Ausgrabungen wieder ans Tageslicht.

Auf Kreta jedenfalls spielte der Stier im religiösen Kult eine wichtige Rolle. Stierfiguren aus Ton und in Gold getriebene Stierköpfe mit mächtigen Hörnern gelangten nach Jahrtausenden wieder ans Tageslicht. Vor freigelegten Wandgemälden staunten Archäologen über tollkühne Springer, die über den Rücken von Stieren hechteten. Doch diese Funde wurden zunächst nicht auf Kreta, sondern auf der dem griechischen Festland vorgelagerten Halbinsel Peloponnes entdeckt. Hier hatte der Deutsche Heinrich Schliemann 1876 in Mykenai (Mykene) und später in Tiryns zu graben begonnen.

Schliemann wurde als Sohn eines armen Landpfarrers in Mecklenburg geboren. Nachdem er als Kaufmann in Rußland und Kalifornien ein großes Vermögen gemacht hatte, setzte er seinen Jugendtraum in die Tat um: Er begann nach Spuren der antiken Sagenhelden zu suchen. Der Deutsche nahm die alten Sagen ernst und fand tatsächlich die Orte wieder, von denen in ihnen berichtet wird. Schon an der kleinasiatischen Küste hatte er so den von Homer in der »Ilias« beschriebenen Schauplatz des zehnjährigen Trojanischen Krieges entdeckt. Gold im Überfluß wurde aus der vielschichtigen Ruinenstadt geborgen, und Schliemann sprach vom »Schatz des König Priamos«. Ein Irrtum, denn bald stellte sich heraus, daß dieses Gold, lange bevor der im Trojanischen Krieg unterlegene König lebte, in der Erde versenkt worden war.

Zu Beginn seiner Grabungskampagne war Schliemann ein archäologischer Dilettant. Die Fachwelt beschimpfte ihn als Schatzsucher, doch der Entdecker von Troja ließ sich nicht beirren. Auf dem Peloponnes suchte er nach der Burg des Heerführers der Griechen vor Troja, des Königs Agamemnon von Mykenai. Wieder hatte Schliemann das

Glück auf seiner Seite. Er fand uralte Königsgräber mit wertvollen Grabbeigaben. Eine Totenmaske aus purem Gold konnte seiner Meinung nach nur die »Maske des Agamemnon« sein. Erneut irrte er, doch das konnte die Bedeutung der Funde nicht schmälern. Die in Mykenai begrabenen Achaier-Fürsten hatten ebenfalls einige Jahrhunderte vor dem angenommenen Datum des Trojanischen Krieges gelebt. Allerdings hatte Schliemann durch seine Grabungen bewiesen, daß aus den alten Sagen doch gewisse historische Schlüsse abgeleitet werden können.

5 Heinrich Schliemann hatte bei den Ausgrabungen in Mykenai oft das Glück auf seiner Seite. Diese Totenmaske aus purem Gold konnte seiner Meinung nach nur die »Maske des Agamemnon« sein. Doch hier irrte er.

Schliemann gab sich mit seinen sensationellen Funden nicht zufrieden. Er reiste nach Kreta, um hier nach dem Palast des sagenhaften Königs Minos zu suchen.

Auf einem Hügel mit dem Namen Knossos waren schon seit vielen Jahren immer wieder Scherben und Tontafeln mit rätselhaften Zeichen entdeckt worden. Ein Kreter hatte an dem Platz bereits gegraben und die Grundmauern großer Gebäude freigelegt. Schliemann war überzeugt, daß in Knossos mehr zu finden wäre. Aber 1889 gehörte Kreta noch zum Osmanischen Reich, und die türkischen Grundbesitzer von Knossos wollten das Gelände nur zu einem überteuerten Preis verkaufen. Schliemann verzichtete schweren Herzens auf den Kauf und verließ Kreta unverrichteter Dinge.

Wie richtig er mit seinem Spürsinn in Knossos reagiert hatte, zeigte sich, als der Engländer Arthur Evans einige Jahre später auf die Insel kam. Die politischen Verhältnisse änderten sich grundlegend, als Kreta 1898 die Selbstverwaltung unter griechischem Einfluß erhielt.

DER PALAST DES KÖNIGS MINOS

Arthur Evans war Direktor des Ashmolean-Museums im englischen Oxford, als ihm ein Kunsthändler einen Siegelstein zum Kauf anbot, auf dessen vier Seitenflächen merkwürdige Bildzeichen eingeprägt waren. Die Hieroglyphen waren mit Sicherheit nicht ägyptischen Ursprungs. Evans wurde neugierig, aber er stand vor einem Rätsel. In ganz Europa stellte er Nachforschungen an und stieß auf ähnliche Siegelsteine, die alle von der Insel Kreta stammen sollten. 1894 landete er in Heraklion und bereiste ganz Kreta. Wieder fand er Siegelsteine. Sie hingen an

Ketten um den Hals junger Bäuerinnen. Die Landbevölkerung sprach diesen Amuletten die Kraft zu, bei Müttern die Milchproduktion der Brustdrüsen zu verstärken. Zwar wollte kaum eine der Bäuerinnen ihren Talisman verkaufen, doch Evans durfte Abdrücke nehmen. Seine Sammlung der geheimnisvollen Schriftzeichen wuchs beständig, und nicht wenige dieser Steine waren anscheinend im Gebiet von Knossos entdeckt worden.

Im Jahre 1900 begann Evans mit 150 Arbeitern in Knossos zu graben. Schon nach wenigen Tagen kam ein ganzes Archiv mit beschriebenen Tontafeln ans Licht. Die verwendete Schrift war eindeutig höher entwickelt als die Hieroglyphen auf den Siegelsteinen. Es mußte sich um eine Art Buchhaltung handeln, denn die Strichreihen hinter den Schriftzeichen wirkten wie Mengenangaben. Dann machte Evans den ersten aufsehenerregenden Fund: einen buntbemalten Kalkputz, auf dem eine menschliche Gestalt mit langen schwarzen Haaren zu erkennen war, die ein trichterförmiges Gefäß vor sich hertrug. Weitere Bruchstücke mit ähnlichen Farbresten, Teile eines großen Wandgemäldes, wurden vorsichtig aus dem Schutt der Jahrtausende geborgen. Für Evans war das der Beweis, daß er auf eine große Tempel- oder Palastanlage gestoßen war.

Der Engländer stand nun vor denselben Problemen wie viele Forscher vor und nach ihm. Wie sollte er die unzähligen Fundstücke deuten, die zerbrochenen Vasen und Figuren, die Säulenreste und verkohlten Balken, die seine Arbeiter freilegten? Welche Grundmauern gehörten zu welchen Gebäuden aus welcher Zeit? Die Arbeit des Archäologen muß, wie in allen Wissenschaften, geleitet sein von nüchterner Logik und erfinderischer Phantasie.

Evans deutete die Gemäldefragmente als eine Prozession junger Männer. Auf Grund von Vergleichen wußte er, daß die Minoer, wie die Ägypter, Männer mit einem bräunlichen Ockerton und Frauen mit weißer Kalkfarbe darstellten. Ein weiteres Wandbild kam zum Vorschein und wurde wiederum als ein Prozessionszug erkannt, an dem 448 Personen teilnahmen. Dann stießen seine Mitarbeiter auf ein drei Meter langes und zwei Meter breites Becken, zu dem eine Treppe hinunterführte. Zuerst dachte man, es handele sich um ein Badezimmer. Doch dann entdeckten die Archäologen unmittelbar dahinter einen großen Raum, der an drei Wänden mit einer Steinbank versehen war und in dem ein steinerner Thron stand. Dieser ist aus einem

6 Abenteuer Archäologie: Stein für Stein grub der Engländer Arthur Evans den Palast von Knossos aus. Einer seiner ersten Funde war dieses Gemäldefragment, das für ihn eine Prozession junger Männer zeigte.

7 Bei seinen weiteren Nachforschungen stieß Evans auf einen farbenprächtigen Saal mit einem seltsamen Sitz. Der Thron von König Minos? Das Rätsel ist bis heute ungelöst.

Alabasterblock gearbeitet und hat keinerlei Ähnlichkeit mit den Thronsitzen im Ägypten der Pharaonenzeit oder denen des antiken Orients. Evans war nun vollkommen überzeugt, auf den kretischen Königspalast gestoßen zu sein, wo einstmals König Minos auf seinem Thron saß.

Über den Thronraum von Knossos wurden seitdem zahlreiche Mutmaßungen angestellt. Manche Gelehrten sehen in ihm den Ort geheimnisvoller Kulthandlungen unter der Leitung eines Oberpriesters. Das

8 **Die hervorragende Stellung der Frauen beim Kult im Minoischen Reich wird durch eine Vielzahl von Funden belegt: Schlangengöttin aus der Eileithya-Höhle, beim alten Hafen von Knossos.**

Becken war demnach ein Heiliges Bad oder die Grube der Heiligen Schlangen, die im ägyptischen Kult verehrt wurden. Die Schlange galt wegen ihrer zahlreichen Nachkommenschaft als Symbol der Fruchtbarkeit. Den Dienst in den ihr geweihten Tempeln versahen Priesterinnen. Deshalb sei es durchaus denkbar, daß eine Oberpriesterin als Herrscherin über das Minoische Reich auf dem Thron gesessen habe.

Die hervorragende Stellung der Frauen beim Kult und im Palast wird durch eine Vielzahl von Funden belegt. Die Frauen waren bei den Zeremonien den Männern gleichgestellt und stellten selbstbewußt ihre prächtigen Gewänder und Frisuren – und die nackten Brüste – zur Schau. Sie sahen sich offenkundig als weltliche Vertreterinnen der Großen Muttergöttin, der »Herrin der Tiere«.

Doch nicht nur auf den Wandbildern, auch auf goldenen Siegelringen tauchen Frauen auf. Sie tanzen ekstatisch bei der Anrufung der Götter und zelebrieren Opferrituale. Für den eindeutigen Beweis, daß im minoischen Kreta ein Matriarchat, eine Frauenherrschaft, bestand, reichen die Funde jedoch nicht aus. Die Männer wußten sich ebenfalls in stolzen, herrischen Posen darzustellen.

Eine Verherrlichung des Krieges sucht der Betrachter auf den Wandgemälden und Schmuckstücken allerdings vergeblich. Sie sind mit heiteren Motiven geschmückt, mit Blumen und Tieren in friedlicher Harmonie. Die aus Mykenai und Ägypten bekannten Szenen von mutigen Jägern, die das flüchtende Wild verfolgen, fehlen; genauso die Streitwagen, vor die stürmisch galoppierende Pferde gespannt sind. Gerade deshalb waren die Archäologen in Knossos von der Formensprache auf den Vasen, Schalen und Vorratsgefäßen so fasziniert. Was sie sahen, waren keine unbeholfenen Arbeiten. Die Künstler hatten vielmehr mit großer Liebe zum Detail Blumen und Gräser, Meerestiere und Vögel aus Ton nachmodelliert und mit zarten Pinselstrichen bemalt. Besonders die Fauna und Flora des Meeres hatte es ihnen angetan. Tintenfische, Kraken mit langen Saugarmen, Taschenkrebse, Muscheln, fliegende Fische und Delphine kehren in vielen Abwandlungen immer wieder und bezeugen einen genauen Blick für die Vorbilder in der Natur.

Dieser Sinn für Schönheit durchdrang das ganze Leben, zumindest das der Oberschicht Kretas, und fand seinen Höhepunkt in den prachtvollen Wandgemälden, die nicht nur in den Palästen ein beliebter Schmuck waren. Die Archäologen hatten nicht erwartet, daß es so etwas in einer Epoche gab, als sich das übrige Europa gerade mühsam aus der Steinzeit weiterzuentwickeln versuchte.

Stiergott oder Ungeheuer?

Schließlich entdeckte Arthur Evans das »Stierspringer-Fresko«. Es zeigt eine Szene, die den heutigen Betrachter an eine Zirkusarena erinnert. Ein gewaltiger Stier rast in wildem Galopp daher. An seine gesenkten Hörner hat sich ein Mädchen geklammert, das bis auf einen Lendenschurz und die Fußbekleidung nackt ist. Ein junger Mann hechtet in gewagtem Salto über den Rücken des Tieres, hinter dem eine Fängerin mit ausgebreiteten Armen steht, um den Wagemutigen aufzufangen. Die Archäologen kannten derartige »Akrobatennummern« bereits seit Schliemanns Funden auf dem Peloponnes und auch aus Ägypten und Kleinasien. Doch nun wurde deutlich, daß der Ursprung dieser Stierspiele auf Kreta zu suchen ist und daß dieser Kult sich erst hier mit ganzer Macht entfaltet hat.

9 Heutige Stierkämpfer wissen: Eine solche Begegnung mit einem Stier endet tödlich. Zeigt das berühmte »Stierspringer-Fresko« also einen Opferritus für einen Stiergott?

Überall stießen die Forscher auf die Spur des Stieres. Stierspringer wurden in Elfenbein geschnitzt; es fanden sich wertvolle Steingefäße in Form von Stierschädeln mit vergoldeten Hörnern und Augen aus Jaspis und Bergkristall. Der Stier erscheint auf großen Wandreliefs und goldenen Siegelringen; er muß ein göttliches Wesen verkörpert haben.

Im Stierkult steckt ein alter Mythos, der die Bändigung und Zähmung des wilden Rindes, des Auerochsen, zum Inhalt hat und als

Sinnbild für die Unterwerfung der Natur durch den Menschen zu verstehen ist. Es hat die Menschen schon immer gereizt, sich mit dem Stier, seit frühester Zeit Inbild göttlicher Naturkraft, zu messen. Auf der Iberischen Halbinsel haben sich Reste des Stierkultes bis heute erhalten. Das umjubelte Gemetzel in der Arena hat freilich fast alle Bezüge zur ursprünglichen Form verloren. Es geht nicht mehr um die Begegnung mit dem Göttlichen – es geht nur noch um die Tötung des Tieres. Wenn sich Toro und Torero begegnen, ist der Stier durch die Verletzungen, die ihm die Picadores beigebracht haben, bereits so geschwächt, daß er gegen einen erfahrenen Stierkämpfer kaum eine Überlebenschance hat. Das blutige Ende ist Programm; das Publikum feiert einen erbärmlichen Sieg.

Auf Kreta hingegen wurde der hochverehrte Stier nicht zum Gespött des Publikums abgestochen, sein Auftritt war vielmehr ein fester Bestandteil des Gottesdienstes. Der Lohn der Stierspringer wird wohl ein Ehrenzeichen gewesen sein wie später der Lorbeerkranz für den Olympiasieger im antiken Griechenland.

Arthur Evans erkundigte sich bei nordamerikanischen Cowboys und spanischen Toreros über die Gefährlichkeit des Stierkampfes. Das Urteil der modernen Fachleute im Umgang mit Stieren fiel einmütig aus. Wenn jemand versucht, die Hörner eines anstürmenden Stieres zu packen und sich von ihm zu einem Salto durch die Luft schleudern zu lassen, so hat er keine Chance, diesen Aufprall heil zu überstehen. Der angreifende Stier dreht den Kopf seitwärts und durchbohrt jeden, der ihm zu nahe kommt. Auch ein verwundeter Stier ist gefährlich. Unterschätzt der Torero das Tier und macht eine einzige falsche Bewegung, dann verläßt der Stier die Arena als Sieger, und der Stierkämpfer kann sich glücklich schätzen, wenn er »lediglich« Verletzungen davonträgt. Für spanische Toreros ist es darum undenkbar, dem ungeschwächten Tier ohne Waffe entgegenzutreten, wie es in Kreta anscheinend Sitte war.

Hatten die Minoer ihre Stiere dressiert oder durch Drogen gezähmt? Wurden ihnen die Hörnerspitzen abgefeilt, worauf Schädelfunde hinweisen? Ganz ohne Verletzungen und Todesfälle können die Stiersprünge auf Kreta nicht ausgeführt worden sein. Auf einem Siegelring scheint so ein Unglücksfall dargestellt: Der Springer ist gestürzt, und er schwebt in Gefahr, von den Stierhufen zertrampelt zu werden. So ließe sich erklären, daß spätere Generationen, bei

denen die ursprüngliche Bedeutung der Stierspiele in Vergessenheit geraten war, von einem grausamen, Menschen verschlingenden Stierwesen in einem Labyrinth erzählten.

Das Symbol der Stierhörner taucht im Palast von Knossos überall auf. Als Kultzeichen steht es neben der doppelschneidigen Axt weit über anderen Symbolen. »Labrys« ist im Altgriechischen das Wort für Doppelaxt; »Labyrinth« bedeutet »Haus der Doppeläxte«. Arthur Evans hatte den Palast gefunden, wo die Sage König Minos und den Minotauros vermutete. Wer kann heute überhaupt mit Sicherheit sagen, daß die Stierspringer freiwillig zum Sprung antraten? Wer kann ausschließen, daß Todesfälle dabei nicht nur sehr häufig vorkamen, sondern sogar erwünscht waren? Waren die Stierspiele in Wirklichkeit rituelle Menschenopfer für einen mächtigen Stiergott?

10 Das Symbol der Stierhörner taucht im Minoischen Reich überall auf.

Das goldene Zeitalter Kretas

Arthur Evans schrieb kurze Zeit nach dem Beginn der Ausgrabungen in Knossos an seine Familie in England: »Ich glaube, in einem Jahr meine Arbeit hier abschließen zu können.« Aber noch Jahrzehnte später, der englische König hatte ihn inzwischen für seine Verdienste geadelt, war er damit beschäftigt, seine vielen Funde auszuwerten.

Ständig überraschte die minoische Architektur den Archäologen von neuem. Die Palasteingänge führten nicht direkt zu den Herrscherräumen, sondern die Besucher wurden um Ecken und Winkel ins Innere geleitet. Diese »Sicherheitsarchitektur« hat ihre Vorbilder in altorientalischen Palastbauten. Aber warum wurden keine Mauern und Befestigungsanlagen um die Städte und Paläste des Minoischen Reiches gezogen, während auf dem griechischen Festland und an der kleinasiatischen Küste zyklopische Festungen die Herrscher schützten? Die Minoer hatten so etwas offenbar viele Jahrhunderte lang nicht nötig. Boten die starke Flotte und die meist unzugängliche Felsenküste Schutz genug vor Beutezügen und Eroberungsversuchen kriegerischer Horden, die immer wieder aus dem Norden in die Ägäis vordrangen?

Bis zum angenommenen Datum 1450 v. Chr., als die Palastanlagen von Mallia (auch: Malia), Phaistos, Kato Zakros, Agia Triada und zahlreiche Landgüter in Schutt und Asche versanken und diesmal nicht wiederaufgebaut wurden, scheint ein fast tausendjähriger Friede auf Kreta geherrscht und seinen Herrschern und Untertanen immer größeren Wohlstand beschert zu haben.

Mallia

Arthur Evans investierte einen Teil seines großen Vermögens, um Knossos der Nachwelt zu erhalten und dem Besucher einen annähernden Eindruck von der Pracht des Palastes vermitteln zu können. Er ließ Treppenhäuser stützen, die sonst zusammengebrochen wären, und neue Decken und Mauern einziehen. Dazu benutzte er moderne Baumaterialien wie Stahl und Beton. Hierfür erntete er nicht nur Beifall, sondern auch harsche Kritik von Kollegen. Ein minoisches »Disney-Land« habe er aus Knossos gemacht, spotteten sie. Die von ihm rekonstruierten Wandgemälde entsprächen eher dem Zeitgeschmack des viktorianischen England am Ende des 19. Jahrhunderts als der Bronzezeit. Überzogene Urteile von Neidern? Sicherlich war manche Kritik auch berechtigt. Aber niemand erhob den Vorwurf, Evans habe Baudenkmäler zerstört. Neue Erkenntnisse und Nachgrabungen ergaben, daß Evans in der Hauptsache nicht geirrt hat. Er vollbrachte eine der größten Leistungen der Archäologie.

Die kretische Pracht setzt einen Reichtum voraus, der sich nur durch einen regen Handelsverkehr mit den Anwohnern des Mittelmeeres erklären läßt. Dafür brauchten die Minoer eigene tauschbare Produkte. Eine gutorganisierte Landwirtschaft, intensiver Weinbau, Olivenhaine für die Ölgewinnung, Bienenzucht und Holzwirtschaft füllten die großen Vorratskammern der Landgüter und Paläste. Arthur Evans errechnete für die Magazine von Knossos ein Fassungsvermögen von 78 000 Litern in 400 Krügen.

Die kretischen Handwerksmanufakturen, die den Palästen angegliedert waren, kauften offensichtlich in großen Mengen syrisches Elfenbein, bearbeiteten es und exportierten die Fertigwaren gewinnbringend in den Orient. Voraussetzung für den Überseehandel war zudem eine leistungsfähige Flotte. Holz für den Schiffbau gab es auf der Insel im Überfluß, und die kleinen Buchten zwischen den Steilküsten bieten noch heute einen sicheren Ankerplatz. Als Thalassokratie, als Seeherrschaft, wird das Minoische Reich bezeichnet.

Auf den Inseln der Ägäis und an der kleinasiatischen Küste wurden Spuren kretischer Niederlassungen gefunden. Ob es richtiggehende Kolonien waren oder lediglich Handelsstützpunkte, darüber streiten die Gelehrten. Sicher ist jedoch, daß die Insel Kreta vor fast 4000 Jahren, also lange bevor das antike Griechenland Geschichte schrieb, eine herausragende Stellung in der Mittelmeerwelt eingenommen hat.

Aber woher stammten die Minoer? Wahrscheinlich kamen sie aus Kleinasien und hatten sich Insel für Insel vorgetastet, bis Kreta erreicht war. Die einheimische Bevölkerung konnte den technisch überlegenen Neuankömmlingen nichts entgegensetzen. Nicht nur in Knossos gelangten ihre großartigen Kulturleistungen wieder ans Tageslicht. Im ostkretischen Mallia gruben Franzosen einen minoischen Palast aus und fanden in einem nahe gelegenen Grab einen wunderbar gearbeiteten Goldanhänger, der zwei Bienen zeigt, die einen Honigtropfen in einer Wabe ablegen. Auf diese Kunstfertigkeit der kretischen Handwerker könnten auch moderne Goldschmiede noch stolz sein.

Die Überreste der Palastanlage von Mallia wurden in der Nähe des Strandes entdeckt, der heute von Touristen bevölkert ist. Es wird erzählt, ein Urlauber aus Deutschland habe hier eine Sandburg angelegt. Beim Graben stieß er im Untergrund auf Tonscherben. In Ermangelung von Muscheln schrieb er mit diesen Bruchstücken den Namen seiner Heimatgemeinde auf die Sandburg. In seiner Unkenntnis hatte er damit gegen ein griechisches Strafgesetz verstoßen: das Verbot der Aneignung von archäologischen Fundstücken. Denn die ausgebuddelten Scherben stammten aus der minoischen Zeit. Wie es heißt, konnte der Tourist erst Wochen später das Gefängnis verlassen, nachdem sich der deutsche Außenminister direkt in Athen für ihn eingesetzt hatte.

Zwei Dinge kann man aus diesem Fall lernen: erstens, Finger weg von griechischen Altertümern; und zweitens, der kretische Boden (und Strand) birgt noch eine Menge ungehobener kultureller Schätze. Daß die griechischen Behörden in diesem Punkt sehr empfindlich sind, ist nicht nur mit übertriebenem und früher oft verletztem Nationalstolz zu erklären. In Griechenland denkt man weiter; man will auch zukünftigen Archäologengenerationen, die vielleicht über noch bessere Grabungs-

11 Die Händler aus dem minoischen Kreta lernten in Ägypten den übersteigerten Personenkult der Pharaonen kennen, die sich mit riesigen Statuen verehren ließen.

techniken verfügen, die Chance bieten, bedeutende Erkenntnisse zu sammeln.

Den einzigen nicht geplünderten Palast der Insel entdeckten Archäologen an der Südostküste Kretas, dem direkten Anlaufpunkt von Syrien und Ägypten aus. Auch die im Palastmagazin von Kato Zakros aufgefundene Handelsware belegt einen regen Warenaustausch mit dem Orient. Elefantenstoßzähne aus Syrien warteten auf die Verarbeitung in kretischen Werkstätten. Auf der anderen Seite des östlichen Mittelmeeres lag die Hafenstadt Ugarit. Die dortigen Herrscher führten auf Tontafeln Buch über das Kommen und Gehen fremder Händler. Die Kreter waren ständige Gäste in dieser Stadt, und ihre Ein- und Verkäufe lassen sich im wiederentdeckten Archiv nachlesen. Das Reich Mari am oberen Euphrat schmückte im 18. Jahrhundert v. Chr. den Königspalast mit eindeutig minoisch geprägten Wandgemälden.

Die Minoer hatten die Fresko-Technik entwickelt, bei der die Farben auf frisch mit Kalk verputzte, feuchte Wände aufgetragen werden. Während des Trocknens dringen die Farbpigmente tief in den Wandputz ein und sind darum sehr widerstandsfähig. Diese Maltechnik scheint ein Exportschlager der Kreter gewesen zu sein. Der Heidelberger Archäologe Wolf-Dietrich Niemeier hat in der Hauptstadt der Kanaaniter im heutigen Israel Fußbodenfresken mit minoischem Dekor gefunden.

Auch im östlichen Nil-Delta stießen österreichische Forscher auf Spuren einer Beziehung zwischen Kanaanitern und Kretern. Im 17. Jahrhundert v. Chr. hatte ein bisher

geheimnisvolles Volk die Herrschaft in Unterägypten an sich gebracht – die Hyksos. Fast ein Jahrhundert lang regierten sie das Pharaonenreich von ihrer Hauptstadt Auaris aus. Jetzt scheint das Rätsel um die Herkunft der Hyksos gelöst. Es waren Kanaaniter, die von den Pharaonen im Nil-Delta angesiedelt worden waren und die Macht an sich rissen. Im Königspalast von Auaris legten die Wissenschaftler Wandfresken frei, auf denen auch ein von Kreta bekanntes Stierspringer-Motiv zu sehen ist. Hat sich da eine kretische Prinzessin nach der Heirat mit einem Hyksos-König ihre Gemächer von Künstlern aus der Heimat verschönern lassen?

12 *Das Land am Nil war über Jahrtausende hinweg Zentrum politischer Macht und Ziel kretischer Händler*

Die Vertreibung der Hyksos und die Errichtung des Neuen Reiches konnten die Beziehungen zwischen Kreta und dem Land am Nil nicht unterbrechen. Als »keftiu« werden die Besucher von der Insel in Papyros-Schriften bezeichnet. Sie waren gerngesehene Gäste, denn sie kamen nicht als kriegerische Eroberer, sondern als Händler. Die kretischen Rudersegler fuhren mit ihren Waren den Nil hinauf in die Tempelstädte der Pharaonen. Dort wurde die begehrte dünnwandige und schön bemalte Keramik aus minoischen Töpfereien ebenso geschätzt wie später chinesisches Porzellan an europäischen Fürstenhöfen. Die Händler wiederum werden gestaunt haben über die gigantischen Säulenhallen der Tempel. Einen derart übersteigerten Personenkult der Herrscher kannten sie nicht; ihre Könige ließen sich keine meterhohen Denkmäler errichten. Die Grablegungen der Minoer wirken armselig neben den auf die untergehende Sonne ausgerichteten Totentempeln in Theben am westlichen Nil-Ufer, wo in tiefen Felskammern Schätze die Verstorbenen auf ihrem Weg ins Jenseits begleiteten.

Aber auch die hohen ägyptischen Beamten bauten sich etwas abseits ihrer Herren Grabmäler, die farbenprächtig ausgemalt wurden. Stationen ihres Dienstes bei Hofe schmücken die Wände; auch Abbildungen ausländischer Gesandtschaften, die sie empfingen. So sind die Gesichter minoischer Händler und die von ihnen mitgebrachten prächtigen Geschenke bis heute überliefert worden.

Die Kreter staunten in Ägypten nicht nur, sie lernten auch schnell. Der Freiburger Archäologe und Architekt Immo Beyer glaubt, Hinweise auf die Übernahme religiöser Vorstellungen der Ägypter im minoischen Palast von Phaistos gefunden zu haben: einen mehrteiligen Tempelbau und ein »Erscheinungsfenster«, in dem sich der Priesterkönig dem Volk als Gott zeigte.

Phaistos war nach Knossos das bedeutendste Herrschaftszentrum auf Kreta. Die sich am Fuße der Stadt ausbreitende fruchtbare Messara-Ebene ist noch heute eine der Kornkammern Griechenlands. Auch in minoischer Zeit füllte sie mit reichen Ernten die Vorratskammern des Palastes. Der nahe gelegene Hafen von Kommos gewährleistete den direkten Zugang zu den Handelsrouten des Mittelmeeres, und nicht zufällig ließ die Mythologie Gott Zeus die Prinzessin Europa an diese Küste entführen.

Die Rätselschrift von Phaistos

Den kulturgeschichtlich bedeutendsten Fund in Phaistos machte die Italienische Archäologische Gesellschaft, als sie hier – zur gleichen Zeit wie Evans in Knossos – Ausgrabungen durchführte. Es handelt sich um eine kleine, auf den ersten Blick unscheinbare Tonscheibe von 16 Zentimetern Durchmesser. Sie ist beidseitig mit einer Hieroglyphenschrift bedeckt, die mit Stempeln in den noch feuchten Ton eingedrückt wurde. Der »Diskos von Phaistos« ist das weltweit älteste bekannte Zeugnis eines Schriftdruckes, eines fortlaufend mit Drucktypen gesetzten Textes. Die Minoer waren praktische Leute, deren Erfindungsreichtum die Sage in der Gestalt des genialen Daidalos ein Denkmal setzte. Die Schriftgelehrten nehmen an, daß die insgesamt 45 einzelnen Zeichen des Diskos – menschliche Gestalten, Tiere und Werkzeuge – jeweils eine Silbe bedeuten. Hier hielten die Ausgräber die alte Schrift der Minoer in Händen, doch ihre Entzifferung mißlang immer wieder. Über 50 Versuche schlugen fehl. Für die einen war der Diskos ein Kalender, für andere sogar eine Botschaft von Marsmenschen, und wieder andere sahen darin den Reisebericht eines minoischen Missionars, der an der nordafrikanischen Küste Nomaden besuchte.

Zwar erkennt selbst der Laie bei genauer Betrachtung schnell, daß der Diskos von außen nach innen gelesen werden muß. Die jeweils zum Zentrum der Scheibe hin gedruckten Zeichen sind manchmal über die am Rand gelegenen gestempelt. Aber welche Bedeutung verbirgt sich in dieser Schrift, welche Botschaft enthält sie? Schon zur Entstehungszeit des Diskos muß die Schrift altertümlich gewesen sein, denn es wurden aus der gleichen Zeit auch Tontäfelchen mit einem weiterentwickelten, »Linear A« genannten Schrifttypus gefunden. Vielleicht haben auf dem Diskos Priester in einer »heiligen« archaischen Schrift eine Zauberformel oder verwandtes religiöses Geheimwissen festgehalten. In diese Richtung weist die Vermutung von Schriftforschern, daß es sich um einen kultischen Hymnus handeln könnte, da eine rhythmische Anordnung der Symbole und die Wiederholung bestimmter Zeichenkombinationen festzustellen sind.

13 Der »Diskos von Phaistos« trägt eine geheimnisvolle Schrift, die bis heute nicht entziffert ist. Welche Bedeutung verbergen diese Zeichen, welche Botschaft enthalten sie?

Der norwegische Sprachwissenschaftler Kjell Aartun hat 1991 nach langjährigen Studien einen neuen Lesevorschlag gemacht. Er deutet die Zeichen als semitische Schrift. Semiten werden die Völker im östlichen und südlichen Orient genannt, die in der Bronzezeit bis nach Äthiopien und Oberägypten siedelten. Von dort sollen sie vor 4500 Jahren nach Kreta gekommen sein. Durch Vergleiche mit anderen altsemitischen Schriftfunden glaubt Aartun den Diskos nun entziffern zu können:

»Ich will benetzen lassen, Pflug, dein Feld.
Ich will benetzen lassen, Tiefpflug, dein Ackerland.«

Nach Aartun fordert mit diesem Text eine Frau einen Mann zum Geschlechtsverkehr auf; seiner Meinung nach handelt es sich bei den 45 Versen um ein Entjungferungsritual. Die geschlechtsreifen Mädchen versammelten sich jedes Frühjahr in großer Zahl zum Initiationsritus in Phaistos, um ihre Jungfräulichkeit einer Gottheit zu opfern und zur Frau zu werden. Der Diskos war demnach das »Gesangbuch« (und die Handlungsanweisung) für die Priester. Massendeflorationen durch die Priesterschaft als Teil eines Fruchtbarkeitsritus soll es auch in Babylon gegeben haben. So ist Kjell Aartuns Deutungsvorschlag immerhin ernst zu nehmen und findet in Gelehrtenkreisen vereinzelt Zustimmung.

Die als »Linear A« bezeichnete Schrift auf den Tontäfelchen der Archive, an deren Entzifferung Evans scheiterte, ist laut Kjell Aartun nur eine vereinfachte Alltagsversion der kultisch-religiösen Hieroglyphen des Diskos, um Daten aus Verwaltung und Rechtsprechung, Ernte und Handel zu speichern.

Der Palast der Toten

Das geheimnisvolle Reich der Minoer hat gerade auch dadurch, daß lesbare schriftliche Überlieferungen fehlen, Forscher und Dilettanten dazu angeregt, ihrer Phantasie und Spekulationsfreude freien Lauf zu lassen.

Ein deutscher Geologe aus Stuttgart entwickelte dabei so viel Scharfsinn, daß die archäologische Fachwelt große Mühe mit der Widerlegung seiner Thesen hatte und Bildungsreisende immer noch mit der 1972 erschienenen Schrift »Wohin der Stier Europa trug – Kretas Geheimnis und das Erwachen des Abendlandes« in der Hand durch die Vergangenheit der Insel streifen. Hans Georg Wunderlich wurde zum Schrecken nicht nur der Reiseführer, die immer wieder von Besuchergruppen in erregte Diskussionen über seine Behauptungen verwickelt werden, sondern auch der Archäologen, denn er legte den

Finger auf offene Wunden – auf Wissenslücken und widersprüchliche Erklärungsversuche.

Als Wunderlich in Knossos die von Evans so bezeichneten »Privatgemächer der Herrscherfamilie« besuchte, fühlte er sich in eine tiefe Gruft versetzt. Es war feucht und kalt, kaum ein Lichtstrahl drang in diese Räume. Nur ein Narr – oder ein Toter –, aber kein regierender König hätte sich hier einquartieren lassen, befand der Schwabe. Ihm fielen weitere Merkwürdigkeiten des Palastes auf. Zahlreiche Räume in Knossos (und anderen Palästen) sind mit Alabasterplatten ausgelegt. Alabaster ist allerdings chemisch nichts anderes als Gips und so weich, daß er schon mit dem Fingernagel eingeritzt werden kann. Die bei den Ausgrabungen zutage geförderten Alabasterfußböden und -treppen waren aber kaum abgenutzt. Erst seitdem jedes Jahr eine große Zahl von Urlaubern über sie hinwegtrampelt, werden sie stärker in Mitleidenschaft gezogen. Daraus folgerte Wunderlich, daß in dem Palast kein großer Hofstaat gelebt haben könne.

Auch die als »Badezimmer« bezeichneten Räume hatten einen Alabasterboden. Den Minoern mußte bekannt sein, daß Gips wasserlöslich und darum für Naßräume denkbar schlecht geeignet ist. Die im »Megaron [Haus] der Königin« aufgestellte Tonwanne nannte Evans eine Badewanne. Wunderlich erkannte richtig, daß zwar die Wanne eine Abflußöffnung hatte, der Raum selbst jedoch über keine Entwässerung verfügt. Warum dann überhaupt ein Abflußloch?

Deshalb gelangte der Geologe zu dem Schluß, bei dem Becken habe man es in Wahrheit mit einem Balsamierungstrog zu tun, wie er auch aus Ägypten bekannt ist und in dem darauf spezialisierte Priester mit konservierenden Flüssigkeiten wie Salzlösung und Zedernöl die Toten einbalsamierten. Der Grabungsbericht löst den Widerspruch. Die Wanne hatte sich ursprünglich in einem höher gelegenen Stockwerk befunden und war später durch die Decke nach unten gefallen. Dort hatte Evans sie einfach stehen lassen.

Wunderlich leitet aus seinen Beobachtungen die Behauptung ab, daß Knossos und die anderen minoischen Großbauten Totenpaläste seien, in denen privilegierte Minoer bestattet wurden und wo man ihrer mit rituellen Spielen und Opferhandlungen gedachte. Die Lebenden siedelte er in Lehmbauten und Holzhäusern abseits des «Totentales« an. Daß in den Palästen kaum Grabbeigaben gefunden wurden, erklärt er damit, daß es auch auf Kreta seit jeher Grabräuber

14 Die kretischen Paläste stehen auf Mauerresten älterer Gebäude, die um 1700 v. Chr. durch Erdbeben zerstört wurden.

gegeben hat. Doch was ist mit den Gebeinen der Bestatteten geschehen? Im Laufe der Jahrhunderte müßten dort viele Tausende Menschen beerdigt worden sein. Sind deren Überreste ebenfalls gestohlen worden?

Den Archäologen fiel es bei der «Gipsfrage« nicht leicht, den Geologen mit stichhaltigen Gegenargumenten zu widerlegen. Ihre treffendsten Widerreden beruhen wiederum auf Ausgrabungsfunden. Die kretischen Paläste stehen auf den Mauerresten älterer Gebäude, die um 1700 v. Chr. durch Erdbeben zerstört wurden. Diese »Alten Paläste« waren noch nicht mit Fußböden und Treppen aus Alabaster ausgestattet. Und dennoch können sie keinem anderen Zweck als die »Neuen Paläste« gedient haben. Es hat also den Anschein, daß die Neubauten mit »marmoriertem« Alabaster ausgelegt wurden, weil es gerade als chic galt. Denn bei vielen Steingefäßen und Verzierungen zeigt sich eine Vorliebe der Minoer für geädertes Gestein. Die verschiedenen Moden folgen, auch in der modernen Architektur, nicht immer der materialtechnischen Vernunft.

Alabasterfußböden gab es auch in Mykenai, und diese Burg war sicher kein Totenpalast. Vielleicht haben die dortigen Bauherren die kretischen Ästhetikvorstellungen übernommen. Alabaster ist ein leicht zu verarbeitender Baustoff und auf Kreta reichlich vorhanden. Schadhafte oder abgenutzte Platten können schnell ausgewechselt werden, was nachweislich geschehen ist. Die nach der Rekonstruktion von Knossos neu verlegten Platten erweisen sich seit Jahrzehnten als erstaunlich haltbar, auch wenn sie natürlich von Zeit zu Zeit ersetzt werden müssen. Den Nachschub dafür liefern die alten minoischen Steinbrüche.

Auch Wunderlichs Behauptung, Nuten an Türlaibungen im Palast ließen erkennen, daß die meisten Räume mit Platten unzugänglich verschlossen waren, ist falsch. Sie waren durch hölzerne Falttüren miteinander verbunden und konnten nach außen auf Terrassen geöffnet werden. Der Wohntrakt von »König« und »Königin« war also durchaus nicht so ein dunkel-modriges Verlies, wie Wunderlich ihn erlebt hat. Er ging dabei unbewußt von heutigen Wohnvorstellungen aus, von lichtdurchfluteten Räumen in der praktischen Anordnung unserer Zeit. Derartige Vorstellungen sind jedoch nicht in die Vergangenheit übertragbar. Wer eine deutsche Ritterburg des Mittelalters besucht, kann sich kaum vorstellen, daß in dem finsteren Gemäuer einst edle Burgfräulein und adlige Herren gehaust haben. Wunderlich übersah zudem, daß die hohen Bäume, die den Wohntrakt nach Südosten hin gegen Sonnenlicht und Zugluft abschirmen, erst vor einigen Jahrzehnten gepflanzt wurden. Daß den Minoern genügend Brennmaterial wie Holz und Olivenöl zur Verfügung stand und auch genutzt wurde, belegen die zahlreichen Funde von Holzkohlenbecken und Öllampen. Für königlichen Komfort konnte also durchaus gesorgt werden. Die englische Königsfamilie saß gleichfalls fröstelnd vor dem Kamin im heizungstechnisch ungünstig konstruierten Windsor Castle, bis die erste Zentralheizung eingebaut wurde.

Wunderlichs Fragenkatalog zeigt aber, wie viele Rätsel das minoische Zeitalter der Wissenschaft noch immer aufgibt. Trotz der zahlreichen falschen Schlüsse ist sein Buch eine spannende Lektüre. In einem Punkt hat er anscheinend sogar recht behalten: Die Beziehungen zwischen Kreta und Ägypten waren enger und vielschichtiger, als die Gelehrtenwelt lange Zeit einräumen wollte.

Wunderlichs Umwidmung der minoischen Paläste in riesige Totenstädte erscheint auch deswegen unglaubhaft, weil

15 Stilistisch-ästhetische Vorstellungen haben sich im östlichen Mittelmeerraum über lange Zeit erhalten. So zeigt diese minoische Säule verschiedene Elemente, wie sie etwa auch in griechisch-dorischen Säulen auftreten.

Troia
Iolkos
Ägäis
Karabel
Beycesultan
Orchomenos
Theben
Korinth
Athen
Mykenai
Tiryns
Milet
Pylos
Ialysos
Kamiros
Lindos
RHODOS
Akrotiri (Santorin)
Ida-Höhle
Amnissos
Knossos
Mallia
Psira
Mochlos
KRETA
Hagia Triada
Phaistos
Archanes
Dikte-Höhle
Kato Zakros
200 km
Grenzen von heute

Hattusa (Bǒgazköy)
TÜRKEI
Karkemisch
Sendschirli
Tarsus
Mersin
Alalach
Ugarit
Nitovikla
Hama
Myrtu
Enkomi
H. Irini
Denia
Nikosia
ZYPERN
Maa
Palaipaphos
Sidon
Tyros
Hazor
Beth-Schean
Mittelmeer
Megiddo
Sichem
Bethel
Beth-Schemes
Jericho
Lachis
Gibeon
Askalon
Gaza
Sais
Tanis/Auaris
Bubastis
ÄGYPTEN
Heliopolis
Memphis

es an anderen Stellen in großer Zahl Bestattungsplätze aus minoischer Zeit gibt. Sie fanden sich abseits der Paläste und Siedlungen, in den Höhlen schroffer Felsschluchten. Diese Bestattungsart hatte nicht nur praktische Gründe.

Wo Götter geboren werden

Höhlen galten den Kretern seit jeher als heilige Orte. Hier waren sie den geheimnisvollen Kräften der Natur nahe, dem ewigen Kreislauf von Sterben und Geburt. Selbst Götter wurden in Höhlen geboren, wie die Zeus-Sage erzählt. Die Eileithya-Höhle, die hoch über Amnissos, dem alten Hafen von Knossos, liegt, ist seit 5000 Jahren ein Heiligtum. Auch die Schlangengöttin, Verkörperung der Fruchtbarkeit, wurde hier verehrt, wie Figurenfunde belegen. Die Tropfsteinhöhle ist übersät mit Keramikscherben von Opfergeschirr. Mittelpunkt des Heiligtums bildete ein großer Stalagmit, der ein phallisches Fruchtbarkeitssymbol darstellt und von einer niedrigen quadratischen Mauer umgeben war. Bis heute hält sich die Legende, schwangere Frauen hätten mit ihrem Leib den Stein berührt und um eine glückliche Niederkunft gebetet.

***16** Neben dem Stier wurde im Reich von König Minos auch die Schlange verehrt.*

Der griechische Archäologe Jannis Sakellarakis grub in den letzten Jahren in der Ida-Höhle auf dem Berg Psiloritis in 2000 Metern Höhe. Hier wurde der Sage nach Zeus geboren. In der Höhle fand sich eine Unmenge von Weihegaben im Abraum der Jahrtausende. Münzen, Siegel, Ringe, Figuren und Gefäße aus vielen Epochen verraten, daß Menschen seit frühester Zeit hier immer wieder den Segen der Götter erflehten.

Menschenopfer in Anemospilia

Doch seine aufregendste Entdeckung machte Sakellarakis, als er in Anemospilia am Berg Jouchtas zu suchen begann. Im nahe gelegenen Weinort Archanes, nur wenige Kilometer von Knossos entfernt, hatte er bereits die Grundmauern einer minoischen Palastanlage freigelegt und im Bestattungsfeld von Phourni die ersten ungeplünderten Herrschergräber auf Kreta ausgegraben. Er war bereits ein erfolgreicher Archäologe, als er in Anemospilia etwas Beunruhigendes entdeckte. Am Berghang, mit weitem Blick hinunter zum Meer, begann Sakellarakis zusammen mit seiner Frau und mehreren Helfern das Erdreich von einigen unscheinbaren Mauerresten abzutragen. Wieder einmal stand ihm das archäologische Glück zur Seite, und er stieß auf einen sensationellen Fund.

Es handelt sich um ein rechteckiges Gebäude mit drei gleich großen Räumen und einer schmalen Vorhalle. Diese einfache Grundform erinnert an dreiteilige Heiligtümer, wie man sie für Kreta bisher nur von Abbildungen auf Kunstgegenständen her gekannt hatte. Jetzt schien Sakellarakis erstmals so ein Tempelheiligtum entdeckt zu haben. Die im Vorraum gefundenen 150 Gefäße bestätigten die Vermutung; sie waren für kultische Handlungen bestimmt. Den Göttern wurde feste und flüssige Nahrung als Opfer dargebracht. Zu ihrer Aufbewahrung und Zubereitung dienten die Kelche, Reiben und Töpfe. Der Boden im mittleren Tempelraum war bedeckt mit kleinen Vorratskrügen und Schalen. Aus Ägypten und dem Orient ist die Zubereitung von Speiseopfern bekannt, und aus dem antiken Griechenland sind ebenfalls «göttliche« Speiserezepte überliefert. Die Priester mußten für die rituelle Speisenfolge geübte Köche sein. Jede Zeremonie erforderte ihre speziellen Zutaten. An der Stirnseite des Mittelraumes befindet sich eine 25 Zentimeter hohe Steinempore. Auf ihr stand ein Paar überlebensgroßer Füße aus Ton, die an den Knöcheln in Zapfen übergehen. Dieses Fußpaar war im Augenblick seiner Entdeckung noch von einer dicken Ascheschicht bedeckt, die von verbranntem Holz stammte. Solche Tonfüße sind bereits an anderen Stellen auf Kreta gefunden worden, und unter den Röcken von Tonidolen weiblicher Gottheiten schauen sie ebenfalls hervor. Wahrscheinlich stand auch im Tempel von Anemospilia eine große Götterstatue aus Holz. Ein Siegelabdruck aus Agia Triada stellt dar, wie das Idol von Priesterinnen mit prächtigen Stoffen bekleidet wurde.

An der Eingangstür des Raumes stießen die Ausgräber auf ein menschliches Skelett. Seine Lage deutete darauf hin, daß die Person gerade den mittleren Raum verlassen hatte, als sie bäuchlings hinstürzte. Zu ihren Füßen lag ein zerbrochenes Gefäß. Dessen Verzierung ist von einer künstlerischen Qualität, wie sie sonst selten auf Kreta war: das mit weißer und roter Farbe bemalte Relief eines Stieres, der von Krokussen und Zweigen umgeben ist. Es war eine Schale, wie sie für die Aufnahme des Blutes geopferter Tiere benutzt wurde.

17 ***Opferung: Ein Stier liegt gebunden auf einem Tisch, sein Blut fließt aus der Halsschlagader in ein Gefäß. Während zwei Priesterinnen das Ritual vollziehen, spielt ein Mann die Doppelflöte. Vielleicht wurden Menschenopfer ähnlich vollzogen.***

Wo das Opfer stattgefunden hatte, erkannten die Archäologen, als sie den Schutt im Westraum des Tempels ausräumten. Jannis Sakellarakis notierte in seinem Grabungsbericht:

»In der Südwestecke des Raumes finden wir das Skelett einer Person in Bauchlage mit der rechten Hand am Kopf und gespreizten Beinen. Es handelt sich um eine circa achtundzwanzigjährige Frau, die 1,54 Meter groß und, wie die anthropologische Untersuchung zeigte, Trägerin der mittelmeerischen Anämie war. Einige Meter nördlich wird ein zweites Skelett in einer noch ungewöhnlicheren Stellung gefunden; die Person war auf den Rücken gefallen, mit ausgestrecktem rechtem Bein und angewinkeltem linken. Ihre beiden Arme waren zum Brustbein hin angewinkelt. Nach Aussage der Anthropologen handelt es sich um einen Mann im Alter von ungefähr 38 Jahren, der 1,78 Meter groß war. Er war äußerst zart gebaut, überaus gesund und in biologisch guter Verfassung. Von den Gerichtsmedizinern wird seine Körperhaltung die Boxerposition genannt. Sie ist charakteristisch für Menschen, denen eine Last auf den Kopf fällt. Sie setzen einen Fuß nach hinten und reißen die Arme nach oben, um den Kopf zu schützen. Die besonders angespannte Boxerstellung des Skeletts ist durch das

Feuer zu erklären, das auf Grund des Überwiegens der Beugemuskeln gegenüber den Streckmuskeln zu einer Zusammenkrampfung der Arme führte. Also war die Todesursache dieser Personen der Fall der Steine und Hölzer des Daches und die Feuersbrunst, bei der sich an einigen Stellen Temperaturen von 300 – 500 Grad entwickelten, da bei einigen Zähnen der Zahnschmelz gesprungen war.«

Bei dem Skelett des großen Mannes fand man einen mit Eisen ummantelten Silberring und ein Siegel aus Achat. Beide Schmuckstücke belegen, daß der Besitzer eine hochstehende Persönlichkeit gewesen sein muß, denn Eisen war im 17. Jahrhundert v. Chr. das wertvollste Metall. Die Untersuchung eines weiteren Skeletts, das neben einem bronzenen Opfermesser auf einem niedrigen Steintisch gelegen hatte, brachte Schreckliches ans Licht. Die Ausgräber waren zunächst davon ausgegangen, daß es sich um die Knochen eines geopferten Tieres handele, wie man es von den bemalten Seitenwänden eines Sarkophages aus Agia Triada kannte.

Es ist der einzige Steinsarg, der bislang auf Kreta entdeckt wurde, und er ist rundherum mit Fresken verziert. Sie schildern eine Kulthandlung, die Teil der Bestattungszeremonien für hohe Würdenträger war. Im Mittelpunkt steht die Opferung eines Stiers. Das Tier liegt gebunden auf einem Tisch, seine Halsschlagader ist bereits geöffnet, und das Blut fließt in ein Gefäß, das dem aus Anemospilia ähnelt. Während ein Mann auf der Doppelflöte spielt, vollziehen zwei Priesterinnen das Ritual. Eine der Frauen, die mit einem Fell bekleidet ist, bringt auf einem Altar ein unblutiges Opfer dar: einen mit Früchten gefüllten Korb. Der Altar steht vor einem den Minoern heiligen Baum, der von Kulthörnern umzäunt ist. Davor befindet sich eine hohe Doppelaxt, auf der ein schwarzer Vogel sitzt – das Symbol der göttlichen Erscheinung.

Vieles auf diesem steinernen Sarg erinnert an die Funde von Anemospilia, mit einem entscheidenden Unterschied: Die Anthropologen stellten fest, daß die Knochen auf dem Opfertisch zu einem ungefähr 18 Jahre alten Mann gehörten. Seine Beine waren allem Anschein nach gefesselt. Die unterschiedliche Färbung der linken Skeletthälfte im Gegensatz zur rechten läßt den Schluß zu, daß der Tote bereits Blut verloren hatte, bevor die Katastrophe den Tempel zerstörte. Ein schweres Erdbeben hatte die Mauern im Augenblick des Menschenopfers zum Einsturz gebracht. Was sollten die Götter den Menschen dafür gewähren?

Trotz aller wissenschaftlichen Findigkeit von Jannis Sakellarakis bleiben bei manchen Archäologen-Kollegen Zweifel, ob hier wirklich ein Menschenopfer stattgefunden hat, denn auf Kreta sind keine weiteren Beweise für solche »unmenschlichen« Praktiken gefunden worden.

Aus dem antiken Griechenland hingegen gibt es durchaus ernstzunehmende Hinweise auf derartige Bräuche. Der Dichter Homer erzählt in der »Ilias«, daß die Griechen zwölf trojanische Gefangene am Grab des Patrokles opferten. Und Agamemnon, der Befehlshaber des griechischen Heeres vor Troja, opferte sogar seine Tochter Iphigenie, um die Göttin Artemis zu besänftigen und bessere Winde für seine Kriegsschiffe zu erbitten. Von den Griechen geopfert wurden 480 v. Chr. auch drei Neffen des Perserkönigs Xerxes am Vorabend der Seeschlacht von Salamis zwischen der griechischen und persischen Flotte.

Selbst im klassischen Zeitalter waren folglich Menschenopfer im Augenblick größter Bedrängnis nicht verpönt. Allerdings wurden sie nicht in der Öffentlichkeit, sondern an abgeschiedenen Orten durchgeführt. Anemospilia war also ein geeigneter Ort. Und es war um 1700 v. Chr. wirklich eine Zeit höchster Not. Schwere Erdbeben zerstörten nicht nur die Paläste, sondern sicher in noch stärkerem Umfang die Häuser des einfachen Volkes. Die herrschende Priesterkaste sah sich gefordert, wollte sie nicht ihren Status als Fürsprecher der Menschen bei den Göttern und damit die Macht im Staat einbüßen. Da ist es durchaus denkbar, daß sie zum äußersten Mittel griff, um die Götter gewogen zu stimmen – zur rituellen Tötung eines Menschen.

Fluch der Götter oder Menschenwerk?

Am Abend des 26. Juni 1926 lag Arthur Evans im Bett seines Hauses am Rande der Ausgrabungsstätten von Knossos. Da erschütterte ein gewaltiger Erdstoß das Haus. Die Möbel schossen durch das Schlafzimmer, doch die Wände widerstanden dem Beben. Aber in den umliegenden Dörfern und in der Inselhauptstadt Heraklion waren schwere Zerstörungen und viele Menschenleben zu beklagen. Für Evans stand nach diesem Erlebnis fest: Auch die große Kultur der Minoer, ihre Paläste und Städte, waren Erdstößen zum Opfer gefallen.

Die Geologen haben seit jeher gewußt, daß Kretas Untergrund eines der unruhigsten Gebiete Europas ist. Und richtig, nicht nur in Anemospilia, auch in den großen Palastzentren und auf den Landgütern stießen die Archäologen immer wieder auf die Spuren der vernichtenden Gewalt von Erdbeben. Riesige Steinquader waren aus ihrer Verankerung gerissen worden, wie es Menschenkraft nicht fertigbringt, und verheerende Feuer hatten gewütet. Das Olivenöl in den Vorratskammern war ausgelaufen, als die Tongefäße durch Erdstöße zerbrachen. Öllampen dienten den Minoern als Lichtquelle, nun entzündeten die brennenden Dochte das ausgelaufene Öl. Eine Feuerwalze ergoß sich durch Gänge und über Treppen und setzte die Säulen und Balken aus Holz in Brand.

Mehrfach wurden die minoischen Bauwerke Opfer solcher Katastrophen. Ein großes Beben hatte um 1700 v. Chr. die Zeit der »Alten Paläste« beendet. Aber auf ihren Ruinen wurde neu gebaut, noch größer und prächtiger als zuvor. Die kretischen Baumeister reagierten sogar auf die Bedrohung. Sie zogen in die starren Steinmauern eine schwingende Holzkonstruktion ein, die Stoßkräfte abfedern sollte. Gerade bei Naturkatastrophen stellten die Minoer immer wieder die Überlebensfähigkeit ihrer Gesellschaft unter Beweis. Es gab also gute Argumente für die Kritik an der Untergangstheorie von Evans.

Vulkanausbruch

Aber wie sonst, wenn nicht mit einem Erdbeben, waren die schweren und für viele Paläste und herrschaftlichen Häuser endgültigen Zerstörungen um das Jahr 1450 v. Chr. zu erklären?

Der griechische Archäologe Spyridon Marinatos stellte erstmals 1939 die Vermutung an, der Untergang des Minoischen Reiches sei durch einen gewaltigen Vulkanausbruch auf der Insel Santorin-Stronghyle, die etwa 110 Kilometer nördlich von Kreta in der Ägäis liegt, verursacht worden.

Marinatos zog als Vergleich den Ausbruch des Krakatau in Indonesien heran, eine der größten bekannten Vulkankatastrophen der Geschichte. 1883 versank die kleine Insel Krakatau im Meer. Ein Vulkan war ausgebrochen und hatte sie zerstört. Der Explosionsknall war fast 5000 Kilometer weit zu hören, und die vom Ausbruch ausgelösten Flutwellen durchquerten nicht nur den Pazifik, sondern auch den Atlantik. Noch 17 000 Kilometer vom Ursprungsort entfernt, stieg im Golf von Biskaya der Wasserpegel. Die hoch in die Atmosphäre geschleuderten Staub- und Gasmassen bescherten den Menschen auf dem ganzen Erdball farbenprächtige Sonnenuntergänge. Auf der Nordhalbkugel sanken die Durchschnittstemperaturen um 0,5 bis 0,8 Grad unter die Normalwerte. Doch die schlimmsten Folgen hatte die Explosion auf den benachbarten Inseln Java und Sumatra. Riesige, bis zu 40 Meter hohe Flutwellen – die heute mit dem japanischen Wort *tsunami* bezeichnet werden – waren über das Meer gerast und hatten die Küsten verwüstet. Fast 40 000 Menschen kamen ums Leben. Dorfbewohner auf Sumatra, 40 Kilometer vom Krakatau entfernt, erlitten Verbrennungen. Sie berichteten, heiße Asche und Gase seien durch die Ritze zwischen Tür und Dielenboden ihrer Häuser aufgestiegen. Ein Indiz dafür, daß sogenannte pyroklastische Ströme Sumatra erreicht hatten; das sind Glutwolken aus Bimsstein und Asche, die sich durch heiße Gase verflüssigen und, von der Schwerkraft angetrieben, über den Erdboden und übers Meer rasen.

Schon im Jahr 1815 war auf der Insel Sumbawa eine noch wesentlich stärkere Vulkanexplosion beobachtet worden. 90 000 Menschen starben durch Flutwellen und eine anschließende Hungersnot. Die eisige Kälte, unter der im darauffolgenden Jahr die Menschen in Nordamerika und Europa zu leiden hatte, wird heute mit diesem Ausbruch erklärt. Die Explosion schleuderte Asche hoch in die Stratosphäre, wo sie als Wolke um den Erdball zog, das Sonnenlicht abhielt und so das Wachstum der Pflanzen behinderte. In Europa waren Hungersnöte die Folge.

1980 konnte beim Ausbruch des Mount St. Helens im US-Bundesstaat Washington so eine Vulkankatastrophe aus nächster Nähe beobachtet werden. Dabei wurde eine Sprengkraft entwickelt, die achtmal größer war als die der stärksten, bislang gezündeten Atombombe. Allerdings zog sich der Ausbruch des Mount St. Helens über neun Stunden hin und kann insgesamt mit der Zündung von 27 000 Hiroshima-Bomben verglichen werden. Die Spitze des 2950 Meter hohen Berges wurde durch den Druck aus dem Vulkaninnern weggesprengt. Heiße Magma traf auf den Gipfelschnee, wodurch Wasserdampf entstand, der explosionsartig in die Atmosphäre entwich. Er war der Auslöser für eine Gas- und Schlammlawine, die mit einer orkanartigen Geschwindigkeit von 100 bis 400 Stundenkilometern bergab raste. Erst nach 28 Kilometern kam diese alles vernichtende Walze zum Stehen, nachdem sie die Wälder zerstört und viele Menschen getötet hatte. Die Aschewolke brauchte nur drei Tage, um den nordamerikanischen Kontinent zu überqueren.

Es steht also fest, daß Vulkanausbrüche nicht nur im näheren Umkreis große Zerstörungen hervorrufen können. Auch bei dem schweren

18 **_Heute besteht der Santorin-Archipel aus den drei Inseln Thera, Therasia und Aspronisi, von denen der Kratersee umschlossen wird._**

Ausbruch des Santorin-Vulkans in der Bronzezeit nehmen die Geologen an, daß die Spitze des Vulkans gesprengt wurde. Eine riesige Wolke war dann über das Meer nach Kreta gezogen und hatte Landwirtschaft und Viehzucht durch einen todbringenden Ascheregen für Jahrzehnte geschädigt. Wesentlich schlimmer jedoch waren die über 40 Meter hohen Flutwellen, die der Einsturz des Vulkankegels auslöste. Ihnen fielen Hafenstädte und die für Kretas Seeherrschaft lebensnotwendige Flotte zum Opfer. Schwer geschädigt versank die Insel in Bedeutungslosigkeit. So lautete die Untergangstheorie von Marinatos.

Kann sogar der Untergang des legendären Atlantis, den der griechische Philosoph Platon als geschichtliches Ereignis aus ägyptischen Chroniken übernommen haben will, in Verbindung mit dem Zusammenbruch des Minoischen Reiches gebracht werden? Während die geographische Lage von Atlantis nach wie vor unbekannt ist, wußten die Ägypter allerdings genau, wo Kreta lag: praktisch vor ihrer Haustür, in Richtung der untergehenden Sonne. Eine gewaltige Katastrophe auf der Insel hätten die ägyptischen Geschichtsschreiber deshalb vermutlich präzise beschrieben. Sind die Papyros-Rollen vielleicht verlorengegangen?

Heute besteht der Santorin-Archipel aus den drei Inseln Thera, Therasia und Aspronisi, von denen die *Caldera*, der Kratersee, umschlossen wird. In ihr haben sich wieder zwei Vulkankegel erhoben, die Kameni-Inseln. Der letzte kleine Ausbruch ereignete sich 1950.

Die Ruhe auf Santorin ist trügerisch, jederzeit kann es erneut zu einem verheerenden Ausbruch kommen. Das Leben auf so gefährlichem Inselboden verlangt Gottvertrauen. Es hat aber auch seine Vorteile. Die besonders fruchtbare vulkanische Erde läßt auf kunstvoll angelegten Terrassenfeldern einen berühmten Wein gedeihen. Die Besucher aus aller Welt können heute nur mehr wenig von der gewaltigen Vulkanexplosion erahnen, die hier einst stattfand. Ihr Ziel sind die Dörfer, die nach einem schweren Erdbeben im Jahr 1956 malerisch hoch oben am Kraterrand wieder aufgebaut wurden.

Akrotiri

Die heitere Stimmung Santorins trügt, die Vergangenheit der Insel ist voller Schrecken. Der Archäologe Spyridon Marinatos entdeckte sie 1967 auf der Halbinsel Akrotiri unter einer meterhohen Schicht aus Asche: eine untergegangene Stadt aus der Bronzezeit. Seit fast 30 Jahren wird sie ausgegraben. Akrotiri, so stellte sich heraus, ist eine kretische Niederlassung, und ihr entsetzliches Ende ist für die Archäologen ein Glücksfall: Sie können die erhalten gebliebene Kultur einer antiken Stadt erforschen. Langsam geben die Ruinen ihr Geheimnis preis. Küchen und Werkstätten erzählen noch heute, wie die Bewohner vor 3500 Jahren lebten. Selbst Getreidekörner und Olivenkerne lagen noch in den entdeckten Schalen und Krügen.

Doch die Arbeit zwischen den bröckelnden Mauern ist gefährlich. Der Entdecker von Akrotiri wurde von herabstürzenden Steinen erschlagen und in »seiner« Stadt begraben. Doumas führte die Grabungen anstelle von Marinatos fort und verwaltet ein immer größer werdendes Archiv von wertvollen Funden.

Marinatos' Tochter Nannó untersucht die vielen Wandgemälde, die in den Häusern von Akrotiri gefunden wurden: Priester bringen den Göttern Opfer, Weihrauch, Fische, Blumen und prächtige Kleider; junge Mädchen und Jünglinge werden in geheimnisvollen Zeremonien zu Erwachsenen initiiert; bei Prozessionen zu Wasser und zu Lande zeigt sich die herrschende Priesterschaft in der Verkleidung von Göttern.

Doch eines Tages versank die glanzvolle Kultur im Chaos. Die Erde bebte unter Akrotiri, Wände und Treppen wurden von der Naturgewalt zermalmt. Die Bewohner scheinen sich zunächst in Sicherheit gebracht zu haben, sie begannen sogar nach dem Beben mit Aufräumungsarbeiten. Sorgfältig aufgeschichtete Steinhaufen in den Straßen belegen das. Dann allerdings flüchteten die Bewohner endgültig von der Insel. Der Vulkan stieß bedrohliche Wasserdampfwolken aus, es folgten schwere Explosionen. Bis zu 60 Meter hoch ist die Schicht aus Bimsstein und Asche, von der Akrotiri verschüttet wurde.

Zwei deutsche Forscher untersuchen zur Zeit den Santorin-Vulkan mit detektivischem Spürsinn: Hans Pichler und Walter Friedrich. Als der Geologe Pichler vor über 30 Jahren zum ersten Mal nach Santorin kam, waren Maultiere fast das einzige Fortbewegungsmittel. Die Kraterlandschaft birgt viele Hinweise für das geübte Geologenauge. Pichler sucht die viele tausend Jahre alten Spuren zu deuten, die »vulkanischen Bomben«: Felsbrocken, die der Vulkan aus dem Krater schleuderte und die sich tief in die frischen Bimssteinablagerungen bohrten. Vom Eintrittswinkel des »Schußkanals« läßt sich auf die Richtung des Kraters schließen.

Walter Friedrich entdeckte schließlich an der Innenseite der wassergefüllten Caldera die verschütteten Reste von über 4000 Jahre alten Häusern. Damit geriet die These von Spyridon Marinatos ins Wanken. Der große Explosionskrater muß viel älter sein als bisher angenommen; der bronzezeitliche Ausbruch kann keine bis nach Kreta reichende Zerstörungskraft entwickelt haben.

Die Geologen suchten nach weiteren Hinweisen. Auf den ersten Blick unscheinbare Steine, die am unteren Kraterrand in Wassernähe gefunden wurden, erzählten unter dem Mikroskop ihre Geschichte. Diese Stromatoliten wurden durch versteinerte Kleinstlebewesen gebildet, die nur in flachem Meerwasser gedeihen. Fast 20 000 Jahre alt sind die Exemplare von Santorin. Ihr Vorhandensein im inneren Kraterbereich beweist, daß der Kratersee schon lange vor dem Ausbruch in minoischer Zeit bestanden hat. Aber noch bleibt ein Rätsel zu lösen: Wann ist der Vulkan ausgebrochen?

Die im zerstörten Akrotiri gefundene bemalte Keramik wurde mit Keramiken auf Kreta verglichen. Daraus läßt sich ein relatives Alter ablesen, da sich die Stile der Verarbeitung in minoischer Zeit ungefähr alle 50 Jahre änderten. So legten die Archäologen den Vulkanausbruch von Santorin auf ein Datum um 1500 v. Chr. und erklärten die Differenz zur Zerstörung der meisten minoischen Paläste um 1450 v. Chr. mit dem provinziellen Charakter der Kolonie Akrotiri.

Doch schon das Vergleichsdatum 1450 v. Chr. ist relativ. Da es keine lesbaren schriftlichen Zeugnisse gibt, mußten alle minoischen Epochen über den Umweg Ägypten bestimmt werden. Hier kennen die Archäologen anhand der vielen entzifferten Hieroglyphentexte

19 und 20 Langsam geben die Ruinen Akrotiris ihr Geheimnis preis. Küchen und Werkstätten erzählen noch heute, wie die Bewohner vor 3500 Jahren lebten.

sehr genau die Regierungszeiten der Pharaonen. Gegenstände ägyptischen Ursprungs helfen also bei der Datierung minoischer Fundschichten auf Kreta.

Den Geologen steht noch eine genauere Datierungsmethode zur Verfügung, die C-14-Analyse, benannt nach dem radioaktiven Kohlenstoffelement 14. Alle Pflanzen und Tiere nehmen diesen aus dem Weltall kommenden Kohlenstoff 14 durch den Stoffwechsel auf – solange sie leben. Im Moment des Todes beginnen die radioaktiven Teilchen zu zerfallen. Die Dauer dieser Zerfallszeit ist den Wissenschaftlern genau bekannt, und mit ausreichenden Mengen organischer Stoffe kann ein erfahrener Wissenschaftler das Alter von Tierknochen oder Pflanzenresten annähernd bestimmen. Bei den Funden von Santorin war eine ausreichende Menge an Lebensmittelresten und verbrannten Holzstücken, die man aus den Vorratskrügen von Akrotiri und dem Vulkangestein entnommen hatte, für diese Untersuchung nicht immer gegeben. So mußte die Kernphysik den Geologen zu Hilfe kommen.

Im unterirdischen Saal des Kernphysikalischen Instituts der dänischen Universität Aarhus steht, von der Außenwelt durch dicke Betonmauern abgeschirmt, eine gigantische High-Tech-Maschinerie, ein Tandem-Teilchenbeschleuniger. Er erzeugt ein gewaltiges Magnetfeld, durch das elektrisch geladene, energiereiche Teilchen auf die Holzkohleproben von Santorin geschossen wurden. Beim Aufprall wurde die Materie so gezielt zertrümmert, daß Computer exakt die freigesetzten Kohlenstoffteilchen messen konnten. Der Versuch erbrachte das Datum des Vulkanausbruches: um 1650 v. Chr., 150 Jahre früher als bisher angenommen.

Im ewigen Eis von Grönland wurde bald darauf die Bestätigung für die dänischen Testresultate gefunden.

Im Hochland der Insel steigen die Temperaturen selten über den Gefrierpunkt. Schicht auf Schicht lagert der Schnee sich ab und wird in der Tiefe zu Eis gepreßt. Sieben europäische Länder unterhalten hier die Forschungsstation GRIP. Um die Rätsel der Vergangenheit zu lösen, wird der 3200 Meter dicke Eispanzer Grönlands durchbohrt. Schneestürme und eisige Kälte machen den Forschern in der Station zu schaffen. Wegen des extremen Klimas mußten die Wissenschaftler eine besondere Bohrtechnik entwickeln. In Kammern, die tief ins Eis gegraben wurden, arbeitete die Bedienungsmannschaft ein Jahr lang, bis fester Untergrund erreicht war. Die zutage geförderten Bohrkerne

21 *Mochlos, vor der Nordküste Kretas, war zur Zeit des Minoischen Reiches eine wohlhabende Handelsstadt.*

sind insgesamt drei Kilometer lang und geben in hochkomplizierten Untersuchungen die Geschichte unseres Planeten preis: Klimaveränderungen, Eiszeiten – die Forscher können in 200 000 Jahre Erdentwicklung zurückblicken. Auch Vulkanausbrüche in Tausenden von Kilometern Entfernung hinterließen im grönländischen Eis ihre Spuren: sauren Schnee, den die Meßgeräte nachweisen können. Die elektrische Leitfähigkeit des Eises wird von den Chemikalien bestimmt, die im Eis abgelagert sind. Typisch für einen Vulkanausbruch ist der hohe Anteil an Schwefelsäure in der Asche, die bis in die Stratosphäre geschleudert wird, weit um den Erdball zieht und auch auf Grönland niederfällt. Schwefelsäure erhöht die Leitfähigkeit des Eises. Für das Jahr 1644 v. Chr. zeigten die Meßgeräte einen starken Ausschlag an.

Vergleichsstudien bestätigten: Das muß die Eruption des Santorin-Vulkans gewesen sein. Wahrscheinlich fand der Ausbruch in der zweiten Hälfte des Jahres 1645 v. Chr. statt, denn es dauerte einige Zeit, bis die Aschewolke Grönland erreicht hatte.

Viele Archäologen blieben den Forschungsergebnissen der Naturwissenschaftler gegenüber mißtrauisch, zu stark wich das neue Datum von den bisherigen Annahmen ab. Doch jetzt werden auch auf Kreta neue Entdeckungen gemacht. In Mochlos vor der Nordküste Kretas arbeitet seit Jahren ein amerikanisches Archäologenteam von der Universität North Carolina unter der Leitung von Jeff Soles. Mochlos war zur Zeit des Minoischen Reiches eine wohlhabende Handelsstadt, heute liegen ihre Hafenanlagen unter Wasser. Der Meeresspiegel ist in den letzten Jahrtausenden gestiegen, und die Häuserruinen befinden sich jetzt auf einer kleinen vorgelagerten Insel.

22 Auf dem Peloponnes, der Halbinsel vor dem griechischen Festland, war den Minoern ein gefährlicher Konkurrent erwachsen, das Volk der Achaier. Noch heute künden die mächtigen Mauern der Burg von Mykenai von seiner Macht.

Die Ausgrabungen sind anstrengend, denn die Temperaturen steigen im Sommer auf über 40 Grad. Schicht für Schicht wird abgetragen und sorgfältig durchgesiebt, damit auch nicht das kleinste Fundstück verlorengeht. Im Haus mit dem großen Säulensockel gelang Jeff Soles die entscheidende Entdeckung. Unter dem Fußboden des Hauses fand er eine dicke Schicht vulkanischer Asche aus Santorin. Die Schicht war gut zehn Zentimeter stark und breitete sich über den ganzen Boden unter den Hausmauern aus. Die Asche muß also vor dem Hausbau gefallen sein, dessen Datum sich anhand der Keramik, die man im Innern fand, genau bestimmen läßt. Der Vulkan ist am Ende der ersten Hälfte der spätminoischen Epoche ausgebrochen, also noch vor ihrem kulturellen Höhepunkt. Diese Datierung stimmt mit den naturwissenschaftlichen Untersuchungen überein.

Auch auf der nahe gelegenen Insel Psira konnte Philip Betancourt die neuen Ergebnisse bestätigen. Auf einer niedriggelegenen Landzunge erkannte er bei der Erforschung einer Hausruine, daß das Gebäude vermutlich durch ein Erdbeben oder Hochwasser zerstört wurde. Ein Zusammenhang mit dem Ausbruch auf Santorin erscheint denkbar. Flutwellen kommen dafür jedoch nicht in Frage. Die Bewohner zogen allerdings Konsequenzen und bauten ihre Häuser danach weiter oben am Hang und mit wesentlich größeren Steinen.

Auch hier ging das Leben also weiter. Naturkatastrophen allein können den Untergang des Reiches auf Kreta nicht erklären. Betancourt setzte seine Forschung nach möglichen Ursachen fort und stieß auf Anzeichen menschlicher Gewalteinwirkung. In der Küche eines Hauses standen die bronzenen Kochtöpfe und die Steinmörser zum Mahlen von Getreidekörnern noch an ihrem ursprünglichen Platz. Aber direkt vor dem Haus lag ein großer Haufen zerbrochener Vorratskrüge aus den umliegenden Gebäuden. Alles war rücksichtslos auf die Straße geworfen worden. Für den Archäologen war das ein sicherer Beweis, daß die Stadt endgültig durch eine kriegerische Auseinandersetzung zerstört wurde. Aber ob es ein Bürgerkrieg war oder ob es sich um einen Überfall von fremden Kriegern handelte, die über das Meer kamen, kann Betancourt nicht sagen.

Also war es nicht der Zorn der Götter, der das friedliche Kreta traf? Fiel es vielmehr menschlichen Gewaltakten zum Opfer? Wer aber waren die Angreifer?

Ein Volk von Kriegern

Auf dem Peloponnes, der Halbinsel vor dem griechischen Festland, war den Minoern ein gefährlicher Konkurrent erwachsen: das Volk der Achaier. In Religion, Schrift und Kunst hatten sie von den Kretern gelernt, doch in der Waffentechnik waren sie ihnen überlegen. Von weitem schon künden noch heute die mächtigen Mauern der Burgen von Mykenai und Tiryns: Hier herrschte ein kriegerischer Stamm. In den Königsgräbern der Achaier fand Heinrich Schliemann goldene Becher und Geschmeide mit der Handschrift kretischer Künstler. War das Handelsware oder Kriegsbeute?

Der Schmuck wurde in die Gräber gelegt, als das Minoische Reich noch in voller Blüte stand. Hatten die Mykener Raubzüge an Kretas Küsten unternommen? Doch auch die Kleidung der Frauen auf den Wandfresken von Tiryns ist minoisch. Das heißt, kretische Künstler müssen vor Ort am Werk gewesen sein, denn Wandfresken konnte man nicht transportieren und folglich auch nicht einfach rauben. Oder waren die Künstler selbst entführt worden? Naheliegend ist dieser Verdacht nicht. Wahrscheinlich haben die Kreter, wie in Ägypten und am Euphrat auch, in Mykenai als Gastkünstler gearbeitet.

Erst ab 1450 v. Chr. ist ein Einfluß von Mykenai auf Kreta nachweisbar. Um diese Zeit wurden im Umkreis des Palastes von Knossos Schachtgräber angelegt, in denen man die Toten mit ihren Waffen begrub. In Archanes wurden ebenfalls mykenische Bestattungsbräuche eingeführt. Hier und im 1450 v. Chr. nicht zerstörten Palast von Knossos sind bauliche Veränderungen erkennbar, die an mykenische Architektur erinnern. Auch die Sprache der Tontafeln in den Archiven änderte sich in dieser Zeit. »Linear B« benutzte zwar immer noch die alten minoischen Zeichen, geschrieben wurde mit ihnen nun aber in einer altgriechischen Sprache. Diese konnte von den Engländern Ventris und Chadwick 1953 entziffert werden. Allerdings sind bis heute noch längst nicht alle Bedeutungen geklärt, da auf den Tontafeltexten keine Geschichten erzählt werden, sondern wahrscheinlich Steuer- und Inventarlisten verzeichnet sind.

An der Südküste Kretas, am Strand von Kommos, stieß Joseph Shaw aus Kanada gleichfalls auf die Spuren der Achaier. Kommos war der Hafen von Phaistos und lag lange Zeit unter hohen Sanddünen verborgen. Shaw mußte sogar einen Schaufelbagger einsetzen, um der immer wieder nachrutschenden Sandmassen Herr zu werden. Die Mühe lohnte sich: Unter dem Sand kamen mykenische Schiffshallen zum Vorschein, in denen die Langschiffe im Winter vor den schweren Stürmen geschützt wurden. Der Hafen von Kommos wurde wie Knossos von den Mykenern nicht zerstört, sondern als Stützpunkt genutzt.

Auch im benachbarten Agia Triada bauten die Mykener. Eine große Freitreppe führt hinab zu einer typisch griechischen Marktstraße, wo jeder Händler seinen eigenen Laden hatte. Damals für Kreta eine Neuerung und bis heute in der Struktur des orientalischen Bazars erhalten.

Nach Ägypten scheint die Kunde von den veränderten politischen Verhältnissen auf Kreta schnell gelangt zu sein. Der Kanzler Rechmi-Re muß die Nachricht von den neuen Herrschern auf Kreta noch kurz vor seinem Tod erhalten haben. Denn er ließ in seinem Grabmal rasch die Gewänder der Kreter mit dem Dekor mykenischer Tracht übermalen, wie viele Archäologen glauben. Ein Hinweis, daß die Griechen aus Mykenai das Erbe des Minoischen Reiches angetreten hatten. Aber mußten sie dafür die Insel erobern, oder fiel ihnen die Herrschaft in den Schoß?

Der Untergang des Minoischen Reiches

Die Theorien über die Zerstörung des minoischen Kreta haben sich im Laufe der Jahre erheblich gewandelt. In der Zeit von Sir Arthur Evans und in seiner Nachfolge dachten die Wissenschaftler an Weltuntergangs-Szenarien, durch die Kulturen plötzlich und endgültig zerstört wurden. Heute untersuchen die Forscher gesellschaftliche Entwicklungen, mit denen sich der Zusammenbruch von Staaten und Mächten erklären läßt. Politische Systeme entstehen durch die Befriedigung

23 Während um 1450 v. Chr. regionale Herrschaftszentren und Wohnsiedlungen auf Kreta Opfer von Zerstörungen wurden, ging das höfische Leben in Knossos ohne grundlegende Veränderungen weiter. Warum?

der Bedürfnisse seiner Bürger oder Untertanen. Kann ein politisches System für deren Probleme keine Lösungen mehr anbieten, bricht es zusammen. Ein aktuelles Beispiel dafür ist die Sowjetunion.

Die griechische Archäologin Nannó Marinatos ist der Meinung, daß die vielen schweren Erdbeben in minoischer Zeit die Herrschaft der kretischen Priesterkönige letztendlich beendet haben. Denn Priester, die nichts gegen Katastrophen ausrichten können, verlieren bei den Untertanen ihre Glaubwürdigkeit. So hätten die Erdbeben nicht direkt, sondern durch die Folgen, die sie für die kretische Bevölkerung hatten, zum Untergang des Minoischen Reiches beigetragen.

Selbst ernstzunehmende Zweifler an einer Machtübernahme seitens Mykenai müssen zugeben, daß um 1450 v. Chr. Ungewöhnliches auf der Insel geschehen ist. Die zerstörten Paläste und Landhäuser wurden nicht wieder aufgebaut.

Vielleicht liegt im Labyrinth der Mythen, wo Theseus und Ariadne zusammentrafen, der Schlüssel zur Geschichte: Das Land ist von Erdbeben verwüstet. In den Provinzen bricht eine Hungersnot aus. Aufstände folgen. Der herrschenden Priesterkaste entgleitet die Macht, und der starke mykenische Nachbar im Norden wird zu Hilfe gerufen. Der König der Achaier entsendet einen Prinzen, der die Tochter der kretischen Herrscher heiratet. Den Thron erben nach altem mutterrechtlichem Gesetz vielleicht noch immer die Königstöchter. Ein Achaier könnte also kretischer Herrscher werden, ohne die minoische Dynastie ablösen zu müssen. Die Aufstände werden durch mykenische Hilfstruppen niedergeschlagen; die Macht wird auf Knossos konzentriert, wo das höfische Leben ohne grundlegende Veränderungen weitergeht.

Große kriegerische Auseinandersetzungen scheint es aber nicht gegeben zu haben, denn bei den Ausgrabungen in den zerstörten Palästen wurden nicht viele Skelette gefunden. Auch macht es für einen fremden Angreifer wenig Sinn, die nur schwach wehrhaften, aber sehr attraktiven Paläste zu zerstören. Sollten die schweren Schäden in den regionalen Herrschaftszentren und Wohnsiedlungen durch Kämpfe verursacht worden sein, so muß man wohl eher davon ausgehen, daß sich hier der Volkszorn Bahn brach. Womöglich sind daraufhin aufrührerische Widerstandsnester systematisch ausgeschaltet worden.

Erst um 1375 v. Chr. wurde Knossos vollkommen zerstört. Von diesem Zeitpunkt an ist die Beherrschung der Insel durch die Achaier überall nachzuweisen. Die Kontrolle über Kreta verlagerte sich auf ein Netz von Stützpunkten, die auch architektonisch anders gestaltet und den Bedürfnissen einer Besatzungsmacht angepaßt wurden.

Es gab neben Naturkatastrophen und Machtkämpfen sicher noch weitere Ursachen für den Niedergang des Minoischen Reiches. Neben einer unterlegenen Waffentechnik war auf einmal auch der minoische Schiffbau anscheinend nicht mehr konkurrenzfähig. Während die Phöniker und die Mykener wendigere und schnellere Schiffe bauten, hielten die Kreter an ihrem im Vergleich jetzt schwerfälligen Typus fest. Vielleicht haben auch religiöse Vorstellungen eine technische Verbesserung verhindert.

Aber die Erinnerung an die erstaunlichen Fähigkeiten der Minoer verblaßte nur langsam. Als große Künstler und Erfinder wurden sie in den Überlieferungen immer wieder gerühmt, und auf ihre medizinischen Kenntnisse wurde ebenfalls noch lange Zeit zurückgegriffen. Für die Griechen war Kreta die Heimat ihrer wichtigsten Götter. Lediglich der alte minoische Stiergott fiel der neuen Zeit zum Opfer. Er sei keine Gottheit, sondern ein menschenfressendes Ungeheuer, das im Labyrinth haust – so schildert ihn von nun an die Sage der Sieger.

Literaturverzeichnis

Evans, Arthur: The Palace of Minos. Vol. I-IV, London 1921–1935.

Faure, Paul: Das Leben im Reich des Minos. Stuttgart 1976.

Homer: Odyssee. Zürich, München 1989.

Karo, Georg: Greifen am Thron. Erinnerungen an Knossos. Baden-Baden 1959.

Marinatos, Nannó: Kunst und Religion im alten Thera. Athen 1988.

Plutarch: Von großen Griechen und Römern. Zürich, München 1954.

Pars, Hans: Göttlich aber war Kreta. Olten 1976.

Sakellarakis, J. und E.: Archanes. Athen 1991.

Schiering, Wolfgang: Das Erwachen Europas – aus archäologischer Sicht. Duisburg 1990.

Wunderlich, Hans Georg: Wohin der Stier Europa trug. Reinbek 1972.

han

Heiner Stadler

NIBAL,

DER SCHRECKEN ROMS

ÜBER MÄRCHEN UND MYTHEN

»Die Studien vieler Altertumsforscher haben bereits für eine Menge Verwirrung gesorgt, und wahrscheinlich wissen wir bald überhaupt nichts mehr, wenn sie so weitermachen.« Das schrieb Ende des letzten Jahrhunderts der amerikanische Schriftsteller Mark Twain. Seine Kindheit verbrachte der Erfinder von Huckleberry Finn und Tom Sawyer in einem kleinen Ort am Mississippi mit dem beziehungsreichen Namen »Hannibal«.

Hundert Jahre später kommt aus dem gleichen Land ein mit Oscars überschütteter Film, der die Geschichte eines menschenfressenden Psychopathen erzählt: »Das Schweigen der Lämmer«. Die Hauptfigur heißt Hannibal Lecter – »Hannibal the cannibal«.

In der Schule erzählt man uns wilde Geschichten von dem Mann, der, ganz auf sich allein gestellt, das mächtige Rom zum Zittern bringt. Der unbeeindruckt zusieht, wie Tausende seiner Soldaten von Gletscherspalten verschlungen werden, und dessen Kriegselefanten zu Dutzenden in die wilden Schluchten der Alpen stürzen. Und noch vor einem Jahr wäre der Wirt eines Lokals im Engadin jede Wette eingegangen, daß Hannibal mit seinen Truppen genau hier, praktisch vor seiner Haustür, vorbeigezogen sei, um Rom zu erobern. Er hätte die Wette verloren.

Könnte es sein, daß uns der Mythos mehr bedeutet als die – zugegeben widersprüchlichen – Ergebnisse der Geschichtsforschung? Vielleicht hat Mark Twain ja recht mit seinem Wunsch, lieber bei den alten Abenteuergeschichten zu bleiben, statt sich mit Recherchen, Vergleichen, Zahlen und Daten herumzuschlagen. Schwierig wird es nur dann, wenn das eine kaum vom anderen zu unterscheiden ist; wenn Mythos und Geschichtsschreibung nahtlos ineinanderfließen.

Die Geschichte des »größten Feldherrn aller Zeiten« ist dafür ein wunderbares Beispiel.

Es gibt Dutzende von Abbildungen Hannibals: als Knabe beim Schwur im Tempel von Karthago, als junger Mann mit entschlossen in die Ferne gerichtetem Blick, Bilder eines wilden Barbaren und Bilder des überlegenen Feldherrn. Ein Gemälde Tiepolos zeigt Hannibals ent-

25 Eine mittelalterliche Miniatur zeigt den Knaben Hannibal beim Schwur, »niemals Roms Freund zu sein«, im Tempel von Karthago.

setztes Gesicht beim Anblick seines enthaupteten Bruders, und eine französische Illustration beschreibt in zwei Phasen den Moment seines Selbstmordes. Vor 300 Jahren wurde in der Gegend von Capua eine Büste ausgegraben, die Hannibal darstellen soll. Ein italienischer Graf, dessen Herrenhaus mitten auf dem Schlachtfeld am Trasimenischen See liegt, zeigt uns »seinen« Hannibal. Bei näherer Betrachtung stellt sich allerdings heraus, daß die bemooste Terracotta-Figur eine Replik der Bronze aus Capua ist. Das Original verschwand in den Wirren des Zweiten Weltkrieges aus dem Nationalmuseum von Neapel. Eine Replik der Replik steht heute im Touristenbüro von Tuoro am Trasimenischen See und wirbt für den Besuch des nahe gelegenen Schlachtfeldes.

Alle Abbildungen haben eines gemeinsam: Sie entstammen der Phantasie späterer Generationen. Ein authentisches Bild Hannibals hat man bis heute noch nicht gefunden. Vielleicht kommt ihm eine punische Münze noch am nächsten: Sie zeigt auf der Rückseite einen stilisierten afrikanischen Elefanten und auf der Vorderseite das Profil eines jungen Mannes, die gelockten Haare als Zeichen des Siegers mit Lorbeer bekränzt. Es könnte das Bild Hannibals oder des Gottes Melqart sein. Dieser in der iberischen, keltischen und griechischen Welt gleichermaßen verehrte Gott, der dem Herakles nahesteht, gilt als der Schutzpatron Hannibals.

Hannibal als Modell für die Darstellung eines Gottes? Er selbst hat sich mit Herakles verglichen, und die Transkription seines Namens bedeutet nichts anderes als »Günstling der Götter«.

Die reichste Stadt der Welt

Am 7. April 1914, einem Dienstag, taucht vor dem französischen Passagierschiff »Carthage« die nordafrikanische Küste aus dem Dunst. An Bord sind die jungen Maler Paul Klee, August Macke und Louis Moilliet (in der Passagierliste als Clery, Market und Noillet verzeichnet). Klee notiert in seinem Tagebuch: »Nachmittags erscheint die afrikanische Küste. Später deutlich erkennbar die erste arabische Stadt. Sidi-Bou-Said, ein Bergrücken, worauf streng rhythmisch weiße Hausformen wachsen. Die Leibhaftigkeit des Märchens, nur noch nicht greifbar, sondern fern, ziemlich fern und doch sehr klar. Die Sonne von einer finsteren Kraft. Die farbige Klarheit am Lande verheißungsvoll.«

Der gleiche Blick – mit Ausnahme der weißen Häuser – muß sich der phönikischen Königstochter Elissa, auch Dido genannt, geboten haben, als sie vom heimatlichen Tyros nach Nordafrika floh. Die Legende erzählt, daß sie ihr machthungriger Bruder Pygmalion im Jahr 814 v. Chr. aus Phönikien, dem heutigen Libanon, vertreibt, um selbst die Königswürde zu erlangen. Sie landet mit ihrer Gefolgschaft in der Bucht von Tunis, und der libysche Fürst Jarbas erlaubt ihr, ein Stück Land zu besiedeln, so groß, wie es von einer Ochsenhaut umspannt werden könne. Elissa/Dido schneidet die Haut in hauchdünne Streifen, die aneinandergelegt eine kleine Hügelkuppe umgrenzen: die Byrsa, das künftige Zentrum Karthagos. Der Name Karthago kommt vom phönikischen Qart Hadasht, was nichts anderes als Neustadt bedeutet.

Karthago

Fast 600 Jahre nach der Gründung der »Neuen Stadt« – sie hat längst die Mutterstadt Tyros an Macht und Reichtum überflügelt – wird Karthagos berühmtester Sohn geboren: Hannibal. Man schreibt das Jahr 246 v. Chr. Im gleichen Jahr wird Hannibals Vater Hamilkar Barkas zum Oberbefehlshaber der karthagischen Streitkräfte im umkämpften Sizilien gewählt. Der Ehrenname Barkas steht für »Blitz«, und die Barkiden sind eine der einflußreichsten Familien in Karthago. Sie führen ihre Abstammung direkt auf die legendäre Königstochter Elissa zurück.

Im November 1992 landen wir auf dem internationalen Flughafen von Tunis. Die vierspurige Straße nach Karthago ist gesäumt von neuen Bürohäusern, Tankstellen, Hafenanlagen und Bahngleisen, die Tunis mit dem Vorort verbinden. Wir kommen an den Stationen »Salammbô« und »Hannibal« vorbei und sind kurz darauf im Hotel »La Reine Didon« (oder »Königin Elissa«). Es liegt direkt unter der Kuppe der Byrsa, vor der Tür eine Zeder, als wollte sie an den phönikischen Ursprung erinnern. Der Blick reicht über die ganze Bucht von Tunis bis zum gegenüberliegenden Cap Bon. Es hat tatsächlich etwas von »der Leibhaftigkeit des Märchens«, aber von Karthago, dem Karthago Hannibals, keine Spur. Teure Villen in weitläufigen Parkanlagen, Mauern und Tore mit Bougainvillea überwuchert, dahinter kläffende Hunde. Die wenigsten Tunesier können es sich leisten, in direkter Nachbarschaft zum Präsidentenpalast und den Villen der Minister zu wohnen.

Wir sind verabredet mit dem Archäologen Friedrich Rakob, der die neuesten Grabungen am Fuß der Byrsa leitet. »Jeder Besucher

26 (links) Mauerreste in Karthago tragen noch die rötlichen Brandspuren der römischen Zerstörung.

27 (rechts) Am Cap Bon wurden die Steinquader für den Bau Karthagos von Sklaven aus dem Fels geschlagen. Viel ist davon in Karthago nicht mehr zu finden.

Karthagos kennt die Enttäuschung, wenn er die zweitgrößte Stadt der antiken Welt besucht, so etwas wie Pompeji erwartet, aber keine entsprechenden Ruinen zu sehen bekommt.« Rakob erklärt das als zwangsläufige Folge von fehlendem Baumaterial in direkter Umgebung. Die Steinquader wurden im 50 Kilometer entfernten Cap Bon von Sklaven aus dem Fels geschlagen und dann mühselig auf Schiffen übers Meer gebracht. »Das führte dazu, daß jede Epoche sich aus dem Material und dem Schutt der vorhergehenden bediente.« Auch die Römer bauten ihr Karthago zum Teil aus dem Schutt der Stadt, die sie 100 Jahre zuvor selbst zerstört hatten. Sehr zum Nachteil der modernen Archäologie. Alles, was die Archäologen heute aus der Blütezeit Karthagos vorfinden, sind Fundamente, Mauerreste, Mosaiken und Türfassungen – viele davon noch mit den rötlichen Brandspuren der römischen Zerstörung. Immerhin ist es gelungen, aus einzelnen Grabungen den Stadtplan des antiken Karthago teilweise zu rekonstruieren: die Fundamente der Hafenmauern, Tempelanlagen und herrschaftlichen Wohnhäuser. Selbst die Lage der Stallungen der Kriegselefanten ist bekannt. Andere Funde sind eher glücklichen Zufällen zuzuschreiben: Die Entdeckung eines der schönsten Grabsteine aus vorhannibalischer Zeit geht auf einen Bauern zurück, der ihn für den Neubau eines Stalles verwenden wollte. Und bei Ausschachtungsarbeiten zu einem privaten Schwimmbad kamen die Reste einer Lehmziegelmauer zum Vorschein, die aus dem 8. Jahrhundert v. Chr. stammt. Zusammen mit der Entdeckung eines archaischen »Industriegürtels« mit den Spuren von Metallbearbeitung und Resten von Töpferöfen lassen sich die ersten Spuren Karthagos auf die Wende vom 9. zum 8. Jahrhundert v. Chr. datieren, auf die Zeit Elissas. Legende und Wissenschaft sind an diesem Punkt fast deckungsgleich.

28 *Auch der riesige Apollotempel zeigt wenig von der einstigen Pracht Karthagos.*

Friedrich Rakob zeigt uns die neuesten Grabungen auf halbem Wege zwischen dem antiken Kriegshafen und der Byrsa. Hölzerne Leitern führen über ein Zwischengeschoß fast sieben Meter in die Tiefe. Am Ende eines schmalen Ganges liegen riesige, fugenlos gesetzte Sandsteinquader: das Fundament des Apollotempels. Noch nie ist im Bereich der punisch-phönikischen Architektur ein Heiligtum in dieser Größenordnung gefunden worden. Selbst der Tempel Salomos in Jerusalem ist kleiner. Auf die Frage, ob das der Tempel sein könnte, in dem Hannibal als neunjähriger Knabe seinen berühmten Schwur ablegt, »niemals Roms Freund zu sein«, antwortet Rakob mit einem vorsichtigen »Vielleicht«.

Eine Jugend im Krieg

250 Kilometer nordöstlich von Karthago liegt Sizilien, die reichste Insel der antiken Welt. Jahrhundertelang streiten sich Griechen und Karthager um fruchtbare Landschaften, reiche Wälder, natürliche Häfen und Handelsstützpunkte – die Griechen besiedeln den Osten der Insel, die Karthager den Westen. Dann kommt eine dritte Macht ins Spiel: Rom. Der Kampf um Sizilien wird zum Anlaß des Ersten Punischen Krieges zwischen Karthago und Rom. Im Jahr 246 v. Chr., dem Geburtsjahr Hannibals, steht der Krieg bereits im 18. Jahr. Aber noch immer ist keine Entscheidung abzusehen. Die Römer sind auf dem Land, die Karthager zur See überlegen. Das Kriegsglück wechselt von einer Seite zur anderen, bis es Rom schließlich gelingt, ein gestrandetes karthagisches Schiff zu erbeuten. Nach diesem Vorbild legen römische Zimmerleute eine eigene Flotte auf Kiel. Die neuen Schiffe sind zwar weniger elegant als die der Feinde, aber sie verfügen über eine entscheidende Neuerung: Enterbrücken. Lange, hölzerne Bohlen mit einem eisernen Dorn am Ende krachen auf das Deck der

karthagischen Penteren, römische Legionäre führen den »Landkrieg« auf hoher See fort. In einer letzten, entscheidenden Schlacht vor der Westküste Siziliens vernichten die Römer 241 v. Chr. die gesamte karthagische Flotte.

Obwohl Hamilkar, der Vater Hannibals, immer noch große Teile der Insel kontrolliert, schließen die beiden Städte im gleichen Jahr einen Friedensvertrag: »Unter diesen Bedingungen soll Freundschaft sein zwischen Karthago und Rom, vorausgesetzt, daß auch das römische Volk es gutheißt. Die Karthager sollen ganz Sizilien räumen. Die Karthager sollen den Römern sämtliche Kriegsgefangenen ohne Lösegeld zurückgeben. An Geld sollen die Karthager den Römern in 20 Jahren 2200 euboeische Talente zahlen.« (1 Talent entspricht etwa 27 Kilogramm Silber.) Später werden von römischer Seite die Bedingungen noch verschärft: Sie fordern zusätzlich 1000 Talente und die Räumung aller Inseln zwischen Italien und Sizilien. Karthago willigt zähneknirschend ein.

Sizilien

Angesichts der hohen Reparationszahlungen und der riesigen Ausgaben für einen dreiundzwanzigjährigen Krieg schickt Hamilkar seine Söldner in kleinen Gruppen nach Karthago. Der Ältestenrat soll die anstehenden Soldzahlungen nach und nach begleichen, um die Staatskasse nicht unnötig zu strapazieren. Doch Karthago ist eine Stadt der Händler. Sie versuchen mit den Soldaten zu feilschen und schieben die Zahlungen in immer weitere Ferne – bis schließlich das gesamte Söldnerheer vor Karthago steht. Es kommt zum Aufstand. Karthagische Sklaven und benachbarte afrikanische Stämme schließen sich an.

Gustave Flaubert beschreibt in seinem Roman »Salammbô« den nun folgenden dreijährigen Söldnerkrieg: die unselige Rolle von Hamilkars Gegenspieler Hanno, die Rückkehr Hamilkars aus Sizilien, seinen Krieg gegen die eigenen Soldaten, den Alltag in Karthago. Er schreibt über Salammbô, Hamilkars Tochter (und damit Hannibals Schwester), über ihre Liebe zu einem der Söldnerführer, über Festgelage und grausame Rituale, über Hamilkars Zorn, Karthagos Sieg und schließlich Salammbôs Tod.

Gleichzeitig notiert Flaubert in seinen persönlichen Erinnerungen die Enttäuschung darüber, daß am Ort des alten Karthago nichts über die Karthager zu finden sei. Er verläßt sich auf die antiken Geschichtsschreiber und auf seine Phantasie.

Hannibal ist sechs Jahre alt. Er wächst beschützt im elterlichen Palast auf, aber zum ersten Mal hört er von den Taten seines Vaters nicht aus der Ferne, sondern erlebt sie vor den Mauern Karthagos. Tatsächlich gelingt es Hamilkar in einem von beiden Seiten grausam geführten Kampf, die Truppen zu besiegen, mit denen er Jahre zuvor gegen Rom gekämpft hat.

Zur gleichen Zeit erheben sich karthagische Söldner in Sardinien. Karthago rüstet eine Flotte zur Niederschlagung des Aufstands aus. Rom erklärt die Aufrüstung zum »casus belli«, zum Kriegsanlaß, annektiert Sardinien und erhöht die Reparationszahlungen um weitere 1200 Talente. Die Demütigungen für Karthago nehmen kein Ende und schüren den abgrundtiefen Haß von Hannibals Vater gegen Rom weiter.

Das Jahr 237 v. Chr.: Hannibal ist neun Jahre alt. Neun Jahre Krieg. Die Welt ist geteilt. Karthago ist geschlagen, die Provinzen Sizilien und Sardinien sind verloren, die Kriegsschiffe vernichtet. Rom kontrolliert die alten Handelswege im Mittelmeer, und Karthago, die Stadt der Händler, braucht dringend neue Märkte. Der griechische Historiker Polybios schreibt: »Hamilkar brach mit seinen Truppen und seinem damals neunjährigen Sohn Hannibal auf, setzte bei den Säulen des Herakles [Gibraltar] über und ging daran, Iberien den Karthagern zu unterwerfen.«

Der Schwur

Vor seinem Abmarsch ins ferne Spanien opfert Hamilkar den Göttern. Hannibal begleitet ihn in den Tempel. Auf die Frage, ob er mit nach Spanien gehen wolle, antwortet er nicht nur mit »ja«, sondern »bittet nach Knabenart dringend darum«. Daraufhin läßt Hamilkar seinen Sohn an den Altar treten und schwören, »niemals Roms Freund zu sein«.

Hat Hannibal den Haß auf Rom von seinem Vater übernommen? Ist es überhaupt Haß, der ihn bei seinem lebenslangen Feldzug gegen Rom antreiben wird? Oder ist es die konsequente Weiterführung der Politik seiner Vorfahren? Die Historiker sind sich nicht einig. Die einen sehen in ihm den strahlenden Helden, der 15 Jahre lang unbesiegt in Italien kämpft; andere den skrupellosen Feldherrn, dem der Tod von Zehntausenden nichts bedeutet; wieder andere den Hochgebildeten, der in fünf Sprachen zu seinem Heer spricht und den die Römer selbst als Genie bezeichnen. Vielleicht trifft all das auf Hannibal zu – auf den tragischen Helden, der die ganze damals bekannte Welt umkreist, der zeitlebens nur den Krieg kennt, vom Verfolger zum Verfolgten wird und sich am Ende selbst tötet.

Alles, was wir über Hannibal wissen, stammt aus römischer Feder. Polybios (um 200–119 v. Chr.) beschreibt in seiner »Universalgeschichte« den Aufstieg Roms zur Weltmacht. Er lebt als griechische Geisel 17 Jahre lang in Rom, ist mit Scipio Aemilianus, dem späteren Zerstörer Karthagos, befreundet und sagt von sich selbst, er habe Hannibals Weg über die Alpen nachvollzogen. Titus Livius (59 v. Chr. bis 17 n. Chr.) schreibt zehn Bücher über den Zweiten Punischen Krieg, den er den »hannibalischen« nennt.

Vergleicht man die Abschnitte der beiden Geschichtsschreiber, die sich mit Hannibals Biographie beschäftigen, so ergeben sich an manchen Stellen ganz erhebliche Unterschiede. Nicht nur bei der Wegbeschreibung über die Alpen, sondern auch was Truppenstärken, Kriegsschauplätze und Charaktereigenschaften der Beteiligten angeht. Doch ist dieser Vergleich sinnvoll? Wir neigen ohnehin dazu, Geschichte in übersichtliche Pakete zu ordnen, von »der Antike« zu sprechen, obwohl der zeitliche Abstand zwischen dem Bau der Pyramiden in Ägypten und Hannibals Krieg ebenso groß ist wie der zwischen Hannibal und der Gegenwart. Der Abstand zwischen Polybios und Livius entspricht dem von Livingstones Afrika-Expeditionen zur Gegenwart. Selbst Christian Meier, Historiker an der Universität München, hat auf die Frage nach der Entstehung unseres Bildes von der Antike keine einfache Lösung parat: »Wir wissen ja nicht einmal, wie die Reiterkämpfe des Ersten Weltkrieges ausgefallen sind. Und dann erst ein Elefantenmarsch über die Alpen! Ich weiß nicht, wie man sich das vorstellen soll.«

Der Aufstieg zum Feldherrn

Zeitgenossen beschreiben die drei Brüder Hannibal, Hasdrubal und Mago als »Löwenbrut, der niemand an Wildheit und Mut gleichkommt«. Im Frühjahr 237 v. Chr. begleiten sie ihren Vater Hamilkar Barkas auf seinem Feldzug nach Iberien. Der alte phönikische Handelsstützpunkt Gades (heute Cádiz) jenseits der Säulen des Herakles ist das erste Ziel. Hier unterrichtet sie der Privatlehrer Sosylos aus Sparta in griechischer Sprache, Iberisch und Keltisch lernen sie von den Söldnern, ihre Muttersprache ist Punisch. Sie hören von den Heldentaten Alexanders des Großen, von König Pyrrhos und vom Mythos des Herakles, der seine Herde von Iberien über die Alpen bis nach Italien führte und nach dem der »Heraklesweg« benannt ist, den die Händler zu der Zeit als Alpenübergang benutzen. Aber mehr noch interessiert den jungen Hannibal alles, was mit Militär zu tun hat. Schon bald gilt er als einer der besten Reiter, Fechter und Bogenschützen.

Der Geschichtsschreiber Livius ist voller Bewunderung für das Talent des jungen Mannes: »Ein höchstes Maß von Klugheit bewies er, wo es galt, Gefahren aufzusuchen, ein höchstes Maß von Besonnenheit, wenn er sich mitten in den Gefahren befand. Keine Anstrengung konnte ihn körperlich erschöpfen oder ihn in seiner innerlichen Haltung bezwingen. Hitze und Kälte ertrug er gleichermaßen. Das Maß von Essen und Trinken bestimmte bei ihm das natürliche Bedürfnis, nicht der sinnliche Genuß. Unter der Reiterei wie unter dem Fußvolk nahm er den weitaus ersten Platz ein: Als erster zog er in den Kampf, und hatte sich einmal die Schlacht entsponnen, so verließ er als letzter den Kampfplatz.« Aber Livius ist Römer, und so fährt er in seiner Beschreibung Hannibals fort: »Diese so umfassenden Vorzüge wurden durch ungeheuerliche Laster aufgewogen: unmenschliche Grausamkeit, mehr als punische Perfidie, völlige Negierung des Wahren und Heiligen, keine Furcht vor Göttern, Nichteinhaltung von Eiden, keine Beachtung des Göttlichen.«

Hannibal ist gerade 18 Jahre alt, als sein Vater im Kampf gegen einen iberischen Fürsten fällt. Das Heer wählt Hasdrubal, Hannibals Schwager (nicht seinen gleichnamigen Bruder), zum Nachfolger. Karthago bestätigt die Wahl, obwohl der Machtkampf zwischen Hanno und den Barkiden keineswegs beigelegt ist. Aber die neueroberte Provinz Iberien ist reich: Silber, Gold, Kupfer und Eisen ebenso wie Getreide, Wein und Öl werden nach Karthago verschifft. Und solange der Warenstrom anhält, solange der einträgliche Handel floriert, ist die Heimatstadt zufrieden. Zwei Jahre nach seinem Machtantritt gründet Hasdrubal ein neues Verwaltungs- und Handelszentrum in Spanien: Carthago Nova, die »neue Neustadt« (heute Cartagena). Die Wahl ist gut getroffen. In unmittelbarer Nähe liegen ergiebige Silberminen, und vom natürlichen, gut geschützten Hafenbecken laufen die Handelsschiffe nach Karthago aus.

Rom verfolgt mit wachsendem Interesse die Vorgänge in Spanien. Die neue Stadt könnte zu einer Gefahr für Sardinien, Korsika und

Rhône
Orange
Nîmes
Narbonne
Marse
Pyrenäen
Ebro
Tarragona
Tortosa
Sagunto
Mah
BALEAR
Cartagena
Cadiz
Säulen d. Herkules
250 km

Alpen
Kl. St. Bernhard
Turin
Mailand
Col du Clapier
Po
Piacenza
Trebbia
Col du Mont Genèvre
Pisa
Trasim. See 217
Appennin
Adria
KORSIKA
Rom
Luceria 217
Tyrrhenisches Meer
Capua 216
Cannae 216
SARDINIEN
Neapel
Crotone
Castra Hannibalis
SIZILIEN
Syrakus
Hippo Regius
Karthago
MALTA
Zama Regia 202
Hannibal
Scipionen
Grenzen von heute

Sizilien werden. 227 v. Chr. reist eine römische Gesandtschaft zu Hasdrubal, um die wechselseitigen Interessen in einem Vertrag festzulegen. Man einigt sich auf den Ebro als Grenzfluß – nördlich davon bestimmt Rom, im Süden Karthago. Keine der beiden Parteien soll in kriegerischer Absicht den Fluß überschreiten. Was aber mit der kleinen Stadt Saguntum südlich des Ebro geschehen soll, die Rom zu seiner Interessensphäre zählt, wird nicht besprochen.

Im Sommer 221 v. Chr. wird Hasdrubal von einem Sklaven ermordet. Sein Nachfolger als oberster Feldherr Karthagos wird Hannibal. Er ist 25 Jahre alt.

»Alles, was den Römern wie auch den Karthagern widerfuhr, hatte immer nur einen Mann und einen Willen als Ursache: Hannibal.« (Polybios) Der »eine Wille« befehligt ein bunt zusammengewürfeltes Söldnerheer, das aus allen Teilen des karthagischen Herrschaftsgebietes kommt. Numidische Reiter, libysches Fußvolk, Schleuderschützen von den Balearen, Iberer, Keltiberer und Gallier. Nur die Offiziere stammen aus Karthago. Direkt unter Hannibals Oberbefehl stehen seine Brüder Hasdrubal und Mago und der afrikanische Reitergeneral Maharbal. Als erstes gibt Hannibal seiner Streitmacht eine neue Organisationsform. Bis dahin hatte sich im ganzen Mittelmeerraum die Phalanx nach griechischem Vorbild durchgesetzt. Die nach allen Seiten waffenstarrende Heerform erfordert langwieriges Exerzieren und strengste Disziplin. Sie wird nun zugunsten kleiner, flexibler Einheiten aufgelöst, die gesamte Infanterie mit Schwertern für den Nahkampf ausgerüstet. Das entspricht auch mehr der Tradition der Iberer und Libyer, für die der Krieg nichts anderes als eine Summe von Einzelkämpfen darstellt. Die neue Organisationsform hat darüber hinaus den Vorteil, unabhängig vom jeweiligen Gelände operieren zu können. In den folgenden Kriegsjahren in Italien wird sich das als ein entscheidender Schachzug erweisen. Fast immer gelingt es Hannibal, den Römern den Schauplatz der Schlacht aufzuzwingen, Hinterhalte zu legen und mit schnellen, überraschenden Manövern den Feind zu überrumpeln.

Aber noch hat der Krieg, der Zweite Punische Krieg gegen Rom, nicht begonnen. Von Handelsreisenden und Kundschaftern hört Hannibal von den Kämpfen, die die Römer in Norditalien gegen die Kelten führen. Wie auch immer dieser Krieg enden wird: Rom wird geschwächt sein, und die Kelten könnten künftig Bündnispartner Hannibals werden. Er erfährt auch von einer Schwachstelle der römischen Legionen: der Reiterei. Hannibal verstärkt daraufhin seine eigene Kavallerie, die sich in zwei Abteilungen gliedert: Da ist die schwere Brigade, in der Keltiberer und später auch Gallier dienen. Sie reiten große, kräftige Pferde, benutzen Zaumzeug und Sattel, tragen runde Schilde, Schwert und Speer. Manchmal reiten sie zu zweit auf einem Pferd, sitzen im Verlauf des Gefechts ab und kämpfen zu Fuß weiter. Die Numider aus Nordafrika stellen die leichte Brigade. Sie sind glänzende Reiter, benutzen die kleinen, ausdauernden Pferde ihrer Heimat ohne Zaumzeug und Sattel, und ihr Söldnerleben unterscheidet sich kaum von ihrem früheren Nomadenleben. Ihre Aufgabe ist es, Unruhe und Verwirrung in den gegnerischen Reihen zu stiften. Nicht selten entscheidet ihr Einsatz das Gefecht – und sie werden auch den Ausgang der letzten Schlacht bestimmen, in der sie gegen Hannibal antreten.

29 Hochgerüstete Kriegselefanten galten als »Panzer der Antike«. Ihr militärischer Nutzen ist jedoch umstritten. (Etruskischer Teller. 3. Jh. v. Chr.)

Und die Kriegselefanten, die legendären »Panzer der Antike«? Alexander der Große begegnet auf seinem Feldzug nach Indien zum ersten Mal den furchterregenden, unbekannten Wesen, die seine Soldaten in Panik versetzen. Riesige Tiere, im wörtlichen Sinn bewaffnet bis an die Zähne, pflügen durch seine Truppen und zertrampeln alles, was sich ihnen in den Weg stellt. Seine Nachfolger bringen erbeutete Elefanten mit nach Europa, Pyrrhos setzt sie zum ersten Mal gegen römische Truppen ein, und bereits im Ersten Punischen Krieg kämpfen sie in den Reihen der Karthager. Mit Sicherheit hat Hamilkar bei seinem Zug nach Spanien entlang der nordafrikanischen Küste Kriegselefanten dabei. Und später, im Verlauf von Hannibals Italienfeldzug, ist regelmäßig von der Sorge um den Nachschub an Elefanten die Rede. Karthago muß einen schier unerschöpflichen Vorrat sowohl an indischen als auch afrikanischen Tieren haben: Bei Ausgrabungen an der westlichen Stadtmauer finden sich Stallungen für 300 Elefanten. Allerdings ist der militärische Nutzen umstritten. Alexander der Große siegt gegen sie, Pyrrhos unterliegt trotz seiner Kriegselefanten, und von

Hannibal wissen wir, daß ihm nach der ersten Schlacht gegen die Römer nur noch ein einziger Elefant bleibt. Trotzdem zieht der Karthager 15 Jahre lang ungeschlagen durch Italien. Erst bei seiner letzten Schlacht gegen Scipio auf afrikanischem Boden stürmen wieder Elefanten gegen die römischen Legionäre. 80 Tiere – das gewaltigste Kontingent, das man bis dahin gesehen hat. Aber Hannibal unterliegt.

Die Kriegserklärung

»... niemals Roms Freund zu sein« – Hannibals Schwur im Tempel von Karthago liegt 18 Jahre zurück. Aber er hat ihn nicht vergessen. Saguntum, die Hafenstadt südlich des Ebro, steht unter Roms Schutz. Ein Angriff gegen die Stadt wäre ein »casus belli«, ein Kriegsanlaß. Im Frühjahr 219 v. Chr. marschiert Hannibal mit seinem Heer, laut Livius 150 000 Mann, vor Saguntum und beginnt die Stadt zu belagern. Acht Monate später sind die Mauern gestürmt, Männer, Frauen und Kinder niedergemacht und die Beutestücke verteilt.

Doch zu Hannibals Überraschung hat Rom nicht eingegriffen. Er unternimmt eine Wallfahrt nach Gades, um dem Gott Melqart für seinen Sieg zu danken. In der Tasche hat er eine kleine Statue Melqarts, die vormals Alexander dem Großen gehörte. Nach dem Opfer berichtet er seinen Soldaten von einem Traum: Die Götter hätten ihn zu einer Versammlung eingeladen und ihm befohlen, gegen Italien in den Krieg zu ziehen. Einer der Götter, Herakles, habe sich erboten, ihn auf dem langen Weg zu begleiten. Alexander oder gar Herakles als Vorbild eines blutjungen, unbekannten Feldherrn? Vielleicht halten ihn die Römer für größenwahnsinnig. Aber schon ein halbes Jahr später erkennen sie den Ernst der Lage: Hannibal überschreitet mit 80 000 Mann, 12 000 Reitern und 37 Kriegselefanten den Ebro. Rom erklärt den Krieg. Karthago nimmt an. Der Zweite Punische Krieg, der »hannibalische«, beginnt.

Dabei ist die Vorstellung, David/Hannibal erhebt sich gegen Goliath/Rom, sicher nicht richtig. Karthago ist trotz des verlorenen ersten Krieges immer noch die größere und vor allem reichere Stadt im Vergleich zu Rom. Die Kriegsschulden sind längst getilgt, und wirtschaftlich gesehen ist die neue Provinz Iberien mehr als nur ein Ausgleich für die verlorenen Inseln Sardinien und Sizilien. Keramik aus

Griechenland, Silber und Zinn aus Spanien, Gold aus Afrika, Parfüm aus dem Orient, selbst ganze Villen werden importiert. Elfenbein, Löwen- und Leopardenfelle, königlicher Purpur – alles, was mit Geld zu bezahlen ist, erreicht die Märkte Karthagos. Wannenbäder, Mosaikfußböden und schattige Innenhöfe gehören zur Standardausrüstung in den Häusern der Reichen. Sie pflegen ihre Haare mit ziselierten Kämmen aus Elfenbein und die Haut mit wohlriechenden Salben und Ölen. Die Frauen tragen opulenten Goldschmuck, geschnürte Schuhe und Gewänder aus dünnem Wollstoff.

Flaubert berichtet vom verschwenderischen Reichtum der Karthager anläßlich eines Essens für die Söldner des Ersten Punischen Krieges: »Auf roten Tonschüsseln mit schwarzen Verzierungen trug man zuerst Vögel in grüner Brühe auf, dann allerlei Muscheln, wie man sie an den punischen Küsten sammelt, Suppen aus Weizen, Bohnen und Gerste und Schnecken mit Kümmel auf Tellern aus Bernstein. Dann wurden die Tische mit Fleischgerichten beladen: Antilopen mit ihren Hörnern, Pfauen mit ihrem Gefieder, ganze Hammel in süßem Wein gesotten, Kamel- und Büffelkeulen, Igel in Fleischbrühe, geröstete Heuschrecken und eingemachte Siebenschläfer. In Mulden aus Tamrapanniholz schwammen inmitten von Safran große Fettklöße. Alles floß über von Salzlake, Trüffeln und Asant. Die Fruchtpyramiden rollten auf Honigkuchen herab, und man hatte auch nicht vergessen, einige von den kleinen, dickbäuchigen Hunden mit rosigem Seidenfell aufzutischen, die mit Oliventrebern gemästet waren, ein karthagisches Gericht, das die anderen Völker verabscheuten.«

Rom ist zu dieser Zeit zwar nicht mehr das primitive Pfahldorf in den Sumpfniederungen des Tibers, aber immer noch sehr weit entfernt von unserer Vorstellung der antiken Stadt. Gerade 20 Jahre vor Beginn des Zweiten Punischen Krieges wird die erste Straße gepflastert, die Häuser sind mit wenigen Ausnahmen aus Lehm und Holz, Colosseum und Pantheon entstehen Jahrhunderte später. Erst Augustus, der Nachfolger Caesars, verwandelt Rom »aus einer Stadt von Lehm in eine Stadt aus Marmor«. Die äußere Glanzlosigkeit steht lange Zeit in einem seltsamen Mißverhältnis zur militärisch-politischen Bedeutung der Stadt. Seit der Unterwerfung der Kelten in Norditalien beherrscht Rom das ganze Festland und die vorgelagerten Inseln. Der Senat fordert von allen Bundesgenossen Listen der wehrfähigen Männer. Auf dem Papier entsteht eine eindrucksvolle Streitmacht: 700 000 Mann, wovon Rom selbst nur ungefähr ein Drittel stellt. Doch die Zahlenangaben sind mit Vorsicht zu behandeln. Soll die eigene Macht demonstriert werden, übertreibt man hemmungslos. Will man aber die Bedeutung des eigenen Sieges in einer Schlacht herausstellen, dann wird die Zahl der Gegner in die Höhe getrieben.

Hannibals politisches Ziel ist es von Anfang an, das Bündnissystem der verschiedenen Stadtstaaten und Regionen mit Rom aufzubrechen. Wenn sich erst Kelten, Etrusker oder Apulier auf seine Seite schlügen, dann wäre es mit der römischen Zentralmacht nicht mehr gut bestellt, und die Zahlenangaben, die Hannibal sicher bekannt sind, könnten sich leicht zu seinen Gunsten verändern.

Kundschafter sind unterwegs, um die Stimmung unter den römischen Bundesgenossen zu erforschen. Karthagische Kaufleute bringen die neuesten Nachrichten aus dem westlichen Mittelmeerraum. Hannibal schickt Gesandte zu den Völkern, deren Gebiet er mit seinem Heer passieren muß. Sie haben detaillierte Anweisungen, den Stämmen zu erklären, daß es nicht darum ginge, sie zu unterwerfen, sondern daß Hannibal in friedlicher Absicht käme und sein Krieg allein Rom gälte. Es werden im voraus Verträge geschlossen, Mautgebühren bezahlt, Nachschubwege festgelegt und sogar feste Plätze vereinbart, an denen karthagische Truppenteile zur Rückendeckung stationiert werden sollen. Hannibal ist beileibe kein Hasardeur. Er verlegt iberische Truppen zum Schutz Karthagos nach Afrika, afrikanische Truppen nach Iberien. Sein Bruder Hasdrubal übernimmt die Verantwortung für Spanien, und Mago wird so etwas wie »Verbindungsoffizier« zwischen den einzelnen Truppenteilen. Die beiden Griechen Sosylos und Silenos begleiten Hannibal als Kriegsberichterstatter. Der Feldherr plant sein Unternehmen so weit wie irgend möglich voraus – aber er kann zu diesem Zeitpunkt noch nicht wissen, daß der Krieg 16 lange Jahre dauern und er Iberien, das ihm zur zweiten Heimat geworden ist, nie mehr wiedersehen wird.

Silius Italicus, römischer Dichter zu Zeiten Kaiser Neros, beschreibt eine rührende Abschiedsszene: Hannibal schickt seine junge Frau Himilke und den kleinen Sohn zu deren eigener Sicherheit nach Karthago. Aber vorher nimmt er seinem Sohn noch das Versprechen ab, den Vater zu rächen, für den Fall, daß ihm etwas geschehe.

***30** Hannibal nähert sich mit seinem riesigen Heer dem Rhône-Delta, das sich über viele Kilometer ausdehnt. Für seine Truppen sucht er einen Übergang weiter flußaufwärts.*

Der Weg nach Osten

Rom wählt im Jahr 218 v. Chr. zwei neue Kriegskonsuln. Die Vorbereitungen für den Krieg gegen Hannibal laufen auf Hochtouren. Der eine Konsul, Tiberius Sempronius, landet mit seinen Legionen in Sizilien und trifft von dort aus Vorbereitungen für die Invasion Nordafrikas. Roms Krieg zielt auf das Machtzentrum des Gegners. Publius Cornelius Scipio, der zweite Konsul, läuft von Pisa mit 60 Kriegsschiffen Richtung Iberien aus. Die erste Zwischenlandung legt er in der griechischen Siedlung Massilia ein, dem heutigen Marseille.

Hannibal hat in der Zwischenzeit auf dem »Heraklesweg« die Pyrenäen überquert und nähert sich mit seinem riesigen Heer dem Rhône-Delta. Über viele Kilometer erstreckt sich das Sumpfgebiet bis nach Massilia. Für die Soldaten aus Afrika und Iberien eine völlig fremde Welt. Sie ziehen flußaufwärts und kommen schließlich an eine Stelle, an der einheimische Fährleute ihre Dienste anbieten – mit Einbäumen und Fischerbooten. Aber wie sollen 50 000 Mann übersetzen? Und wie erst sollen Pferde und Elefanten das andere Ufer erreichen? Zu allem Überfluß sammelt sich am Ostufer der Rhône ein feindliches keltisches Heer. Es ist zwar an Kampfstärke und Bewaffnung den Karthagern weit unterlegen, aber es wäre für die Kelten ein leichtes, jedes einzelne Boot, das sich ihnen nähert, zu zerstören. Hannibal ordnet eine Pause an.

Polybios schreibt: »Hannibal tat alles, um zu den Anwohnern des Flusses ein freundschaftliches Verhältnis herzustellen, kaufte ihnen dann alle Einbaumkähne und die größeren Boote ab, die in hinreichender Menge vorhanden waren, da viele Anwohner der Rhône Seehandel treiben. Darüber hinaus ließ er sich von ihnen Holz geben. Daraus wurde innerhalb von zwei Tagen eine Unzahl von Fährbooten hergestellt.«

Man könnte also übersetzen, doch da stehen noch immer die Kelten am anderen Ufer. In der dritten Nacht nach der Ankunft am Fluß schickt Hannibal eine Reiterabteilung flußaufwärts. Sie überquert unbemerkt das Wasser und reitet auf der anderen Seite wieder nach Süden. Ein Rauchzeichen signalisiert Hannibal ihre Bereitschaft. Er führt selbst die erste Angriffswelle über die Rhône. Gleichzeitig fällt seine Reiterei dem Feind in den Rücken. Den überraschten Kelten bleibt nur die Flucht.

Jetzt erst werden auf Flößen die Elefanten übergesetzt. Bei Polybios liest sich das so: »Einige aber stürzten sich aus Angst mitten in der Fahrt in den Fluß. Deren Führer kamen sämtlich ums Leben, während die Elefanten gerettet wurden. Denn infolge ihrer Stärke und der Größe ihrer Rüssel, die sie über das Wasser emporhielten, so daß sie atmen konnten, hielten sie stand – obwohl sie das längste Stück hochaufgerichtet unter Wasser gehen mußten.«

Publius Cornelius Scipio liegt mit seinem Heer noch in Massilia. Er weiß, daß Hannibal die Pyrenäen hinter sich hat und unerwartet schnell vorankommt. Mit seinem Bruder Cnaeus plant er das weitere Vorgehen. Sollen sie an ihren Plänen festhalten und nach Iberien auslaufen? Oder sollen sie mit keltischer Unterstützung versuchen, Hannibal an der Rhône aufzuhalten? Mitten in diese Überlegungen platzt die Nachricht von Hannibals geglückter Flußüberquerung. Eine Reiterabteilung, die die Pläne des Feindes in Erfahrung bringen sollte, ist mit einer Abteilung numidischer Reiter in ein Gefecht verwickelt worden. Beide Seiten haben schwere Verluste erlitten und kehren zur Berichterstattung in ihr jeweiliges Lager zurück. Spätestens jetzt ist

Scipio klar, daß Hannibal das Undenkbare wagen wird: über die Alpen zu gehen und Rom von Norden her anzugreifen. Halbherzig beschließt er, Hannibal zu verfolgen, kehrt jedoch nach drei Tagen unverrichteter Dinge wieder nach Massilia zurück und setzt mit der Hälfte seiner Truppen nach Italien über. Der römische Senat muß schnellstens von der bevorstehenden Invasion informiert werden.

31** **Die Elefanten werden über die Rhône gesetzt: »Einige aber stürzten sich aus Angst mitten in der Fahrt in den Fluß. Deren Führer kamen sämtlich ums Leben, während die Elefanten gerettet wurden.« (Gemälde von Henri Motte, 19. Jh.)

Wäre Hannibal mit Kriegsschiffen in Sizilien oder auch in Oberitalien gelandet und von dort aus gegen Rom ins Feld gezogen, der Mythos würde sich in Grenzen halten. Er wäre Feldherr wie viele vor und nach ihm geblieben. Der Zug über die Alpen, das dem Gott Herakles ähnliche Herabstürzen von unbezwingbaren Berghöhen auf das römische Imperium – das war viel eher nach dem Geschmack der antiken Schriftsteller. Cornelius Nepos (um 100 – um 25 v. Chr.) schreibt in seinen Biographien berühmter Männer: »Darauf gelangte er zu den Alpen, der natürlichen Grenze zwischen Italien und Gallien, die zuvor niemand – schon gar nicht mit einer Armee – überquert hatte, außer Herakles dem Griechen, weshalb man diesen Gebirgsteil noch heute den griechischen nennt. Die Älpler, die ihn am Durchzug zu hindern

32 »Darauf gelangte Hannibal zu den Alpen, der natürlichen Grenze zwischen Italien und Gallien«.

suchten, machte er nieder, erschloß das Gelände, legte feste Wege an und machte es möglich, daß dort, wo bisher ein einzelner Unbewaffneter kaum hatte kriechen können, ein Elefant in voller Rüstung passieren konnte.«

Cornelius Nepos hätte es besser wissen müssen: Natürlich kannte er die Handelswege, die schon seit langer Zeit über die Alpen führen. Aber weshalb den Leser langweilen mit der Beschreibung eines Heerzuges auf altbekannten Straßen? Und vor allem: Stünde Hannibal nicht unter dem besonderen Schutz der Götter, wie könnte er sich 16 Jahre lang unbesiegt im feindlichen Italien bewegen? Nepos schreibt weiter: »Wenn es zutrifft – woran niemand zweifelt –, daß die Römer sämtliche Völker an Tatkraft und Mut überragen, dann war Hannibal den übrigen Feldherren an strategischem Geschick unbestreitbar so überlegen wie das römische Volk den restlichen Nationen an Tapferkeit; denn aus jedem Kampf mit den Römern in Italien ging er als Sieger hervor.«

Bereits 120 Jahre vor Nepos äußerte Polybios harsche Kritik an vergleichbaren Geschichtswerken seiner Zeitgenossen: »Einige von denen, die von diesem Übergang berichtet haben, suchen durch ihre Wunderberichte über die genannten Gegenden ihre Leser in Erstaunen zu setzen und verfallen dabei, ohne es zu merken, in zwei Fehler, die mit aller wahren Geschichte schlechthin unvereinbar sind: Sie sind gezwungen, zu lügen und sich mit sich selbst in Widerspruch zu setzen. Denn einerseits stellen sie Hannibal als einen an Kühnheit und Voraussicht unvergleichlichen Feldherrn dar und schildern ihn gleichzeitig als offensichtlich bar jeden Verstandes. Da sie andererseits mit ihren Lügen nicht ans Ziel kommen noch einen Ausweg aus ihnen zu finden vermögen, führen sie Götter und Söhne von Göttern in die pragmatische Geschichte ein.«

Der Streit geht aber nicht nur um Übertreibungen und literarische Phantasie, noch beschränkt er sich auf die antiken Schriftsteller. Etwas entnervt meint der Hannibal-Forscher Ernst Meyer 1958: »Nur mit erheblichem Widerstreben ergreife ich die Feder, um die Flut von Literatur über dieses anscheinend unsterbliche Thema um einen weiteren Aufsatz zu vermehren. Ich habe auch nichts Neues zu sagen, da alles Nötige längst mehrfach auseinandergesetzt ist.« Er tut es trotzdem. Nach Meyer geht Hannibal die Rhône aufwärts bis zur Isère, folgt der Isère nach Osten bis Grenoble und dann dem Flüßchen Arc bis zum Col de Clapier.

Der englische Forscher Gavin de Beer läßt Hannibal weiter südlich, und zwar am Oberlauf der Durance, den Paß am Col de la Traversette überqueren.

Nach der neuesten Hannibal-Biographie von Jakob Seibert teilt sich das Heer in zwei Marschsäulen. Die südliche geht über den Mont Genèvre, die nördliche über den Kleinen Sankt Bernhard.

Dem widerspricht der Bürgermeister aus Bramans im französischen Savine-Tal energisch. Wir gehen mit ihm eine alte römische Straße nach Osten und erreichen nach sechs Stunden Fußmarsch den schneebedeckten Bergsattel des Col de Clapier. »Hier war es!« Und er beschreibt auch, wie sich die Sache mit den Elefanten im Schnee verhält: »Hannibals Übergang war damals im Herbst. Deshalb muß der Schnee noch ganz frisch gewesen sein, so daß die Elefanten zwar eingesunken sind, darunter aber festen Boden fanden, auf dem sie gehen konnten. Im Frühjahr, bei Firnschnee wäre das unmöglich gewesen.«

Monsieur Francis de Coninck, ein alter Herr, den wir in Grenoble besuchen, ist anderer Meinung. Er hat sich 50 Jahre lang mit dem Problem von Hannibals Alpenüberquerung herumgeschlagen, hat römische Landkarten studiert und gelangt nun zu dem Ergebnis, daß es Unsinn sei, aus den Schriften von Polybios und Livius zu einer für beide Autoren gültigen Lösung zu kommen. Er folgt allein dem älteren Polybios und ist sich heute völlig sicher: Hannibal hat die »Agrippina-Straße« benutzt, die einzige, die bereits zu römischen Zeiten mit Karren befahrbar war. Dieser Weg führt über den Kleinen Sankt Bernhard nach Italien.

Einig sind sich Wissenschaftler und Lokalpatrioten nur über das Ziel, die Po-Ebene, und über die Zeit, die Hannibal von der Rhône bis in

33 und 34 Der Weg Hannibals über die Alpen ist umstritten. Überquerte er sie am Oberlauf der Durance (oben) oder über den Col de Clapier (unten)?

die Gegend von Turin braucht – ganze 29 Tage. Vier Tage marschiert das karthagische Heer entlang der Rhône nach Norden bis zu einem Gebiet, das man »Insel« nennt. Hier leben zwei verfeindete Brüder, die sich um die Königswürde streiten. Hannibal ergreift für den älteren Bruder Partei und bekommt als Dank Verpflegung, Kleidung, Schuhe und neue Waffen. Dann marschiert das Heer zehn Tage entlang eines Seitenarms der Rhône nach Osten, bis der eigentliche Alpenanstieg beginnt. Schon der erste Tag bringt Probleme: Ein Keltenstamm versperrt ihnen den Weg. Hannibals Kundschafter finden heraus, daß die Kelten nachts ihre Stellungen verlassen, wohl in der Annahme, in der Dunkelheit sei kein Kampf möglich. In der folgenden Nacht marschiert Hannibal mit einem Teil seiner Truppen durch den Engpaß, besetzt die Anhöhen und kann so den feindlichen Angriff am nächsten Morgen zurückschlagen. Er überrennt die keltische Siedlung, findet Schlachtvieh, Getreide und frische Zugtiere und gönnt seinen Soldaten einen Ruhetag.

Die Nachricht von der Einnahme des Örtchens scheint sich in Windeseile herumgesprochen zu haben. Zumindest sind die Karthager in den nächsten Tagen keinen Attacken mehr ausgesetzt. Eine kilometerlange Menschenschlange bewegt sich langsam die Alpentäler voran. Für die Einheimischen muß es tatsächlich schwer vorstellbar sein, daß die Armee nicht an ihrem Gebiet interessiert ist, sondern einfach nur weitermarschiert – einem unbekannten, fernen Ziel entgegen. Es sind ihnen auch noch nie diese riesigen, grauen Ungetüme vor Augen gekommen, die Menschen einfach durch die Luft schleudern und ganze Baumstämme mit ihren Stoßzähnen aus dem Weg räumen können. Allein schon ihre Erscheinung flößt ihnen Angst und Schrecken ein. Wenn man zudem bedenkt, wie nachts das Trompeten der Elefanten in den engen Tälern wider-

35 **Vor jedem Schritt in unwegsamem Gelände betasten Elefanten mit ihrem Rüssel mögliche Hindernisse. Ein empfindsameres, vorsichtigeres Tier ist schwer denkbar.**

hallt, dann muß sich dieser Horror über viele Generationen in den Bergen gehalten haben.

Für die Dreharbeiten mieten wir in Rajasthan, im Nordwesten Indiens, zwölf Arbeitselefanten. Es geht dabei nicht um den Versuch einer historischen Rekonstruktion, sondern ausschließlich darum, eine bildliche Vorstellung zu gewinnen. Wir gehen mit den Tieren durch wüstenähnliche Landschaften, über Steppen und durch tiefeingeschnittene Felsschluchten. Es lohnt sich: Als erstes lernen wir, daß das Bild vom »Elefanten im Porzellanladen« Unsinn ist. Ein empfindsameres, vorsichtigeres Tier ist schwer denkbar. Vor jedem Schritt betastet der Rüssel mögliche Hindernisse, dann folgt vorsichtig ein Bein, tastet wieder, ehe es auftritt, und so fort. Selbst wenn das Leittier den Weg bereits erkundet hat, nehmen alle folgenden Elefanten die mühsame Prozedur auf sich. Es dauert lange. Auf steinigem Boden sind zehn Kilometer pro Tag eine gewaltige Strecke, und wenn ein Elefant für sich beschließt, sein Tagespensum sei erledigt, dann bringt ihn keine Macht der Welt auch nur einen Schritt weiter. Was es aber bedeutet, wenn sich ein Elefantenmarsch über ein ganzes Jahr hinzieht, wenn Schnee, Kälte und Futtermangel an den Kräften zehren, bleibt jenseits unserer Vorstellungskraft.

Der englische Wissenschaftler John Hoyte vertritt die These, Hannibal sei über den Col de Clapier gezogen. Um den Beweis anzutreten, geht er mit einem indischen Elefanten in die französischen Alpen, folgt einem alten römischen Handelsweg und findet sich am Ende auf italienischer Seite bestätigt: Der Elefant hat es geschafft. Aber die Filmbilder, die er von seiner Expedition mitbringt, zeigen den Elefanten nicht am verschneiten Col de Clapier, sondern am Mont Cenis – über den eine breite Teerstraße führt.

»Auf der Suche nach Hannibals Spuren«, das ist die einfache Antwort auf die schwierige Frage nach dem Ziel unserer eigenen Reise. Aber die Antwort – wie die »einfachen« Antworten so oft – ist falsch. Es gibt keine Spuren. Vor Jahren hat man im Südwesten Frankreichs ein Elefantenskelett ausgegraben und es etwas voreilig auf Hannibals Zeit datiert. Möglicherweise sind es doch die Knochen eines Mammuts. An keiner einzigen Stelle sind sich die Archäologen und Historiker völlig sicher, daß Hannibal sie auf seinem langen Marsch passiert hat. Das Studium der Quellen gibt Hinweise – Hinweise auf äußere Gegebenheiten. Aber Flüsse haben ihren Lauf geändert, Meeresbuchten sind versandet, bewaldete Bergrücken kahl geworden. Wo früher eine Gletscherzunge leckte, wächst heute Getreide. Manchmal – sehr selten – stellt sich ein Gefühl ein, wie es vor mehr als 2000 Jahren gewesen sein könnte. Im Mündungsdelta der Rhône zum Beispiel, auf manchen Paßhöhen der Alpen und den weiten, feuergeschwärzten Feldern Apuliens. Der große Rest ist Schnellstraße.

Ende Oktober 218 v. Chr.: Mehr als die Hälfte des Weges durch die Alpen ist geschafft. Nach den Erfahrungen des Keltenüberfalls, der viele Legionäre das Leben gekostet hat, ändert Hannibal die Marschfolge. Der Versorgungstroß, langsamster und damit empfindlichster Teil des Zuges, rückt in die Mitte vor und wird nach allen Seiten abgesichert.

Vier Tage später erweist sich diese Vorsichtsmaßnahme als lebensrettend. Die Karthager stoßen auf einen weiteren Keltenstamm, der ihnen mit Ölzweigen in den Händen Frieden anbietet. Sie wollen sogar Führer stellen und das Heer mit Lebensmitteln versorgen. Aber Hannibal bleibt mißtrauisch. Der Weg, den die selbsternannten Führer weisen, führt zu einer tiefeingeschnittenen Felsschlucht, und plötzlich donnern von beiden Seiten schwere Felsbrocken auf die Marschkolonne. Natürlich sind die Kelten nicht an einer Schlacht gegen Hannibal interessiert – ihnen geht es um die immensen Reichtümer, die zum Greifen nah scheinen: Pferde, Lasttiere, Lebensmittel, Waffen – der ganze Troß des fremden Heeres. Wieder gelingt es Hannibal, die Angreifer zurückzuschlagen. »Den größten Dienst leisteten ihm dabei die Elefanten. Denn dort, wo diese sich in der Marschkolonne befanden, wagten sich die Feinde nicht heran, aus Angst vor der ungewohnten Erscheinung dieser Tiere.« (Polybios)

Am nächsten Tag erreicht die Spitze des Zuges endlich die Paßhöhe. Eine heroisierende Darstellung der Neuzeit zeigt Hannibal, wie er, unbeeindruckt von den Strapazen, die hinter ihm liegen, mit weit ausladender Geste seinen Offizieren den Weg in das »verheißene Land« weist: Italien. Umringt von Standartenträgern, Hornbläsern und seinen Offizieren, gibt er sich zuversichtlich. Nach einem einfachen Abstieg in die Po-Ebene sei Rom so gut wie erobert – zwei Schlachten höchstens, und sie seien die Herren des Weltreiches.

36 **Der Weg, den die selbsternannten Führer weisen, führt zu einer tiefeingeschnittenen Felsschlucht, und plötzlich donnern schwere Felsbrocken auf die Marschkolonne.**

37 **Eine heroisierende Darstellung des 19. Jahrhunderts zeigt Hannibal, wie er mit weit ausladender Geste seinen Offizieren den Weg nach Italien weist. (Nach Alfred Rethel)**

Dann beginnt es zu schneien. »Während sie durch so viele Mühseligkeiten, die sie bis zum Überdruß hatten durchmachen müssen, erschöpft waren, verursacht auch noch ein Schneefall einen gewaltigen Schrecken. Alles war mit Schnee bedeckt, als man bei Tagesanbruch abmarschierte und das Heer nur langsam antrat, wobei Verdrossenheit und Verzweiflung aus allen Gesichtern sprach.« (Livius)

Seit einem halben Jahr sind Hannibals Söldner nun unterwegs. Hunger, Erschöpfung und feindliche Überfälle haben große Lücken in die Reihen gerissen. Und jetzt – Italien schon vor Augen – verhindern Schneelawinen und ein mächtiger Bergrutsch den Weitermarsch. Sie versuchen die Hindernisse zu umgehen, geraten auf eisigen Altschnee, verlieren den Halt und stürzen zu Hunderten in die Tiefe. Polybios schreibt: »Indessen ertrugen sie diese Strapazen, da sie schon an dergleichen Übel gewöhnt waren. Als sie aber an eine Stelle kamen, wo der Weg so eng war, daß weder die Elefanten noch die Lasttiere ihn passieren konnten, da sank ihnen aufs neue der Mut, und die Menge begann zu verzagen.«

Es ist die große Stunde der Pioniere: Quer über die Schneefelder legen sie neue Wege an. Sie schleppen Baumstämme, errichten riesige Scheiterhaufen an Felsblöcken und bringen sie mit Feuer und Essig zum Bersten. Sie bauen aus Saumpfaden Straßen, breit genug für die Elefanten, und nach drei Tagen Quälerei erreichen die ersten Karthager die Po-Ebene.

STURM ÜBER ITALIEN

Die Nachricht von Hannibals Alpenüberquerung erreicht Rom wie ein Lauffeuer. Konsul Scipio, der seinen Iberienfeldzug abgebrochen hat, steht mit seinen Legionen am Po bereit. Der zweite Konsul Sempronius, der immer noch in den Vorbereitungen zur Invasion Nordafrikas steckt, wird mit seinen Truppen in Eilmärschen nach Norditalien beordert. Doch der erste Kampf zwischen Karthago und Rom, zwischen Hannibal und Scipio steht an, noch ehe Sempronius das Schlachtfeld erreicht. Beide Seiten scheinen es kaum erwarten zu können, ihre Kräfte zu messen. Scipio schildert seinen Soldaten den vermeintlich erbärmlichen Zustand des Gegners: »Schattenbilder von Menschen sind es, von Hunger und Kälte, Schmutz und Unrat, zu Tode erschöpft, zerschunden und zerschlagen in Steingeröll und Felsgelände. Dazu haben sie erfrorene Gliedmaßen, vom Schnee steife Muskeln, vor Kälte erstarrte Glieder, verbeulte und zerbrochene Waffen, lahme und entkräftete Pferde.« Mit einem Wort, sie würden leichtes Spiel mit Hannibal haben.

Hannibals Rede an die Soldaten ist weniger wortreich. Er stellt ihnen nur eine Alternative vor Augen: Sieg über die Römer, und alle Reichtümer des Landes gehörten ihnen – oder Niederlage, und sie alle würden zu Sklaven der Feinde werden. Dann wählt er ein anschauliches Beispiel: Gefangenen Kelten wird nach einem siegreichen Zweikampf die Freiheit in Aussicht gestellt; stellen sie sich nicht dem Kampf, bleiben sie Sklaven. Polybios erzählt, daß alle Gefangenen nach vorne drängten. Jeder wollte auf Leben und Tod kämpfen und damit sein Schicksal in die eigene Hand nehmen. Die Überlebenden erhalten Schwert und Pferd und werden in die Truppen aufgenommen.

Ticinus

Die erste Schlacht, am Ticinus, entwickelt sich aus einer eher zufälligen Begegnung. Die römischen Speerwerfer in den ersten Reihen weichen kampflos, und die überlegene karthagische Reiterei umzingelt den Feind. Konsul Scipio wird schwer verwundet, die Schlacht findet vorzeitig ein Ende. Die geschlagenen Legionen fliehen in die befestigte Stellung von Piacenza. Weder Polybios noch Livius erwähnen in ihren Berichten die Rolle der karthagischen Kriegselefanten. Aber an anderer Stelle ist davon die Rede, daß keines der 37 Tiere in den Alpen ums Leben kam. Man kann davon ausgehen, daß sie in der ersten und in der folgenden Schlacht am Zusammenfluß von Po und Trebia eingesetzt werden.

Vor dem Kampf werden Brust und Flanken der Elefanten mit schweren Lederdecken gepanzert, Rüssel, Ohren und Stirn in grellen Farben bemalt und die Stoßzähne mit spitzen Metallhülsen armiert. Der hölzerne Turm auf dem Rücken der Tiere dient der Brustwehr für drei oder vier Bogenschützen, und manchmal wird selbst der Rüssel noch mit einer Art Sichel versehen. Kurz vor dem Kampf bekommen sie Reiswein zu trinken, der ihre Angriffslust weckt. Natürlich kann das so angestachelte Tier auch zur Gefahr für die eigenen Reihen werden. Für den Fall, daß es statt der Feinde die Freunde niedertrampelt, hält der indische Führer, der ihm auf dem Nacken sitzt, Hammer und Meißel bereit – um dem Elefanten den Schädel zu spalten.

Inzwischen ist Sempronius in Scipios Lager angekommen. Die beiden sind nicht gut aufeinander zu sprechen. Scipio, der immer noch an

***38** Vor dem Kampf werden Rüssel, Ohren und Stirn der Elefanten mit grellen Farben bemalt.*

seiner Verwundung leidet, will das Frühjahr für die »Entscheidungsschlacht« gegen Hannibal abwarten. Sempronius brennt darauf, seine militärischen Fähigkeiten sofort unter Beweis zu stellen. Außerdem würden bis dahin neue Konsuln gewählt werden, und er könnte nicht als Vernichter der Karthager in Rom einziehen.

Hannibal ist der Streit im gegnerischen Lager nicht entgangen. Er sucht nach einem geeigneten Gelände zwischen seinem Lager und dem der Römer. Es muß eben sein für den Einsatz der Reiterei, und es braucht eine Stelle, an der er unbemerkt einen Hinterhalt legen kann. Am Morgen des 21. Dezember ist es soweit. Die Karthager haben sich erholt und sind in bester Verfassung. Die Numider reiten durch den Fluß Trebbia, die römischen Wachen blasen zum Angriff, und Sempronius nimmt die Verfolgung auf. Hannibals Rechnung geht auf. Völlig durchnäßt, durchfroren und hungrig verfolgen die Römer die numidischen Lockvögel auf die andere Seite des Flusses. 40 000 karthagische Krieger erwarten den gleich starken Feind. Das Gefecht dauert nicht lange. Die römischen Reiter haben keine Chance, und als dann auch noch Mago, Hannibals Bruder, aus seinem Hinterhalt in ihrem Rücken auftaucht, ist die Schlacht entschieden. Die Römer werden eingekreist und niedergemacht. 8000 von ihnen verlieren ihr Leben.

Dann geschieht etwas, was alle Beteiligten in Erstaunen versetzt: Hannibal läßt die Gefangenen antreten und trennt die Römer von deren

Bundesgenossen. Die Römer bleiben in Gefangenschaft, alle anderen werden ohne Lösegeld freigegeben. Normalerweise werden in der Antike Gefangene entweder als Geiseln ausgetauscht oder in die Sklaverei verkauft. Hannibal dagegen behauptet, er führe keinen Krieg gegen sie, sondern kämpfe im Gegenteil für ihre Interessen gegen die Römer. »Freiheit vom römischen Joch«, das sollen sie in ihrer Heimat als Losung verkünden und sich hinfort Hannibals Feldzug anschließen. Bei einigen Keltenstämmen in der Po-Ebene ist ihm das bereits gelungen. Hannibals erklärtes politisches Ziel ist es, einen Keil zwischen die latinischen Bundesgenossen und Rom zu treiben.

Die Karthager beklagen auch nach der zweiten Schlacht nur geringe Verluste. Doch von den 37 Kriegselefanten überlebt nur ein einziger: »Surus«, der Syrer. Keiner weiß, ob sie vom Feind getötet wurden, ob die eisige Kälte sie umbrachte oder ob ihre indischen Führer zu Hammer und Meißel griffen.

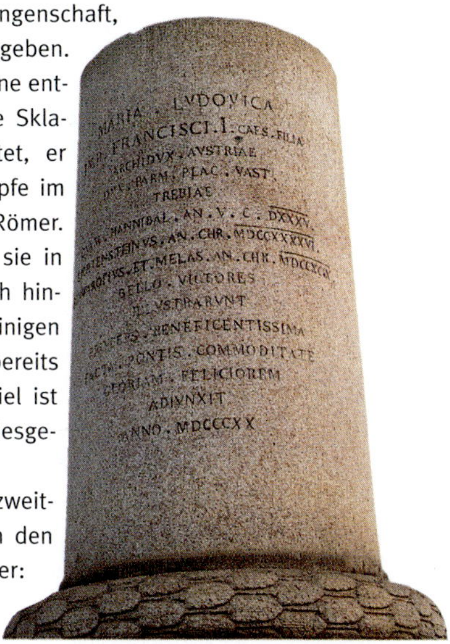

***39** Eine Gedenksäule am Fluß Trebbia: An diesem Ort gewann Hannibal die zweite Schlacht gegen das römische Heer. Doch von den 37 Kriegselefanten überlebt nur »Surus«, der Syrer.*

Hannibal kann mit den Ergebnissen des ersten Kriegsjahres zufrieden sein. Er steht mit seinem Heer im Land der Feinde; die geplante römische Invasion in Afrika ist verhindert, Scipios Legionen sind geschlagen, und der Angriff von Scipios Bruder Cnaeus gegen Iberien erfolgt nur mit halber Kraft. Südlich des Po, in der Nähe von Piacenza, schlägt Hannibal sein Winterlager auf. Polybios berichtet, daß er den einheimischen Kelten trotz ihrer Unterstützung nicht so recht trauen kann. »Da er nämlich die Unzuverlässigkeit der Kelten und bei der kaum erst geschlossenen Verbindung mit ihnen Attentate auf seine Person fürchtete, ließ er sich falsche Haare machen, die ihm das Aussehen ganz verschiedener Lebensalter gaben, und wechselte sie andauernd, ebenso auch die Kleidung, so daß sie stets zu den Perücken paßte. Dadurch wurde er nicht nur denen, die ihn flüchtig sahen, sondern sogar seiner ständigen Umgebung unkenntlich.«

In Rom geschehen zur gleichen Zeit seltsame Dinge: In den Tempel der Hoffnung schlägt ein Blitz ein, eine Kuh steigt bis in den dritten Stock eines Wohnhauses und springt aus dem Fenster, im Tempel der

Juno setzt sich ein Rabe auf den Altar, und auf dem Forum hört man ein sechs Monate altes Kind »Triumph« rufen. Die Götter scheinen Rom ernsthaft zu zürnen. Der Senat beauftragt die Priester, die Sibyllinischen Bücher um Rat zu fragen. Gelübde und Bußopfer sollen Menschen und Götter versöhnen, vor allem aber das Kriegsglück gegen die eingefallenen Barbaren wenden. Aber das alles hilft wenig. Kurze Zeit später wird berichtet, daß glühende Steine vom Himmel fallen, daß an einem einzigen Tag der Mond zweimal aufgeht und – als ob das alles nicht schon genug sei – aus der Quelle des Hercules Blut sprudelt. Die Römer strengen sich an. Sie schleppen Gold, Silber und Edelsteine in die Tempel, alle verheirateten Frauen müssen der Göttin Juno ein Geldgeschenk machen, und Jupiter bekommt einen neuen Blitz aus 50 Pfund reinem Gold.

Man könnte aber auch auf die Idee kommen, daß zumindest Teile davon der Kriegsfinanzierung dienen. Die Steuereinnahmen gehen zurück – sowohl die einberufenen Soldaten als auch die Nachkommen der Gefallenen sind von der Steuer befreit –, gleichzeitig steigen die Ausgaben für die neuausgehobenen Legionen. Da hat der Senat eine Idee: Das Gewicht der Bronzemünzen wird halbiert, der nominelle Wert bleibt jedoch erhalten. Die Soldaten erhalten weiterhin den gleichen Sold, aber es gibt doppelt soviel Geld. Dieser Trick wird in Kriegszeiten noch öfter bemüht werden. Nicht nur in Rom.

Das zweite Kriegsjahr

Der März des Jahres 217 v. Chr.: Die beiden neuen Konsuln heißen Cnaeus Servilius Geminus und Gaius Flaminius. Ihre Truppen versperren Hannibal den Weg nach Süden. Alle drei Hauptverbindungen Richtung Rom sind blockiert. Hannibal weicht auf eine mühsame Strecke aus: quer über den Apennin und durch die Sümpfe des Arno. Elende Marschbedingungen und entsprechende Verluste machen den Zug fast zu einer Neuauflage des Alpenanstiegs. Polybios: »Alle hatten nun zu leiden, und zwar vor allem durch Schlaflosigkeit, da sie vier Tage und drei Nächte ununterbrochen durch Wasser zu marschieren hatten; ganz besonders aber, mehr als alle anderen, wurden die Kelten mitgenommen und gingen wohl gar an der Überanstrengung zugrunde.«

Livius schildert den gleichen Marsch noch viel dramatischer: »Die einen schleppten mit Mühe ihre müden Glieder weiter, die anderen

40 An den Nordufern des Trasimenischen Sees wird das römische Heer im zweiten Kriegsjahr von Hannibals Truppen vernichtend geschlagen. Tausende finden im Wasser den Tod.

kamen, sobald sie einmal ihre seelische Widerstandskraft verloren und sich zu Boden geworfen hatten, zwischen den gleichfalls überall herumliegenden Zugtieren um. Hannibal selbst litt infolge des anfänglich unbeständigen Frühlingswetters mit seinem Wechsel zwischen Hitze und Kälte an einer Augenerkrankung. Daher ritt er auf dem einzigen Elefanten, der ihm übriggeblieben war, um auf diese Weise höher über dem Wasser zu sein.«

Als sie endlich in Etrurien, der heutigen Toskana, ankommen, ist Hannibal auf einem Auge erblindet. Sein Ruhm strahlt jedoch um so heller. Einäugigkeit gilt im Altertum als besondere Auszeichnung erfolgreicher Feldherren.

Konsul Flaminius tobt. Nur durch eine Bergkette voneinander getrennt, ist Hannibal unbemerkt an ihm vorbeigezogen. Er, der sich als Retter Roms fühlt, hat den Feind glatt übersehen, und dieser zieht nun plündernd und marodierend durch die fruchtbare Landschaft. Flaminius nimmt die Verfolgung auf. Polybios hält nicht viel von den Qualitäten des Konsuls: »Viele geben aus Leichtsinn und völliger Trägheit nicht nur die lebenswichtigen Interessen des Staates – mag er ihretwegen untergehen –, sondern auch das eigene Vermögen preis; viele sind dem Trunk so ergeben, daß sie nicht einmal einschlafen können, ohne sich sinnlos bezecht zu haben; manche haben aus erotischer Leidenschaft oder sexueller Hemmungslosigkeit nicht nur Städte und deren Wohlstand zugrunde gerichtet, sondern auch ihr eigenes Leben in Schimpf und Schande verloren.« Hannibal scheint den

Charakter, die leichte Erregbarkeit des Gegners zu kennen. Nun kann er die Fährte legen und die Römer in die Falle dirigieren.

Am 21. Juni ist die Zeit dafür gekommen. Am Nordufer des Trasimenischen Sees ist ein flach abfallender Hang an drei Seiten von Hügeln umgeben – die vierte Seite bildet das Seeufer. In diesen Kessel gibt es nur einen schmalen Zugang, der bezeichnenderweise »Malpasso« heißt. Hannibal hat einen Tag Vorsprung vor Flaminius. Er verteilt sein Heer auf den umliegenden Höhen. Nur die spanischen und afrikanischen Einheiten nehmen in Schlachtordnung Aufstellung am gegenüberliegenden Kesselausgang. Dann braucht er nur noch abzuwarten. Am frühen Morgen ziehen die Truppen des Flaminius nichtsahnend in die Falle. Dichter Nebel zieht vom See über das Ufer. Erst nachdem die römischen Kolonnen vollständig in die Engstelle eingerückt sind, gibt Hannibal das Zeichen zum Angriff. Den Römern bleibt noch nicht einmal Zeit, sich zum Gefecht aufzustellen. Sie sind von allen Seiten eingeschlossen und werden von jeder Angriffswelle weiter zum See getrieben. Polybios schreibt über den Untergang der römischen Armee: »Die meisten flüchteten in das Wasser, bis sie nur noch mit dem Kopf herausragten. Als dann die Reiter erschienen und der Untergang ihnen vor Augen stand, jammerten sie laut um Gnade und fanden schließlich durch die Feinde den Tod.« Und Livius berichtet, daß bei allen die Erbitterung so groß gewesen sei, daß niemand das Erdbeben bemerkte, das zur gleichen Zeit Städte einstürzen ließ und ganze Berge in gewaltigem Erdrutsch einebnete. 15 000 Tote, 10 000 Gefangene, das ist die blutige Bilanz in knapp drei Morgenstunden. Auch Konsul Flaminius ist unter den Opfern.

In Tuoro, einem kleinen Städtchen am Rande des Schlachtfeldes, erinnern zwei Straßennamen an das Gemetzel: die Via Flaminius und die Via Cartaginese. Von hier aus kann man in einer Art »Lehrpfad« die verschiedenen Stadien des Kampfverlaufes besichtigen. Unterwegs treffen wir einen Bauern, der auf dem blutgedüngten Boden Wein anbaut. Er erzählt, wie sein Wohnort zu dem makabren Namen »Sanguineto« (Blutstätte) kam: »Sanguineto hat seinen Namen von der Schlacht gegen Hannibal. Der kleine Fluß Macerone, den wir heute auch Sanguineto nennen, soll noch drei Tage nach der Schlacht rot vom Blut der erschlagenen Römer gewesen sein ...« Der alte Graf, dem der Grund gehört, den der Bauer bewirtschaftet, lebt in seinem Herrenhaus mitten auf dem ehemaligen Schlachtfeld. Auf einer Konsole im

***41** Fabius ordnete als erstes an, daß sich alle Landbewohner in befestigte Orte zurückziehen und ihre Häuser, Felder und Vorräte verbrennen sollen, damit nichts in die Hände der Feinde fällt.*

prächtigen Rittersaal steht die Terracotta-Figur Hannibals, über dem offenen Kamin kreuzen sich zwei römische Schwerter. Nach einigem Zögern zeigt er uns noch das Prunkstück seiner Sammlung: einen römischen Helm, an dem deutlich die Spuren eines gegnerischen Schwerthiebes sichtbar sind.

Rom liegt nur knapp 150 Kilometer vom Trasimenischen See entfernt. Die Nachricht von der katastrophalen Niederlage erreicht die Stadt bereits am nächsten Tag. Auf dem Forum laufen die Bürger zusammen, wilde Gerüchte machen die Runde: Alle Gefangenen seien erschlagen, nicht ein einziger sei lebend davongekommen, selbst der Konsul habe sich nicht retten können ... Als dann aber die ersten Überlebenden auftauchen, wird das Klagen nur noch größer: Wird es einen Gefangenenaustausch geben? Werden die eigenen Söhne zu Sklaven Karthagos? Wie konnte das große Rom überhaupt den Barbaren unterliegen? Der Senat gerät in Bedrängnis. Endlich gesteht der Prätor ein: »Wir sind in einer großen Schlacht besiegt worden.« Fieberhaft bereitet sich die Stadt auf den Angriff Hannibals vor. Die Mauern werden verstärkt, die Brücken über den Tiber abgebrochen, die Tore geschlossen. Ganz Rom ist in Angst und Aufruhr. Die älteren Jahrgänge werden einberufen und bewaffnet, und dem Kriegsgott Mars werden neue Opfer gebracht. Kurz darauf kommt der nächste Schlag: Die gesamte Reiterei des zweiten Konsuls ist von Hannibals Offizier Maharbal aufgerieben worden.

Die Senatoren sehen nur einen Ausweg aus der Staatskrise: die Wahl eines Diktators. Fabius Maximus, den seine Gegner »den Zauderer« nennen, wird dazu ausersehen, Minucius Rufus sein Stellvertreter. Fabius ordnet als erstes an, daß sich alle Landbewohner in befestigte Orte zurückziehen und ihre Häuser, Felder und Vorräte verbrennen sollen, damit nichts in die Hände der Feinde fällt.

Unterdessen hält Hannibal Kriegsrat. In drei aufeinanderfolgenden Schlachten hat er die Römer besiegt, aber dem politischen Ziel, römische Bundesgenossen auf seine Seite zu ziehen, ist er noch keinen Schritt nähergekommen. Solange er von Norden aus Krieg gegen Rom führt, kann die Stadt ungestört Nachschub aus Mittel- und Süditalien beziehen. Möglicherweise ist das der entscheidende Anlaß für Hannibal, in großem Bogen an Rom vorbei in den Süden zu ziehen. Polybios behauptet, der Marsch der Karthager sei ein einziger großer Raubzug gewesen. Sie hätten so viel Beute gemacht, daß sie sie nicht mehr schleppen konnten, und darüber hinaus kurzentschlossen alle wehrfähigen Männer der Gegend umgebracht. Wie das allerdings mit Hannibals Ziel zusammenpaßt, dieselben Männer auf seine Seite zu ziehen, das verschweigt Polybios.

Ochsentrick

Eine andere Geschichte aus dem Spätherbst des Jahres 217 v. Chr. gehört wahrscheinlich ebenso ins Reich der Legende: der berühmt gewordene »Ochsentrick«. Fabius »der Zauderer« weicht erfolgreich jeder Schlacht mit Hannibal aus. Der wiederum, im Beuterausch, manövriert sich in eine ausweglose Situation: Eingeschlossen in einen Talkessel, findet er den einzigen Ausgang, einen schmalen Engpaß, von römischen Truppen besetzt. Hannibal, um keine Finte verlegen, läßt Fackeln an die Hörner von 2000 erbeuteten Ochsen binden. Als es Nacht wird, drängen die Ochsen mit brennenden Fackeln einer Stampede gleich über den Bergrücken seitlich der römischen Stellung. Die Legionäre vermuten einen Ausfall der Karthager, stürmen den Lichtern entgegen – und Hannibal marschiert mit seinen Truppen in aller Ruhe durch den Engpaß.

Während sich die karthagischen Truppen im Winterlager in Apulien einrichten, zieht der Zweite Punische Krieg Kreise im gesamten Mittelmeerraum. Makedonien, Griechenland, Syrien, Ägypten – alle Herrscher stellen Überlegungen an, was der zu erwartende Sieg Karthagos für ihre Herrschaftsbereiche bedeuten könnte. König Hieron II. von Syrakus in Sizilien schickt Rom 300 000 Scheffel Weizen, 200 000 Scheffel Gerste, 1000 Bogenschützen und Schleuderer und eine über 200 Pfund schwere Siegesgöttin aus reinem Gold. Hieron ist an einem Gleichgewicht der Kräfte interessiert. Ob nun Rom oder Karthago die

Weltherrschaft an sich reißen würde, in jedem Fall würde sich der Sieger Sizilien einverleiben. Daß Hierons Befürchtungen berechtigt sind, wird sich wenige Jahre später erweisen.

CANNAE

Fabius Maximus hat keinen guten Stand – weder beim Senat noch bei seinen Soldaten. Die Hinhaltetaktik des Diktators legt man als Feigheit aus. Sein Gegenspieler Minucius, der auf eine Entscheidungsschlacht drängt, wird ihm schließlich gleichgestellt, das Heer zweigeteilt. Und prompt läßt sich Minucius von Hannibal in einen Kampf verwickeln. Er unterliegt schmählich; nur die Hilfestellung von Fabius rettet ihn vor dem völligen Untergang. Für Rom ist das Kapitel abgeschlossen.

Im Jahr 216 v. Chr. wählt man zwei neue, kriegserfahrene Konsuln: Terentius Varro und Aemilius Paullus. Der Senat beschließt, alle Kräfte zu sammeln, um die Karthager zu schlagen und aus dem Land zu vertreiben. Das beginnt mit einer erneuten Gewichtsreduzierung der Münzen und dem Aufschub der Soldzahlung an die Legionäre. Rom braucht Geld. Viel Geld. Neue Schiffe werden auf Kiel gelegt, Waffen und Rüstungen geschmiedet, Pferde und Zugtiere requiriert und vor allem Soldaten aus allen Landesteilen einberufen. Während normalerweise jeder Konsul zwei Legionen ins Feld führt, sollen es nun vier Legionen werden. Das ergibt bei zwei Konsuln acht Legionen – dazu noch einmal die gleiche Zahl an Bündnistruppen. Alles zusammen 80 000 Mann – das größte Heer in der Geschichte Roms.

Hannibal befiehlt über 40 000 Fußsoldaten und 10 000 Reiter. Im Frühjahr hat er die kleine, befestigte Stadt Cannae eingenommen, den Versorgungsstützpunkt der Römer. Bis zum August bleibt die Stadt Mittelpunkt des karthagischen Heeres, dann ziehen Paullus und Varro dorthin, um Hannibal zu vertreiben. Livius bemerkt sarkastisch: »Da brachen sie entsprechend der Meinung der Mehrheit auf, um Cannae durch die römische Niederlage berühmt zu machen.«

Der 2. August ist ein drückend heißer Tag. Beide Heere stehen sich gegenüber. Die Römer im Norden, die Karthager im Süden. Im Zentrum jeweils Leichtbewaffnete, dahinter die Infanterie, an beiden Flügeln die Reiterei. Der Südwind weht den Römern Staub in die Augen, die Sonne blendet sie. Vielleicht entgeht ihnen dadurch die neue Taktik Hannibals: Hinter den balearischen Schleuderern wölbt sich die Infanterie in

42 Cannae, 2. August 216 v. Chr.: Es ist ein drückend heißer Tag. Beide Heere stehen sich gegenüber. Die Römer im Norden, die Karthager im Süden. Der Wind weht den Römern Staub in die Augen, die Sonne blendet sie. Die Entscheidungsschlacht beginnt. Sie endet mit dem Sieg Hannibals und einem barbarischen Gemetzel seiner Soldaten.

einem breiten Bogen dem Feind entgegen – einem Feind, der fast doppelt so stark ist. Eine so eigentümliche Aufstellung hat man bis dahin noch nicht gesehen.

Die Entscheidungsschlacht beginnt. Wie in einer klassischen Schachpartie eröffnen die Speerwerfer und Schleuderschützen. Noch befindet sich keine der beiden Seiten im Vorteil. Der gleichzeitige Angriff der iberischen und keltischen Reiter auf dem linken Flügel überrascht die Römer. Sie kämpfen unkonventionell, halten sich an keine Kriegsregel. Schon nach der ersten Angriffswelle springen sie vom Pferd und gehen zum Nahkampf über, schlagen auf Pferde und Reiter gleichermaßen ein, bis die Römer die Flucht ergreifen. Die weit überlegene römische Infanterie drängt im Zentrum gegen den Bogen des karthagischen Fußvolkes, der biegt sich in der Gegenrichtung nach hinten und bildet eine Art Halbkreis um die Angreifer. Zur selben Zeit schließen sich Hannibals Reiter des linken Flügels mit denen des rechten zusammen – gemeinsam vernichten sie die römische Reiterei.

Jetzt schnappt die Falle zu. Die siegreichen Reiter stehen im Rücken der Römer – diese sind von allen Seiten eingeschlossen und werden immer weiter zusammengepreßt. Zehntausende sind im Kessel eingepfercht und müssen tatenlos zusehen, wie die Karthager von der Peripherie her Roms Truppen abschlachten. Der deutsche General Graf von Schlieffen, ein glühender Bewunderer Hannibals, schreibt: »Hilf- und wehrlos erwarten sie den Tod. Hannibal, haßerfüllten Herzens, umkreist die Stätte der Blutarbeit, hier die Eifrigen ermunternd, dort die Lässigen schmähend. Erst nach Stunden lassen seine Soldaten ab. Müde der Metzelei, nehmen sie die zuletzt übriggebliebenen 3000 gefangen. Auf engem Raum waren 48 000 Leichen zu Bergen geschichtet.«

Bis heute nennen Militärs eine erfolgreiche Einkesselung und die vollständige Vernichtung des Gegners ein »Cannae«. Und noch im letzten Golfkrieg beruft sich General Schwarzkopf, ein weiterer Verehrer Hannibals, auf die Einkreisungsstrategie von Cannae.

Im Ersten Weltkrieg versuchen die Deutschen nach den Plänen Generals von Schlieffen, ganz Nordfrankreich ein riesiges Cannae zu bereiten. Sie scheitern. Im Zweiten Weltkrieg prahlt Adolf Hitler: »Es hat in der Weltgeschichte bislang nur drei Vernichtungsschlachten gegeben: Cannae, Sedan und Tannenberg. Wir können stolz darauf sein, daß zwei davon von deutschen Heerführern erfochten wurden.« Hitlers Wahn von der deutschen Überlegenheit führte zum bislang größten Blutbad der Weltgeschichte.

Doch auch Hannibal hinterläßt grauenvolle Szenen. Livius schildert den Morgen nach der großen Schlacht: »... manche suchten blutbedeckt mitten in dem Leichenfelde aufzustehen. Da die Morgenkälte ihre Wunden zusammenzog, waren sie aus der Ohnmacht erwacht und wurden nun vom Feind erneut niedergeschlagen. Einige, denen man die Oberschenkel und die Kniekehlen durchgehauen hatte, fand man noch lebend vor. Sie entblößten ihren Nacken und forderten dazu auf, auch ihr restliches Blut zu vergießen.« Unter den Opfern sind Konsul Paullus und Minucius, der Verlierer des Vorjahres, dazu 19 Militärtribune und 80 Senatoren.

Die vernichtende Niederlage Roms bei Cannae verleitet Hannibal dazu, den Gegner für besiegt zu halten. Er wähnt den Senat demoralisiert, den Verteidigungswillen gebrochen. Er erwartet ein Friedensangebot. Die Männer aus seinen eigenen Reihen drängen dagegen auf einen sofortigen Angriff gegen Rom. In fünf Tagen könnten sie als Sieger auf dem Capitol speisen. Als Hannibal zögert, hält ihm der Reiteroberst Maharbal vor: »Zu siegen verstehst du, den Sieg zu nutzen verstehst du nicht!«

Die Verhältnisse in Rom sind chaotisch. Die Tore müssen geschlossen werden, um die Bevölkerung an der Flucht zu hindern. Der Senat tagt, die Menschen trauern. Die Sibyllinischen Bücher werden befragt, wie man die Götter wieder besänftigen könne. Die Antwort: Ein keltisches Paar und ein griechisches Paar müßten bei lebendigem Leib begraben werden. Rom handelt danach.

KARTHAGO

Die Römer, die nach der verlorenen Schlacht bei Cannae ihren Göttern Menschenopfer bringen, beschimpfen die Karthager als Barbaren, Hundefresser und Kindermörder. Letzteres wegen ihrer uralten, von den phönikischen Vorfahren übernommenen Tradition der Kinderopfer.

Tatsächlich beschreiben die antiken Autoren das grausame Ritual, nach dem in Kriegs-, aber auch in Friedenszeiten die reichen Familien verpflichtet sind, einen ihrer Söhne dem Baal Hammon oder der Göttin Tanit zu opfern. Diodorus Siculus, von dem auch Flaubert die Schilderung übernimmt, rekonstruiert den Ablauf der Kulthandlung. Der Ort: das »Tophet«, ein Heiligtum in unmittelbarer Nähe zum Kriegshafen Karthagos. Die Zeit: eine Vollmondnacht. Eine Senke wird ausgehoben, ein Scheiterhaufen errichtet. Die Flammen beleuchten eine bronzene Statue des Baal Hammon, dessen weit ausgestreckte Arme bis über das Feuer reichen. Flöten, Zimbeln und Trommeln übertönen die Klagen der Eltern und die Angstschreie der Kinder. Der Priester, Diener von Hammon und Tanit, umkreist das Feuer, spricht Gebete und Beschwörungsformeln und tötet die Kinder mit einem raschen Schnitt durch den Hals. Dann legt er das Opfer auf die Arme der Bronzefigur, ein geheimnisvoller Mechanismus setzt sich in Gang, die Arme Hammons senken sich, und die Kinder stürzen in die Flammen. »Die durch den Lärm und den Geruch des verbrannten Fleisches höchst erregte Menge schwingt im Takt in einem geisterhaften Rhythmus, der unter den Tamburinschlägen immer schneller wird.« Als 310 v. Chr. Karthago erstmals belagert wird, ist von 200 Kindern die Rede, die zur gleichen Zeit geopfert werden. Viele adlige Familien entziehen sich ihrer schrecklichen Pflicht, indem sie Sklavenkinder kaufen und sie statt ihrer eigenen den Göttern opfern. Bei neueren Ausgrabungen in der Umgebung des Tophets fanden sich Tausende kleiner Steinsarkophage mit den Überresten verbrannter Kinder.

Es ist nicht überliefert, ob auch in der Zeit des Zweiten Punischen Krieges diese Kultopfer dargebracht werden. Das Kriegsglück gegen Rom hätte sie jedenfalls nicht erfordert.

43 ***Im Tophet, einem Heiligtum in unmittelbarer Nähe zum Kriegshafen Karthagos, sollen Kinder dem Baal Hammon blutig geopfert worden sein.***

44 ***Bei neueren Ausgrabungen in der Umgebung des Tophets fanden sich Tausende kleiner Steinsarkophage mit den Überresten verbrannter Kinder.***

Im Auftrag Hannibals segelt sein Bruder Mago nach Karthago und berichtet dem Ältestenrat von den bisherigen Erfolgen: Sie haben sechs konsularische Heere geschlagen, 200 000 Feinde getötet, 50 000 Gefangene gemacht. Von den Konsuln sind zwei gefallen, einer verwundet, der vierte geflohen. Darüber hinaus sind eine ganze Reihe Städte und Landschaften von Rom abgefallen – allen voran Capua, die

45 Als Hannibals Bruder Mago dem Ältestenrat Karthagos vom militärischen Erfolg gegen Rom berichtet, schüttet er zum Beweis Körbe mit goldenen Ringen, die man den gefallenen römischen Offizieren geraubt hat, vor dem Rat aus.

zweitgrößte Stadt Italiens. Zum Beweis für die ziemlich hochgegriffenen Zahlen bringt Mago drei Körbe mit goldenen Ringen, die man den gefallenen römischen Offizieren abgenommen hat. Der Ältestenrat ist hocherfreut und läßt eine mehrtägige Siegesfeier ausrichten.

Aber Mago überbringt nicht nur die Nachricht vom Sieg, sondern auch die dringende Bitte um Nachschub für seinen Bruder. Er benötigt Soldaten, Geld und Getreide. Hanno, der alte Widersacher der Barkiden, meldet sich zu Wort: Wenn Hannibals Siege so entscheidend waren, wozu brauche er dann jetzt noch weitere Soldaten und Geld? Seiner Meinung nach wäre jetzt der richtige Zeitpunkt, Frieden mit Rom zu schließen, bessere Bedingungen würden sie kaum mehr bekommen.

Ob Hanno tatsächlich Frieden will oder ob er weitere Geldausgaben scheut, ist aus heutiger Sicht nicht zu entscheiden. Jedenfalls unterliegt er in der anschließenden Abstimmung. Es wird beschlossen, daß Hannibal 4000 numidische Soldaten, 40 Elefanten und 1000 Talente erhalten soll. Außerdem soll Mago in Spanien 20 000 Infanteristen und 4000 Reiter anwerben, um sowohl das Heer in Spanien wie auch das in Italien zu verstärken. Der größte Teil dieser Truppen wird jedoch Italien nie erreichen.

Während Hannibal in Italien Triumphe feiert, wird die Lage seines Bruders Hasdrubal in Spanien immer prekärer. Die Römer beherrschen inzwischen die Küstengewässer, und das Landheer unter Scipio hat den Ebro überschritten und drängt die Karthager weiter nach Süden. In dieser Situation Hannibal von Spanien aus mit einem Ersatzheer zu unterstützen, scheint so gut wie aussichtslos.

Hannibal bezieht in Capua sein Winterquartier. Wenn Livius recht hat, dann hat diese Zeit der Ruhe den Karthagern mehr geschadet als genutzt: »Denn durch Schlafen und Trinken, durch Gelage und Unzucht, durch Bäder und Nichtstun, woran sie sich mit täglich wachsender Behaglichkeit gewöhnten, entnervten sie ihren Körper und ihren Sinn in einem Maße, daß in der Folge ihre einstigen Siege für sie einen stärkeren Rückhalt bildeten als ihre augenblicklichen ihnen zur Verfügung stehenden Kräfte. Und daß dies so kam, wurde von den in der Kriegskunst erfahrenen Leuten als ein schwerer wiegender Fehler gewertet als der, daß Hannibal nicht unmittelbar von dem Schlachtfeld von Cannae zu der römischen Hauptstadt gezogen sei.«

Die Zermürbung des Siegers

Napoleon Bonaparte, der viel von Hannibals Strategie gelernt hat, hält es für einen entscheidenden Fehler, daß dieser Rom nicht angegriffen hat. Es gibt Hunderte von Untersuchungen über das Für und Wider und ebenso viele Meinungen. Silius läßt Hannibal davon träumen, daß die »Ewige Stadt« von Göttervater Zeus selbst beschützt würde – ein Angriff gegen die Stadt also auch ein Angriff gegen die Götter sei. Hannibal selbst soll gesagt haben, er wolle keinen Vernichtungskrieg gegen Rom führen, sondern lediglich die verlorene Ehre nach dem Ersten Punischen Krieg wiederherstellen. Vielleicht ist das aber auch seiner Erkenntnis zuzuschreiben, daß ihm für die völlige Zerstörung

Roms die Mittel fehlen. Hannibal verfügt über keinerlei Belagerungseinrichtungen; Geschütze, Sturmleitern, Rammböcke, Laufgänge, fahrbare Türme – alles, was noch bis ins späte Mittelalter zur Einnahme einer befestigten Stadt benötigt wird, hätten Hannibals Pioniere selbst herstellen müssen.
War es da nicht konsequenter, weiter an der alten Strategie festzuhalten, Roms Verbündete auf die eigene Seite zu ziehen und ein Friedensangebot abzuwarten?

Aber Rom denkt nicht daran, klein beizugeben. Wieder einmal werden neue Münzen geprägt, der Steuersatz verdoppelt und die Soldzahlungen an die Soldaten hinausgezögert. Die geschlagenen Legionäre von Cannae müssen ohnehin per Dekret auf ihren Lohn verzichten. Ein neues Gesetz verbietet den römischen Frauen, Goldschmuck und bunte Kleider zu tragen. Das alles reicht noch nicht aus, die Weiterführung des Krieges zu finanzieren. Rom erfindet die »Staatsanleihe«: Vermögende Bürger bezahlen die Aushebung neuer Legionen und die Fortsetzung des Iberienfeldzuges. Gegen Absicherung und Zinsen, versteht sich. Die gleichen Bürger, die den Karthagern kleinlichen Krämergeist vorwerfen, machen sich als Kriegsgewinnler verdient.

Staatsanleihe

Der Krieg wird in den folgenden Jahren immer mehr zum Weltkrieg. Philipp V., König von Makedonien, schließt einen wechselseitigen Unterstützungsvertrag mit Hannibal. Auf Sardinien gärt es schon lange, nach dem Tod des Herrschers von Syrakus steht Sizilien wieder zur Disposition, Spanien und Italien sind ohnehin seit Jahren Kriegsschauplätze, und selbst das numidische Afrika wird in die Kämpfe verwickelt.

Hannibal kontrolliert zwar fast ganz Süditalien, er zehrt von seinem Ruf, unbesiegbar zu sein, aber es gelingt ihm nicht, eine der wichtigen Hafenstädte zu besetzen. Dreimal zieht er vor Neapel, kann es aber nicht einnehmen. Tarentum fällt ihm durch Verrat zu, aber die Burg, die den Hafeneingang kontrolliert, bleibt in den Händen der Römer. Ohne einem erkenntlichen Plan zu folgen, zieht er plündernd von Stadt zu Stadt, von Landstrich zu Landstrich. Er ist unbesiegt, aber auch nicht endgültiger Sieger. Jetzt macht sich die Strategie seines Gegners Fabius Maximus, der wieder zum Konsul gewählt wurde, bezahlt. Er weicht jeder offenen Schlacht gegen Hannibal aus und nutzt die Zeit zur Rekrutierung neuer Truppen. Hannibal dagegen hat weder genügend Truppen noch den nötigen politischen Rückhalt, um das gewonnene Terrain zu halten. Und der erhoffte Nachschub aus Karthago läßt auf sich warten. Die griechische Stadt Syrakus, an der strategisch wichtigen Landenge zwischen Sizilien und der italienischen Stiefelspitze gelegen, ist seit Jahrhunderten immer wieder belagert, aber noch nie erobert worden. Nach König Hierons II. Tod geht Syrakus ein Bündnis mit Karthago ein. Die Stadt ist umgeben von Verteidigungsbauten und mächtigen Maueranlagen und könnte mit ihrer zentralen Lage Hannibals ersehnter Verbindungshafen zum heimatlichen Karthago werden.

Rom schickt umgehend eine Flotte von 70 Schiffen, um die Stadt vom Meer aus anzugreifen. Schleuderer, Speerwerfer und Bogenschützen versuchen die Verteidiger von den Mauern zu vertreiben. Über Leitern und Hebebühnen rennen römische Soldaten gegen das Bollwerk an. Vergeblich. Hinter den Mauern ersinnt der geniale Mathematiker Archimedes immer neue Verteidigungswaffen für seine Stadt. Aus Katapulten hageln Geschosse auf die Schiffe, und nähern sie sich dennoch, stürzen Steinbrocken und Klumpen aus Blei von den Zinnen. Ein gigantischer Kran hebt ganze Schiffe aus dem Wasser und läßt sie in Trümmer zersplittern.

Nach acht Monaten verlustreicher Belagerung wird der Versuch, die Mauern einzunehmen, aufgegeben. Rom kehrt zur konventionellen Methode des »Aushungerns« zurück. Karthago schickt Hilfe: 25 000 Soldaten, 3000 Pferde und zwölf Elefanten landen an der Südküste Siziliens. Aber noch ehe sie Syrakus erreichen, wird fast das ganze Heer vom Sumpffieber weggerafft.

Zwei Jahre lang widersteht die Stadt den römischen Truppen. Im Jahr 212 v. Chr. fällt sie durch Verrat. Im Gefolge der üblichen Plünderungen wird Archimedes von einem römischen Legionär erstochen. In der Überlieferung heißt es, er sei so vertieft gewesen in seine mathematischen Berechnungen, daß er nur sagte: »Störe meine Kreise nicht!« – ehe ihn das Schwert durchbohrte.

Vier Jahre sind seit dem großen Sieg bei Cannae vergangen. Hannibals Brüder Hasdrubal und Mago sind in Spanien vollauf damit beschäftigt, den römischen Truppen standzuhalten. Sein eigener Spielraum in Süditalien wird immer enger. Rom belagert die abtrünnige Stadt Capua, und der ganze Süden wird abwechselnd von römischen Legionären und den Soldaten Hannibals geplündert. Orte, die Hannibal unterstützen, werden anschließend von Strafexpeditionen des Gegners heimgesucht – und umgekehrt. Die Bauern, die dabei nicht ums Leben kommen, suchen ihr Heil in der Flucht. Ganze Ländereien veröden. Am Ende wird selbst die Aussaat im Frühjahr zerstört, um dem Feind zur Erntezeit kein Getreide zu überlassen. Hier wird der Grundstock gelegt für die riesigen Latifundien, die nach Kriegsende entstehen, deren Besitzer Städter sind und zu unermeßlichem Reichtum kommen.

Hannibal ad portas

Mit zunehmender Dauer des Krieges fehlt den antiken Berichterstattern die »Würze« – einschneidende Ereignisse wie die Schlacht am Trasimenischen See oder die bei Cannae. Sie scheinen von der Furcht geplagt, ihre Leser mit der endlosen Aufzählung kleiner Gefechte und Scharmützel zu langweilen. Da kommt Hannibals Zug gegen Rom wie gerufen – selbst wenn nichts Aufsehenerregendes passiert. Hannibal versucht eine neue Finte: Nachdem es ihm nicht gelungen ist, den römischen Belagerungsring um Capua aufzubrechen, zieht er vor die Hauptstadt in der Hoffnung, die Belagerer würden ihm folgen. Glaubt man Polybios und Livius, dann ist ganz Rom in hellem Aufruhr. Männer raufen sich die Bärte, Kinder schreien, und die Frauen wischen in ihrer Verzweiflung den Fußboden des Tempels mit ihren eigenen Haaren. Die Bevölkerung versucht zu fliehen, während Hannibal kühl die Höhe der Mauern inspiziert. Der Ruf »Hannibal ad portas« – »Hannibal vor den Toren« – wird zum Schrecken nachfolgender Generationen.

Aber es ist zu spät. Selbst er könnte jetzt die Stadt nicht mehr erstürmen. Livius erzählt, man habe Hannibal damals berichtet, daß in seiner Abwesenheit der Grund und Boden versteigert wurde, auf dem er sein Feldlager errichtet hat. Und zwar zum ortsüblichen Preis ohne jeglichen Abschlag. Voller Zorn bestellt nun Hannibal seinerseits einen Auktionator und läßt das römische Forum versteigern! Eine andere Legende will wissen, er habe einen Speer über die Mauern Roms geschleudert, um zu beweisen, daß er die Stadt angreifen könne – wenn er nur wollte.

In Wirklichkeit denken die Belagerer Capuas nicht daran, ihre Stellung aufzugeben, und Hannibal kehrt unverrichteter Dinge, aber plündernd wieder in den Süden zurück. Capua fällt erneut in römische Hände; wenig später auch Tarentum. Wiederum zwei Jahre später, 209 v. Chr., nehmen römische Truppen in Spanien Cartagena ein. Das Zentrum der Karthager in Europa ist gefallen. Noch einmal soll alles auf eine Karte gesetzt werden: Mago segelt auf die Balearen, um neue Truppen für Italien auszuheben.

Dort, auf der Baleareninsel Menorca, ist übrigens die Stadt Mahón nach Mago benannt. Viele Generationen später wird derselbe Ort berühmt als Namenspatron einer Verbindung aus Eigelb, Öl, Zitronensaft und Senf: der Salsa Mahónesa – bei uns als Mayonnaise bekannt. Die Geschichte hat auch hier ihre Spuren hinterlassen.

Magos Bruder Hasdrubal zieht mit allen verfügbaren Soldaten von Spanien über die Pyrenäen und weiter über die Alpen nach Italien, um Hannibal zu Hilfe zu kommen. Am Metaurus, noch nördlich von Rom, wird Hasdrubals Heer von den Römern aufgerieben. Er selbst kommt bei der Schlacht ums Leben. Seinen abgeschlagenen Kopf schleppen römische Legionäre bis nach Apulien und werfen ihn vor Hannibals Lager. Der venezianische Barockmaler Giovanni Battista Tiepolo beschreibt in einem düsteren Gemälde das Grauen Hannibals beim Anblick seines toten Bruders. Voller Entsetzen hebt er abwehrend die Hände, als wolle er seinen eigenen Augen nicht trauen. Ist dies das Ende all seiner Pläne? Roms Triumph? Karthagos Untergang? Livius schreibt: »Mit Hannibal kam es in diesem Jahr zu keiner Kampfhandlung. Denn er stellte sich selbst angesichts der noch so wenig verschmerzten Wunde, die der Staat wie auch er persönlich erlitten hatte, nicht zu einer Schlacht, und auch die Römer ließen ihn in seiner Ruhe ungestört. Vielleicht ist er im Unglück noch bewundernswerter als im Glück gewesen.«

Der Untergang

Rom hat einen neuen Feldherrn: den erst dreißigjährigen Publius Cornelius Scipio. Als junger Mann hat er mit seinem gleichnamigen Vater an den ersten großen Schlachten gegen Hannibal teilgenommen. Er ist der Sieger von Cartagena, und über die Jahre hat er viel von Hannibals Kriegstechnik gelernt. Nun überzeugt er den Senat, daß man – wie zuvor Hannibal – den Feind im eigenen Land besiegen müsse. In Sizilien bereitet er sich ein ganzes Jahr lang auf die Invasion Nordafrikas vor. Im Herbst des Jahres 204 v. Chr. ist es soweit: Mit 40 Kriegsschiffen und 400 Lastenseglern landet er nordöstlich von Karthago.

Für die Stadt ist es ein Schock. Trotz mittlerweile 14 Jahren Krieg

46 Der venezianische Barockmaler Giovanni Battista Tiepolo beschreibt in einem düsteren Gemälde das Grauen Hannibals beim Anblick seines toten Bruders.

gegen Italien lebt man hier wie auf »der Insel der Seligen« in Frieden. Die Händler gehen ihren Geschäften nach, Boten überbringen Nachrichten von den verschiedenen Kriegsschauplätzen, aber im karthagischen Alltag ist wenig von den Bränden jenseits des Mittelmeeres zu spüren. Und nun steht Scipio mit seinem Heer nicht nur auf afrikanischem Boden – er hat auch bereits die ersten erfolgreichen Schlachten gegen Karthagos Truppen geschlagen.

Doch es vergeht noch mehr als ein Jahr, bevor sie Hannibal aus Italien zu Hilfe rufen. Hannibal war 28 Jahre alt, als er italienischen Boden betrat – er ist 45, als er ihn wieder verläßt. Unbesiegt, aber nicht als Sieger. Als die Nachricht von Hannibals Abzug Rom erreicht, feiert die Stadt in allen Tempeln ein fünftägiges Dankfest.

Südlich von Tunis treffen die beiden Feldherren im Jahr 202 v. Chr. aufeinander. Hannibal bietet Frieden an zu den Bedingungen, die vor Beginn des Zweiten Punischen Krieges herrschten – Scipio fordert die bedingungslose Kapitulation. Eine Schlacht ist unvermeidlich. Hannibal setzt zum erstenmal seit langer Zeit wieder Kriegselefanten ein, 80 Tiere – mehr als je zuvor. Scipio jedoch ist ein gelehriger Schüler. Er läßt Gassen bilden in den Reihen seiner Soldaten, verborgen von Leichtbewaffneten. Die Elefanten stürmen ins Leere. Nicht wenige wenden sich im Kampfgetümmel gegen die eigenen Soldaten. Am Ende widerfährt Hannibal genau das, was früher seine Erfolge in Italien ausmachte: Die feindliche Reiterei fällt ihm in den Rücken, er wird eingekesselt, seine Truppen niedergemacht. Ihm selbst gelingt die Flucht. Der Zweite Punische Krieg, der »hannibalische«, ist zu Ende. Scipio erhält den Ehrennamen »Africanus« – der Sieger in Afrika.

Es gibt keine Verhandlungen mit den Besiegten. Der Sieger diktiert die Bedingungen des Friedensvertrages: Auslieferung aller Gefangenen, Überläufer und geflohenen Sklaven. Zerstörung der Kriegsschiffe und Übergabe der Elefanten. Verlust von Iberien und allen Inseln zwischen Italien und Afrika. Verbot jeglicher Kriegführung außerhalb Afrikas. Sollte Karthago innerhalb Afrikas Krieg führen wollen, so bedarf dies der Zustimmung des römischen Senats. Dazu kommen römische Reparationsforderungen in Höhe von 10 000 Talenten, was ungefähr 270 Tonnen Silber entspricht. Zur Einhaltung dieser Bestimmungen nimmt Rom 100 junge Karthager als Geiseln. Scipio Africanus fährt im vierspännigen Triumphwagen zum Capitol. Er trägt eine mit Sternen bestickte Purpurtoga, in der linken Hand ein

47 Durch Verrat von den Römern aufgespürt, begeht der 63 Jahre alte Hannibal in Libyssa Selbstmord. Zum letzten Mal entkommt er seinen römischen Verfolgern. (Zeichnung von A. L. Girodet-Trioson)

Elfenbeinzepter, in der rechten einen Lorbeerzweig. Ein Sklave hält ihm die schwere Goldkrone über den Kopf und flüstert ihm die rituellen Worte zu: »Blicke dich um und gedenke, daß du ein Mensch bist!«

Sechs Jahre später, wir schreiben das Jahr 195 v. Chr., verlangt Rom die Auslieferung Hannibals. Er flieht nach Syrien und wird Militärberater von König Antiochos im Kampf gegen Rom. Sein Schwur aus Kindertagen, »niemals Roms Freund zu sein«, gilt auch im Exil. Über Kreta führt Hannibals Flucht nach Bithynien in der Nähe des heutigen Istanbul. Er wird Befehlshaber der Flotte von König Prusius im Krieg gegen den aufstrebenden kleinasiatischen Stadtstaat Pergamon. Ein letztes Mal reizt Hannibal die Römer bis aufs Blut: Nach seinem Plan werden Giftschlangen in Tongefäße eingeschlossen und auf die Schiffe Pergamons geschleudert. Unter der Besatzung bricht eine Panik aus. Bithyniens Sieg steht fest. Pergamon, der Verlierer der Seeschlacht, ist mit Rom verbündet ...

Plutarch schreibt: »Hannibal muß verfolgt, gefangengenommen oder getötet werden, wie ein Vogel, der zu alt ist, um zu fliegen, da er seine Schwanzfedern verloren hat ...«

Im bithynischen Libyssa, wo Hannibal durch Verrat von den Römern aufgespürt wird, begeht er Selbstmord. Er ist 63 Jahre alt. Plutarch überliefert seine letzten Worte: »Es ist nun an der Zeit, die Angst der Römer zu beenden. Sie sind nicht in der Lage, länger auf den Tod eines alten Mannes zu warten, der ihnen so viele Sorgen bereitet hat.«

Heute erinnert eine Büste auf einem Hügel über dem Bosporus an den größten Sohn Karthagos. Aber niemand weiß, wo er wirklich begraben ist.

Der Schreckensruf »Hannibal vor den Toren« ist Vergangenheit. Doch die Angst der Römer vor Karthago lebt auch nach Hannibals Tod weiter. »Im übrigen bin ich der Meinung, daß Karthago zerstört werden muß!« – mit diesem Satz schließt Cato seine Reden vor dem römischen Senat. 146 v. Chr. geht sein Wunsch in Erfüllung: Nach dreijähriger Belagerung erobern und zerstören die Römer Karthago. Sie lassen keinen Stein auf dem anderen. Sie pflügen die Erde um und streuen Salz in die Furchen. Und ihre Priester verfluchen den Ort auf 100 Jahre.

EPILOG

Unter der Eintragung »Palermo, Mittwoch, den 4. April 1787« schreibt Johann Wolfgang von Goethe in seiner »Italienischen Reise«: »Die schönste Frühlingswitterung und eine hervorquellende Fruchtbarkeit verbreitete das Gefühl eines belebenden Friedens über das ganze Tal, welches mir der ungeschickte Führer durch seine Gelehrsamkeit verkümmerte, umständlich erzählend, wie Hannibal hier vormals eine Schlacht geliefert, und was für ungeheure Kriegstaten an dieser Stelle geschehen. Unfreundlich verwies ich ihm das fatale Hervorrufen solcher abgeschiedener Gespenster. Es sei schlimm genug, meinte ich, daß von Zeit zu Zeit die Staaten, wo nicht immer von Elefanten, doch von Pferden und Menschen zerstampft werden müßten. Man solle wenigstens die Einbildungskraft nicht mit solchem Nachgetümmel aus ihrem friedlichen Traume aufschrecken.«

Ob nun dem Geheimrat bei seinen Notizen ein Fehler unterlief oder ob der Führer sich irrte: Es war nicht Hannibal, sondern Hasdrubal, der den Römern bei Palermo unterlag – Hannibal war noch nicht geboren –, was aber auch nicht so wichtig ist (die Historiker mögen verzeihen). Viel bemerkenswerter ist, daß Goethe sich auf seiner Studienreise nicht von längst vergangenen Gemetzeln stören lassen wollte.

48 Hannibal. (Eine Replik der Büste von Capua)

Literaturverzeichnis

Bradford, Ernle: Hannibal. Frankfurt/Main 1986.
Charles-Picard, Gilbert und Colette: Karthago – Leben und Kultur. Stuttgart 1983.
Christ, Karl (Hg.): Hannibal. Darmstadt 1974.
Coninck, Francis de: La Traversée des Alpes par Hannibal. Montélimar 1992.
Cornelius Nepos: De viris illustribus – Biographien berühmter Männer. Stuttgart 1993.
Flaubert, Gustave: Salammbô. Zürich 1979.

Goethe, Johann Wolfgang von: Italienische Reise. Frankfurt/Main 1976.
Güse, Ernst-Gerhard (Hg.): Die Tunisreise – Klee, Macke, Moillet. Stuttgart 1982.
Huß, Werner: Die Karthager. München 1990.
Livius: Römische Geschichte. Buch XXI – XXX, Der Zweite Punische Krieg. Stuttgart 1986.
Moscati, Sabatino (wiss. Ltg.): Die Phönizier. Katalog zur Ausstellung in Venedig. Hamburg 1988.
Polybios: Geschichte. 2 Bde., Zürich 1978.
Rakob, Friedrich: Neue Ausgrabungen in Karthago. Antike Welt, Heft 3, Mainz 1992.
Schmitt, Tassilo: Hannibals Siegeszug. München 1991.
Seibert, Jakob: Hannibal. Darmstadt 1993.

KLEOP

Günther Klein
mit Norbert Dürring

Die Überraschung

Berlin, Antikenmuseum. Das soll Kleopatra sein, die letzte Königin des alten Ägypten? Erstaunt stehen wir vor einem der Prunkstücke der Sammlung, dem Marmorkopf einer jungen Frau. Skeptisch betrachten wir die Einzelheiten: ein kleines, rundes Gesicht unter einem gelockten Haarkranz, den eine breite Kopfbinde begrenzt. Große, runde Augen, ein kleiner, voller Mund und eine schmale, leicht gebogene Nase. Eher Mädchen als Frau.

Dabei glaubten wir bis heute genau zu wissen, wie Kleopatra aussah: eine sinnliche, exotische Schönheit, feine, aristokratische Gesichtszüge, lackschwarzes, glattes Haar unter dem Diadem ihrer Königswürde. Eine verführerische Frau, wie wir sie aus den Filmen mit Claudette Colbert und Liz Taylor kennen. Nichts von alledem in diesem Marmorgesicht. Und wo ist das entzückende Näschen, von dem selbst Asterix so geschwärmt hat?

Erst vor zwei Jahrzehnten tauchte dieser Kopf aus Privatsammlungen wieder im Antikenhandel auf und wurde von der Archäologie nach Münzbildnissen Kleopatra zugeschrieben. Die Handvoll antiker Münzen, die Kleopatra abbilden – mit Namen und dem Titel »Königin« –, weisen eindeutige Parallelen in der Darstellung auf. Da ist die Ähnlichkeit des Gesichts – die vollen Wangen, das Profil mit der leicht gebogenen Nase, vor allem aber das königliche Haarband, nach Maßgabe der Wissenschaft ein königliches Attribut, das nur die Regentinnen der ptolemaischen Spätzeit Ägyptens trugen.

Und von denen, so die Wissenschaftler, kommt letztlich nur Kleopatra als Modell des unbekannten Bildhauers in Frage.

49 Vorhergehende Doppelseite: Kleopatra stammte aus dem Geschlecht der Ptolemaier. Diese Dynastie hat sich in Dendera selbst einen Tempel gebaut, um sich dort verehren zu lassen.

Die späteren Künstler, die über zwei Jahrtausende hinweg in Hunderten von Bildern Kleopatra in allen Posen verewigten, haben sich freilich nicht an die historische Wirklichkeit gehalten: Jede Epoche hat die legendäre Königin vom Nil so gezeigt, wie der Zeitgeschmack es gerade vorgab. Da ist sie als Burgfräulein des Mittelalters mit zwei Schlangen in den Händen abgebildet – wie eine minoische Priesterin. Da hält sie in rauschendem Kleiderprunk mit spitzen Fingern eine riesige Perle – ganz nach barockem Geschmack verschnörkelt luxuriös.

Lasziv hingestreckt als nackte Odaliske und aufgebahrt als wunderschöner Leichnam wird sie im Fin de siècle gemalt. Höchst verwunderlich dabei: Nicht ein einziges gemeinsames Merkmal läßt sich in all diesen Darstellungen ausmachen, als sei die Königin vom Nil nur eine beliebige Phantasie. Wir müssen unsere Spurensuche nach einer der berühmtesten Frauen der Weltgeschichte ganz von vorn beginnen, müssen mühsam die wenigen gesicherten Fakten zusammentragen, die sie und ihre Welt beschreiben. Nur so können wir zum Bild der wirklichen, der historischen Kleopatra kommen.

50 Erst vor zwei Jahrzehnten tauchte dieser Kopf aus Privatsammlungen wieder im Antikenhandel auf und wurde nach Münzbildnissen als Büste Kleopatras identifiziert. Sie ist vielleicht die einzige authentische Darstellung der letzten ägyptischen Königin.

Was weiß man von Kleopatra? Geburt im Jahre 69 v. Chr., Tod durch eigene Hand 39 Jahre später. Als Königin von Ägypten, durch die Verbindung mit zwei großen römischen Machthabern ihrer Zeit, Caesar und Marcus Antonius, versuchte sie ihre Vision von einem griechisch-orientalischen Reich nach dem Vorbild des Alexander-Reiches zu verwirklichen.

Von den Chronisten wird die Königin höchst unterschiedlich beschrieben.

Cassius Dio berichtet:

»Kleopatra war sehr schön und stand in der Blüte des Lebens. Der Laut ihrer Stimme war äußerst lieblich und mußte jeden durch seinen Reiz bezaubern. Ihr Anblick und ihre Rede erweckten einen so tiefen Eindruck, daß sie den kältesten Mann und ärgsten Weiberfeind in ihre Netze zog.«

Zurückhaltender und dabei wohl auch realistischer beschreibt sie Plutarch:

»Ihre Schönheit war, wie man sagt, an und für sich nicht ganz so unvergleichbar noch von der Art, daß sie gleich beim ersten Anblick Aufsehen erregen konnte. Allerdings hatte der engere Umgang mit ihr einen unwiderstehlichen Reiz, und ihre Gestalt, verbunden mit der einnehmenden Unterhaltung und den in ihrem ganzen Betragen sich zeigenden feineren Sitten, machte immer einen tiefen Eindruck.«

51 Der Mythos Kleopatras hat 2000 Jahre lang die Phantasie der Künstler beflügelt. Mose Bianchi hat sie im vorigen Jahrhundert als laszive Verführerin gemalt.

Shakespeare schließlich – historisch schon fast zwei Jahrtausende entfernt – schwärmt verklärt:

»Sie macht das Alter
nicht welk, noch täglicher Genuß ihr stumpf
den Reiz, den immer neuen. Andre Weiber
sättigen die Lust gewährend, sie macht hungrig
je reichlicher sie schenkt, denn das Gemeinste
wird so geadelt, daß die heiligen Priester
sie segnen, wenn sie buhlt.«

Was von alledem stimmt wirklich? Wer war Kleopatra?

Paläste am Meeresgrund

Alexandria, Ägypten. In flirrender Hitze dümpelt unser gemietetes Fischerboot in langsamer Fahrt am Rande des großen Halbkreises der Hafenbucht dahin. In der engen Kajüte stehen wir dicht gedrängt um ein Gerät, über dessen Monitor eine gleichmäßige Linie zieht: das Profil des Meeresbodens in zehn Metern Tiefe. Plötzlich ein Ausschlag. Das Echolot zeigt ungewöhnliche Erhebungen auf dem Hafengrund an. Wir wenden und kreuzen ein paarmal über dieser Stelle: das gleiche Ergebnis. Professor Jean-Yves Empereur, der in jahrzehntelanger Arbeit als Archäologe in Alexandria ein Gespür für aussichtsreiche Fundstellen in dieser Region entwickelt hat, schaut auf seine Karte und läßt den Anker werfen.

Wir haben den französischen Wissenschaftler für einen Tauchgang gewinnen können, auf dem wir nach den Resten der Palastinsel Kleopatras suchen wollen, die sich hier – nach dem Absinken des Meeresbodens vom Wasser des Mittelmeeres schon seit Hunderten von Jahren überspült – befinden muß.

Die Ausrüstung wird angelegt, die kleine Tauchkamera überprüft, und wir lassen uns in das warme Wasser gleiten. Der vom Sturm der letzten Tage aufgewirbelte Sand hat sich noch nicht wieder gesetzt und beeinträchtigt die Sicht unter Wasser, aber unübersehbar ist das, was sich unseren Augen auf dem Hafengrund bietet: ein Wald von übereinandergestürzten, algenbewachsenen Säulentrommeln. Riesig müssen diese Gebäudeanlagen gewesen sein, die noch im frühen Mittelalter über der Wasserlinie zu sehen waren. Sockel, Fundamente, Rampen, die Unterseite einer umgestürzten Sphinx – zum ersten Mal wird diese versunkene Welt auf Film gebannt. Vorsichtig kratzen wir mit dem Messer ein paar Algen vom Stein, um die Dicke des Bewuchses und die Erhaltung der Steinoberfläche zu prüfen – sonst verändern wir nichts. Es muß Aufgabe zukünftiger wissenschaftlicher Expeditionen sein, diese archäologischen Schätze wissenschaftlich zu erkunden und zunächst Lage und Erhaltungszustand genau zu erfassen.

Doch auch wenn wir bei unserem Tauchgang weder Gold noch Juwelen finden: Diese Begegnung gibt uns das Hochgefühl großer Entdecker.

Denn wir wissen jetzt: Hier irgendwo – vor gut zwei Jahrtausenden – muß es gewesen sein, als Kleopatra mit dem mächtigsten Mann ihrer

52 Der Meeresboden des antiken Alexandria hat sich gesenkt. Die Reste der Palastinsel der Kleopatra können heute nur noch von Tauchern aufgesucht werden.

Zeit zusammentraf. Hier begann die Geschichte von Caesar und Kleopatra; hier entspann sich eine Liebesstory, deren katastrophaler Ausgang die weitere Entwicklung der Weltpolitik in entscheidendem Maße bestimmt hat.

EIN GLÜCKSFUND

Wie war das damals im Oktober des Jahres 48 v. Chr., als Caesar an dieser Küste landete und zum ersten Mal ägyptischen Boden betrat? Als er seinen Schritt in die Stadt setzte, die zu seiner Zeit als die Kulturmetropole der Welt galt, als »goldene Stadt« schlechthin.

Alexandria war die Weltstadt des Luxus und des verfeinerten Lebens, und Ägypten hing schon damals der jahrtausendealte Ruf an, das Land zu sein, in dem Milch und Honig fließen.

Wie mag der Soldat Caesar – eher das Leben im Feldlager als das in Palästen gewohnt – die delikat-luxuriöse Kleopatra erlebt haben? In einen Teppich gewickelt – so erzählt die Legende – soll sie ihm vor die Füße gelegt worden sein. Ein erotisches Geschenk? Der ausgeklügelte Trick einer kaltblütigen Politikerin? Oder die Raffinesse einer liebessüchtigen Femme fatale?

***53** Wir stehen vor einer Säule des einstigen Caesareums von Alexandria, auch Sebasteion genannt. Der Tempel ist die Liebesgabe Kleopatras im Gedenken an den Vater ihres Sohnes Kaisarion.*

Die antiken Schriftsteller beschimpfen Kleopatra als »königliche Dirne aus dem sittenlosen Kanopus«, als »schamlose Buhlerin« und »trinkende Mänade«. Das freilich sind überwiegend Urteile von Römern; Urteile von Menschen, die Angst haben; Angst vor der »ägyptischen Schlange«, vor der fremden Herrscherin, die der politischen Elite in Rom den Kopf zu verdrehen versteht und das Römische Reich in ihre Interessen einzuspinnen versucht. Die zornige Färbung des Tonfalls macht schnell klar: Solche Urteile über Kleopatra sind nicht frei von Antipathie. Es sind Vorurteile, bei denen man sehr genau prüfen muß, wer sie warum ausspricht.

54 ***Vor uns liegt eine riesige Baugrube, die die Fundamente und Kellergeschosse eines Neubaus aufnehmen soll. In zehn Metern Tiefe entdeckte man die Reste das Sebasteions.***

Doch bevor wir uns mit diesen historischen Belegen über Kleopatra intensiver beschäftigen können, erhalten wir eine Nachricht von Jean-Yves Empereur. Er bietet uns an, bei der Bergung eines wichtigen Fundstücks aus der Zeit unserer Königin dabeizusein, und wir brechen hastig mit unserer Ausrüstung auf. Wir haben uns auf eine längere Fahrt eingerichtet und sind daher überrascht, als der Fahrer nur ein paar Straßenzüge von unserem Hotel entfernt durch die Lücke eines Bauzauns in einen Hof einbiegt.

Vor uns liegt eine riesige Baugrube, die die Fundamente und Kellergeschosse eines Neubaues aufnehmen soll. Aber bevor Gerüstbauer und Betonierer Einzug halten, nutzt Professor Empereur die Gelegenheit, um im Stadtzentrum nach archäologischen Spuren zu suchen.

Dort am Fuß der Baugrube in zehn Metern Tiefe steht er mit gut zwei Dutzend Arbeitern vor einem Fund, der eben mit Stricken und Muskelkraft dem Lehmboden entrissen wird: ein tonnenschweres Säulenteil, das noch bis zur Hälfte im Erdreich steckt. Das Besondere: deutlich ist schon jetzt die griechische Beschriftung zu lesen, darunter die Worte »CEBASTEON EIKON« – sozusagen die antike Adresse des Platzes. Ganz offensichtlich stehen wir vor einer Säule des einstigen Caesareums von Alexandria, das hier – so beweist der Säulenfund – zu Kleopatras Zeiten hoch aufragte.

Was war das Caesareum? Von Kleopatra begonnen, von Octavianus vollendet, war diese Anlage – geschmückt mit zwei aus dem fernen Heliopolis herangeschafften Obelisken, den berühmten »Nadeln der

Kleopatra«, die heute in London und New York stehen – eines der Wahrzeichen der antiken Stadt, in griechischer Architektur und pharaonischen Ausmaßen.

Hoch über dem Hafen gelegen, bot es einen herrlichen Anblick. Der Chronist Philo beschreibt das Bauwerk so:

»Es gibt keinen Tempel in der Welt wie diesen, SEBASTEION genannt, den Tempel Caesars, Patrons der Seefahrer. Dieser sehr große und bemerkenswerte Tempel, dessengleichen sich an keiner anderen Stelle findet, erhebt sich majestätisch über den sichersten Häfen. Er ist voll von Votivgaben: Bildern, Statuen und Objekten aus Silber und Gold. Er liegt in einem ausgedehnten Bezirk und ist versehen mit Säulenhallen, Bibliotheken, Unterkünften, heiligen Grotten, Toreingängen, weiten Räumen und zum Himmel offenen Hallen – mit einem Wort: mit der prächtigsten Ausstattung. Er ist der Hort der Sicherheit für beide: den, der sich hier einschifft, und den, der von der Reise zurückkehrt.«

Nicht immer werden die Archäologen so fündig wie an diesem Tag. Gut ein halbes Jahr hat man auf dem Gelände nach archäologischen Beweisen dieses Kalibers gesucht.

Nun ist ein bedeutender archäologischer Beweis erbracht, und wir hatten das Glück, Zeugen der Bergung zu sein und mit eigenen Augen zu sehen, wie die wenigen Belege aus der Zeit Kleopatras um ein weiteres, aussagekräftiges Stück vermehrt wurden: das Caesareum, Liebesgabe der Königin im Gedenken an den Vater ihres Sohnes Kaisarion. Eine kleine Sensation für die Wissenschaft – gleich hinter der Schutzwand einer Baugrube, mitten im pulsierenden Zentrum Alexandrias, der goldenen Stadt. Ein Glücksfund, eine antike Überraschung, die uns Alexandria kurz nach unserer Ankunft schenkt, so als ob die Stadt uns ermuntern möchte, in ihren Straßen weiter nach Kleopatras Welt zu suchen.

DIE GOLDENE STADT

Alexandria, der Hafen am Nachmittag. Wir sind bis zur Spitze der Halbinsel hochgefahren, die als natürliche Mole das Becken des Westhafens einfaßt. Zu Füßen des Forts, das die Hafeneinfahrt bewacht, blicken wir über die Bucht auf die Skyline der Stadt. Die tiefstehende Sonne verwandelt das kaum bewegte Wasser in fließendes Gold, das

55 ***In Alexandria befand sich die bedeutendste Bibliothek der Antike. Abertausende solcher Schriftrollen mit dem ganzen Wissen der Antike waren hier versammelt – verschollen, für immer.***

von den Bauten über dem weiten Bogen der Corniche, der Küstenstraße, widerscheint.

Zu anderen Tageszeiten, wenn die Sonne höher steht, ist sie immer noch die weiße Stadt, die Steingebaute. Schon in der Antike bewunderten die Besucher die reiche Architektur der Bauwerke: Dies war eine Stadt mit Häusern, die so ganz anders waren als die getünchten Lehmbauten ihrer Heimatorte.

Die erste Begegnung mit der Millionenstadt und ihrem Reichtum muß auch auf Caesar und seine Soldaten wie ein Schock gewirkt haben. Denn das Rom Caesars kann Alexandria nicht das Wasser reichen; es ist eine lehmgebaute Stadt, ein Dorf, das sich allzuschnell zur Weltmetropole aufblähte. Die prunkvollen Großbauten am Forum Romanum, die heute die Touristen bestaunen, stammen alle erst aus der Zeit der späteren römischen Kaiser. Caesars Rom ist nicht prachtvoll, eher eine planlose Katastrophe: enge Gassen, Baufälligkeit, Gestank, Seuchen. Hier in Alexandria sieht Caesar – vielleicht zum erstenmal in seinem Leben – großzügig angelegte Straßen, die Stadtviertel wohlgeplant durchschneiden. Gewaltige Bauwerke, wie der Stadttempel, das Serapeum, thronen als Wahrzeichen über der Stadt, wie auch der berühmte Pharos-Leuchtturm über dem Hafen – das siebte Weltwunder. Und alle Tempel, alle Häuser, alle Mauern – alles ist tatsächlich aus Stein gebaut!

Unter dem betäubenden Eindruck des ägyptischen Glanzes beginnt Caesar, Baupläne für ein neues, großartiges Rom zu entwerfen. Alexandria – ein Stachel für die Fantasie des Imperators.

Und dann die Erkenntnis, daß sich hier alles versammelt hat, was in der Wissenschaft und den schönen Künsten Rang und Namen hat! Schon der Ur-Ur-Großvater Kleopatras, Ptolemaios II., hatte Alexandria zu dem gemacht, was Caesar jetzt vorfindet: Dem Pharos-Leuchtturm steht die Bibliothek gegenüber, in der sich in Abertausenden von Schriftrollen das ganze Wissen der antiken Welt bündelt. In den Tempel- und Profanbauten der Palaststadt wirken Gelehrte aus allen Teilen des Erdkreises. Wissen wird hier geradezu angehäuft – universales Wissen. Denn noch sind Wissenschaft und Kunst nicht getrennt, noch fehlt die Spezialisierung in einzelne Disziplinen, wie wir sie heute kennen: So kann der Philosoph zugleich seine Fähigkeiten als Mathematiker, Redner und Konstrukteur von Kriegsmaschinen aufzeigen, der Dichter sich auch als Stratege und begnadeter Sänger beweisen. Rund um das Mittelmeer gibt es keine Berühmtheit, die man nicht abzuwerben versucht hätte. Man lockt mit einem reichen Leben auf Staatskosten, offeriert unbegrenzte Forschungsmöglichkeiten – und viele pilgern zu diesem Olymp der Gelehrsamkeit: Philosophen, Dichter, Redner, Musiker, Bildhauer, Maler. Glückliches Alexandria.

56 Alexandria war die Metropole der Alten Welt. Liebe war käuflich zu erwerben, Märkte, Läden, Garküchen und Tavernen boten dem Gast alle erdenklichen Genüsse und Handelsgüter.

57 So könnte Kleopatras Teppich ausgesehen haben.

Wie kläglich ist dagegen das Leben in Rom, in dem sich schon kultiviert fühlt, wer einen Griechen – in römischen Augen Garant für Kultur – als Lehrer im Haus hält.

Und noch etwas muß Caesar aufgefallen sein: Während sich in seiner Heimatstadt der Senat kaum des Pöbels erwehren kann, das Reich in Bürgerkriege verstrickt ist, leben hier Menschen aus aller Herren Länder einträchtig wenn nicht mit-, so doch zumindest nebeneinander. Die Stadt ist in Quartiere aufgeteilt und bietet dem Gast und Besucher auf Märkten, in Läden, Garküchen und Tavernen eine Auswahl aller erdenklichen Handelsgüter und Genüsse. Alexandria ist ein multikultureller Schmelztiegel. Der die entferntesten Winkel der Welt erfassende, gewinnträchtige Handel und das Zugeständnis vieler Vorteile und Privilegien vereinen zufriedene Bürger in einer reichen Stadt.

AUFTRITT EINES SCHWERENÖTERS

Nicht nur die Jagd nach seinem Rivalen Pompeius hat Caesar nach Ägypten getrieben, es ist vor allem die immerwährende Suche nach Geld, die ihn im Oktober des Jahres 48 v. Chr. in Alexandria landen läßt. Denn Geld ist es, was er jetzt am dringendsten benötigt, Geld, mit dem er seine Soldaten beruhigen muß, Geld, mit dem er seine Situation verbessern kann.

Die ist durchaus mißlich: Erst hatte sich das Triumvirat Caesar, Crassus und Pompeius zerstritten, dann steigerte sich der Zwist zum Bürgerkrieg und verschlang das Vermögen des Iuliers. Jetzt murren die

Soldaten: Für Rom haben sie unter seiner Führung Spanien und Gallien befriedet und erobert. Damals haben sein Auftreten, seine Kriegskunst und die gemeinsam errungenen Erfolge sie so für ihn eingenommen, daß sie sich ihm mit Leib und Leben verschrieben. Sie überschritten mit ihrem Idol den Rubikon und zogen gegen Rom selbst, um seine – und damit auch ihre – Ansprüche gegen den Senat durchzusetzen. Der Schachzug gelang auch, aber wo blieb der endgültige Erfolg? Nach langer Abwesenheit von zu Hause wollen die Soldaten sich endlich in der Geborgenheit ihrer Familien ausruhen, ihr Leben neu ordnen. Doch das ist nur den wenigen Veteranen vergönnt, die aus Altersgründen aus dem Kriegsdienst ausscheiden: Sie werden reich mit Geschenken und Land bedacht. Alle anderen sehen sich jetzt auf einer offenbar endlosen Rundreise durch das riesige Römische Reich: Pompeius und seine Anhänger werden gejagt, und in fast allen Provinzen kommt es zu Scharmützeln, Kleinkriegen ohne Ende, Römer gegen Römer.

Caesars Soldaten lernen, was es heißt, statt Senatsbeschlüssen den Ambitionen, Launen und Kapriolen eines einzelnen folgen zu müssen – und ihnen ausgeliefert zu sein. Seit dem Gallienfeldzug hat sich Caesar verändert – und mit ihm seine Soldaten. Im afrikanischen Thapsus laufen sie ihm aus dem Ruder: Nach dem Sieg gegen einen übermächtigen Gegner – wieder sind es Gefolgsleute des Pompeius – steigern sie sich in einen Blutrausch, der vor nichts und niemandem haltmacht. Verwundete werden massakriert, alte Rechnungen werden beglichen, der kleine Soldat nimmt die Gelegenheit wahr, sich im Schutz des Massakers an seinen Vorgesetzten für erlittene Schmach zu rächen – und Caesar muß zusehen, muß die Verwilderung der Sitten dulden.

58 Im Berliner Pergamon-Museum steht das wohl beeindruckendste Porträt Caesars.

Krieg ist zur Gewohnheit geworden, Caesars Soldaten – eine kaum zu bändigende Meute.

Rom wird Thapsus nicht vergessen, und Caesar erkennt, daß es an der Zeit ist, seinen Soldaten die wohlverdiente Ruhe zu gönnen, auf die sie seit Jahren warten – ebenso wie auf die reiche Beute, den meß- und zählbaren Erfolg für ihre Loyalität.

Daher muß diese letzte Aktion Erfolg – und das heißt vor allem: Geld – bringen. Die Chancen stehen nicht schlecht. In Ägypten ist ein bürgerkriegsähnlicher Streit zwischen den beiden Regenten-Geschwistern Ptolemaios und Kleopatra ausgebrochen, der die hohen Schulden- und Tributzahlungen des reichen Landes an Rom gefährdet. Wie sein zum Feind gewordener Partner Pompeius hatte Caesar die Regentschaft des Ptolemaios Auletes, des Vaters der nun Streitenden, mit seinem Schutz garantiert. Schon damals nicht umsonst, versteht sich: Für eine Summe, die fast den Steuereinnahmen eines ganzen Jahres entsprach, hatte der König die Unterstützung der beiden großen Männer Roms erkauft. Die innenpolitische Unruhe aber stellt die Tributzahlungen in Frage – ein Fall für römische Soldaten.

Als Caesar mit seinem kleinen Heer in Alexandria eintrifft, ist die Lage bereits gespannt und unübersichtlich. Kaum gelandet und im Quartier der römischen Garnison am Hafen, kreisen ihn die Truppen des Ptolemaios unter dessen griechischem Generalissimus Achillas ein. Ob zu seinem Schutz oder in feindlicher Absicht, bleibt zunächst unklar – eine heikle Situation.

Der Teppich

Ob sich die erste Begegnung Kleopatras mit Caesar wirklich so abspielte, wie uns die berühmte Teppichlegende weismachen will, ist unsicher. Allerdings ist diese Geschichte viel zu ausgefallen, um nicht wahr zu sein, und die Königin mußte irgendwie durch die feindlichen Reihen ihres Bruders, die das Quartier der römischen Gesandtschaft umstellt hatten, hindurchgelangen. Warum nicht in einen Teppich eingerollt?

Als sie Caesar aus ihrem originellen Versteck vor die Füße gleitet, bringt sie ihn damit in eine schwierige Lage: Erwartungsvoll liefert sich ihm eine hübsche, junge Frau aus, die all ihre Reize ausspielt, um den ersten Eindruck, den er von ihr gewinnen soll, zu einem überwältigenden zu machen. Caesar wird – seinem Charakter gemäß – dieser Versuchung nicht viel Widerstand entgegengesetzt haben, in diesem Fall so wenig wie in vielen anderen.

»Städter, hütet eure Weiber! Den kahlen Buhler führen wir her. Gold verhurtest du in Gallien, das du hier gepumpt hast«, grölten seine Soldaten schon beim gallischen Triumph in Rom. Caesar eilt der Ruf eines Schwerenöters voraus. Stets hat er seine Gunst großzügig an die Damen der Oberschicht verschenkt, und er legt sich auch bei seinen Feldzügen den Landeskindern gegenüber keine Zurückhaltung auf – in Spanien nicht, nicht in Gallien und schon gar nicht jetzt im goldenen Ägypten.

Problematisch die politische Konsequenz. Caesar weiß: Wenn er die Königin in seinem Quartier aufnimmt, bezieht er damit eindeutig Stellung für sie und greift in die inneren Angelegenheiten des Staates ein, dessen Gast er bisher noch ist.

Allzulange wird er nicht überlegt haben, und es bedurfte auch sicher keiner hinterhältigen Zauberkräfte, die der Königin später nachgesagt werden: Die Affäre beschert dem alternden Caesar einen neuen Frühling und endet – so berichten die antiken Schriftsteller – mit der offiziellen Einsetzung Kleopatras als Alleinherrscherin in Ägypten. So einfach kann Politik sein.

Im Berliner Pergamon-Museum steht das wohl beeindruckendste Porträt Caesars. Er hat sich mit schmalem, markantem Gesicht abbilden lassen – ganz der überlegene, ehrgeizige Weltenherrscher – und macht damit die Nachwelt vergessen, daß er mit Epilepsie, Zahn- und Haarausfall geschlagen war und nunmehr bereits 52 Jahre zählte, für antike Verhältnisse also fast ein Greis war.

Der Chronist Sueton berichtet über ihn:

»Seine Hautfarbe war weiß, er hatte kräftige Glieder, ein etwas zu volles Gesicht und schwarze, lebhafte Augen. Seine Gesundheit war gut, nur hatte er in den letzten Zeiten seines Lebens an plötzlichen Ohnmachten zu leiden und pflegte von unruhigen Träumen heimgesucht zu werden. Zweimal erlitt er bei öffentlichen Versammlungen auch Anfälle von Epilepsie.

In der Körperpflege war er fast zu eigen: Er ließ sich nämlich nicht nur regelmäßig die Haare schneiden und rasieren, sondern – wie man ihm zum Vorwurf machte – sogar die einzelnen Haare am übrigen Körper auszupfen. Am meisten störte ihn seine entstellende Glatze, die oft Zielscheibe des Spotts seiner Gegner war. Daher hatte er die Gewohnheit, seine spärlichen Haare vom Hinterkopf her über den Scheitel nach vorn zu kämmen.«

Caesar, ein eitler, alternder Gockel, als Supermann in den Armen einer einundzwanzigjährigen Königin. Kein orientalisches Märchen, sondern Realpolitik.

EINE LIEBESREISE

Der Nil. Kleopatra umgibt Caesar nun mit all der Pracht ihres Reiches, und er erliegt wohl nur zu gern dem süßen Nichtstun: Ein Hang zum Luxus des Orients war bei dem Genußmenschen Caesar stets vorhanden, ließ sich aber im Sitte und Anstand heuchelnden Rom der späten Republik nicht ausleben. Zur Regierungszeit des Kaisers Nero, als sich der römische Geschmack in ähnlicher Weise »verfeinert« hatte, beschreibt der Dichter Lucanus ein Liebesmahl der Kleopatra:

59 Kleopatra begibt sich mit Caesar auf eine zweimonatige Reise entlang des Nils, zu den Zeugen des uralten Pharaonenreiches. Tief beeindruckt erlebt der römische Herrscher die Pyramiden, Memphis und Theben.

»Gewaltigen Reichtum stellt Kleopatra zur Schau
Und eine Pracht, die man in Rom nicht kannte.
Die Halle, wie ein Tempel weit, war mit dem größten Luxus
ausgestattet.
Die Decke reich geschmückt, die Sparren schwer vergoldet,

Die Wände aus poliertem Marmor, nicht nur mit Platten
Belegt, sondern aus edlem Porphyr und Achat.
Der Fuß berührte Alabaster in der ganzen Halle.
Die Türen waren ganz aus Ebenholz von Meroe und nicht
Nur überzogen mit diesem schönen Material.
Um das Portal Schnitzwerk aus Elfenbein,
Indisches Schildpatt, handbemalt, die Türen eingelegt
Mit kostbaren Smaragden, Halbedelsteine an der Sitze Lehnen.
Feine Jaspisschalen füllten die Tische.
In Tyros in vielen Bädern gefärbte farbenfrohe Decken
Lagen auf den Sofas und dazu andere aus Goldbrokat
Oder in leuchtend sattem Purpur, nach ägyptischer Art gewebt.«

Kleopatra begibt sich mit Caesar, dem Liebhaber und Garanten ihrer Macht, auf eine Reise entlang des Nils, zu den Zeugen des uralten Pharaonenreiches. Eine Liebesreise, aber auch eine Zurschaustellung ägyptischer Überlegenheit: »Sieh her, Caesar: Das ist das Traumland Ägypten, und ich bin seine Königin.«

Ahmt sie damit die Tributfahrten der alten Könige oder die Siegesreise Alexanders des Großen nach der Befreiung vom persischen Joch nach? Das Paar gibt sich auf der Reise seinen Träumen hin, die verschieden und doch so ähnlich sind: Caesar sieht sich dem von ihm verehrten Alexander immer ähnlicher werden, die Alleinherrschaft über das Weltreich scheint zum Greifen nah. Und Kleopatra scheint ihr Ziel zu erreichen, den ersten Mann Roms für ihre Vision von einer Weltregentschaft unter ihrer beider Führung gewonnen zu haben. Ehrgeizige Träume von Ruhm und Macht sind es, die das Paar vereinen.

Man reist höchst luxuriös in einem 120 Meter langen, schwimmenden Palast, wie ihn der antike Schriftsteller Kallixeinos beschrieben hat: zwölf Meter hohe Aufbauten aus Ebenholz, Beschläge aus Gold und Silber, ein kleines, seidenes Segel. Begleitet und gezogen wurde dieses Wunderwerk der antiken Technik von Ruderbooten.

Fast zwei Monate lang ruht die Weltpolitik, ist der mächtigste Mann der Welt Tourist. Caesar besucht die Pyramiden, sieht das alte Memphis, das große Theben – und wird angesichts dieser Pracht kleiner und kleiner, ein Opfer seines nagenden Ehrgeizes. Er soll vor Scham geweint haben, als er seine Taten mit denen der alten Könige Ägyptens verglich, und diese Reise wird nachhaltige Spuren hinterlassen: Was

60 Auch in Pompeji liebte man den exotischen Reiz des Nils. (Mosaik)

Caesar hier erlebt, wird in der kurzen Zeitspanne, die ihm noch bestimmt ist, in Rom zu zahlreichen Reformen führen, zur Verschönerung und Vergrößerung der Stadt und zur Planung einer umfassenden Umgestaltung ihres Umlandes. So will er – nach dem Vorbild der Drainage des einst Alexandria umgebenden Sumpfgürtels – die Pontinischen Sümpfe vor den Toren Roms trockenlegen, ein gewaltiges Vorhaben, das tatsächlich erst Anfang unseres Jahrhunderts gelungen ist.

Schließlich kommt man nach Dendera. Hier hat sich die Ptolemaier-Dynastie selbst einen Tempel gesetzt. Geweiht ist er der Liebesgöttin Hathor, der Göttin mit den Kuhohren – ein Ort der Vergöttlichung des Ptolemaier-Geschlechts. Ungekannt sind für den Römer die Dimensionen des Haupttempels, unvorstellbar das, was hier geschieht: Kleopatra wird als Göttin verehrt – schon zu Lebzeiten! Von einer solchen Ehre kann Caesar nur träumen. Das republikanische Rom hat selbst für Männer wie ihn nur irdischen Ruhm zu bieten. Kleopatra aber wird sich auf der Tempelrückseite in Stein verewigen lassen, in Haltung und Ornat so, wie jahrtausendelang die Herrscher Ägyptens, die Pharaonen, abgebildet wurden. Und an ihrer Seite, in ebenso traditioneller Pose, wird die Frucht dieser Liebesreise in den Stein gemeißelt: ihr Sohn Kaisarion.

Noch immer ist es unter den Wissenschaftlern unserer Tage umstritten, ob dieses Kind wirklich der leibliche Sohn Caesars war. Man

61 Im Tempel von Dendera wird Kleopatra nach Ptolemaier-Tradition schon zu Lebzeiten als Göttin verehrt.

unterstellte der Königin, sie habe es – nur ein raffinierter Trick der machthungrigen Politikerin – dem Römer untergeschoben, um ihn noch enger an sich zu binden. Vergessen wird dabei freilich, daß die Ptolemaier in einem geschlossenen, vergöttlichten Familienkreis lebten und sich ihre Partner stets unter ihresgleichen suchten. Allein gleichrangige Partner wie die zum größeren Familienkreis gehörenden Herrscher der Diadochenstaaten waren akzeptabel – und wohl auch ein Mann wie Caesar, der ungekrönte Herrscher Roms. Diesem, so heißt es dann wiederum, sei auf Grund seiner diversen Krankheiten die Zeugungskraft abhanden gekommen. Eine paradoxe Behauptung, führt man sich den üblen Ruf sexueller Zügellosigkeit vor Augen, der ihm vorauseilte.

Außer ihm findet sich zu dieser Zeit tatsächlich kein Mann in der Nähe Kleopatras, dem man die Vaterschaft anhängen könnte. Und so hat es später doch wohl auch der ärgste Feind des Paares, Octavianus, gesehen. Er bestätigt die Abstammung des Kindes indirekt, wenn er 18 Jahre später, nach seinem Sieg über Antonius in Aktium, in Kaisarion eine latente Konkurrenz sieht, eine Gefahr für seinen Herrschaftsanspruch, der er dadurch begegnet, daß er den Jüngling kurzerhand ermorden läßt. All dies macht wahrscheinlich, was freilich auch die antiken Schriftsteller nicht beweisen, sondern nur behaupten konnten: daß Kaisarion tatsächlich der leibliche Sohn Caesars und Kleopatras war.

Schnitzeljagd

Tuna el-Gebel, Mittelägypten. Unsere Suche nach Kleopatras untergegangener Welt gerät langsam zur »Schnitzeljagd«. Die Zielpunkte auf unserer Ägypten-Karte sind über das ganze Land verstreut, denn wir wollen uns nicht auf Fotos, Reproduktionen und Berichte verlassen, sondern selbst, vor Ort, einen Eindruck von den wenigen erhaltenen Originalen aus Kleopatras Zeit gewinnen.

Nach beschwerlicher Fahrt in brütender Hitze haben wir die Anlage des Petosiris-Grabes von Tuna el-Gebel erreicht. Ein großer Grabtempel mitten in der Wüste. Ägyptologen der Universität München erforschen seit Jahren dieses Baudenkmal, das wie kein anderes in seinen Reliefs den Mischstil des letzten Jahrhunderts vor der Zeitenwende dokumentiert. Es ist ein einzigartiges Monument, das einen authentischen Bildreport des Alltags zur Zeit Kleopatras birgt. Die szenischen Darstellungen auf den Grabwänden entsprechen der ägyptischen Tradition: Die ganze Welt wird abgebildet. Da sichelt ein Landmann in überschweren Ähren gereiftes Korn, da kalbt eine Kuh, Trauben werden gelesen, eingebracht und gekeltert, Most wird in Krüge gefüllt. Handwerker fertigen Gebrauchsgegenstände, aber auch wertvolles Tempelgerät und Statuen. Sinn dieses Bilderkosmos: Die Alltagswelt sollte möglichst umfassend in das Jenseits mitgenommen werden. Eine uralte ägyptische Grabtradition. Doch im Gegensatz zur gewohnten pharaonischen Darstellungsmanier mit den vorgegebenen Szenen und den immer gleichen Haltungen und Gesten scheint hier alles voller Lebenskraft zu sein: Die Abgebildeten werden individuell dargestellt, ihr Handeln in den einzelnen Szenen wird in der Grabdekoration zu einem großen, lebendigen Zeitbild zusammengefaßt. Besonders auffällig ist dabei die plastisch-muskulöse Abbildung der Körper: Es sind wahre Athletenfiguren mit schwellenden Muskeln, wie wir sie von den Darstellungen auf griechischen Bildamphoren kennen.

62 ***Auf der Rückseite des Tempels von Dendera erscheint Kleopatra in Haltung und Ornat so, wie jahrtausendelang die Pharaonen abgebildet wurden (links). An ihrer Seite steht Kleopatras und Caesars gemeinsamer Sohn Kaisarion (rechts).***

63 Relief im Petosiris-Grab von Tuna el-Gebel: Handwerker fertigen Gebrauchsgegenstände, aber auch wertvolles Tempelgerät und Statuen. Die Alltagswelt soll möglichst ins Jenseits mitgenommen werden.

Wir kennen auch den Grund für diese neue Darstellungsweise: Schon drei Jahrhunderte vor der Errichtung des Petosiris-Grabes ist mit dem großen Alexander hellenistische Kultur nach Ägypten gekommen. Ausgehend von den vielen griechischen Siedlungen im Lande, wird das alte Ägypten bald mit dem Neuen, Fremden konfrontiert. Die beiden Vorstellungswelten – altes Ägypten und moderner Hellenismus – werden angeglichen und verknüpft, und es ensteht ein ägyptisch-griechischer Mischstil, der die Kunstlandschaft der nächsten Jahrhunderte prägt, vor allem die Spätzeit unter Kleopatra.

Zwar ist der Makedone Alexander als fremder Eroberer in das Land eingezogen, dennoch wird er jubelnd von der einheimischen Bevölkerung empfangen: Sein Sieg über die Perser bei Issos im Jahre 333 v. Chr. bedeutet für die Ägypter die Befreiung von einer äußerst drückenden Fremdherrschaft. Alexander hingegen versteht es, wie alle seine Nachfolger, seine Welt mit den ägyptischen Traditionen zu verknüpfen. Indem er sich dem Orakel von Siwa anvertraut, wird er für die Ägypter zur Inkarnation des Orakelgottes Ammon und geht, auf Münzen und Reliefs mit den Widderhörnern dieser Gottheit dargestellt, in das ägyptische Pantheon ein.

Kleopatra eifert ihrem Ahnherrn noch perfekter als alle ihre Vorgänger nach: Von allen Nachfolgern Alexanders in Ägypten ist nur sie in der Lage, die heiligen Zeichen, die Hieroglyphen, zu lesen und sich mit ihren Untertanen in der Landessprache zu verständigen. Daneben spricht sie jede Menge anderer Fremdsprachen. Kleopatra – eine hochintelligente Frau, die Tradition und Gegenwart zu vereinen versteht.

Zur leibhaftigen Ägypterin wird sie damit allerdings nicht: »Kleopatra«, so hatte uns schon Professor Empereur beim Abschied in Alexandria gesagt, »sah bestimmt nicht wie eine Ägypterin aus. Vielleicht hat sie helles Haar gehabt und blaue Augen – eben ganz wie eine Griechin damals aussah.«

Und dann hatte der Professor noch hinzugefügt:

»In einem Punkt war sie bestimmt ein typischer Sproß ihrer makedonischen Dynastie: in ihrem Verhalten. Genauso rücksichtslos, ehrgeizig und machthungrig wie ihre Vorväter. Geschwisterheirat und Verwandtenmord – das war damals gängige Familienpolitik. Eine ziemlich schreckliche Familie ...«

Berühmt und berüchtigt: Kleopatras Ahnen

Ptolemaios, der Sohn des Lagos, hatte sein Bestes gegeben für seinen Freund, Verwandten und Feldherrn, den großen Alexander. In vielen gemeinsam geschlagenen Schlachten erwarb er sich – zusammen mit seinen Generalskollegen – ein Anrecht darauf, nach dem frühen Tod seines Herrschers bei der Teilung der eroberten Welt mitzureden. Wir wissen nicht, ob er schon auf Alexanders Ägyptenfeldzug ein Auge auf das reiche Land am Nil geworfen hatte, aber nun nach dem Tode des großen Alexander, der bereits mit 33 Jahren, wohl an Malaria, stirbt, streitet er mit den anderen Diadochen um diesen Teil des Erbes. Als Satrap (Statthalter) von Ägypten nimmt er 305/304 v. Chr. die Königswürde an, um den Tendenzen, das riesige Alexander-Reich wiedererstehen zu lassen, die Unabhängigkeit Ägyptens entgegenzustellen und seine eigene Macht dauerhaft zu etablieren. Ptolemaios I. macht sich damit zum Herrscher Ägyptens und versteht es, die neuen Untertanen für sich einzunehmen, obwohl sich seine Herrschaft auf eine rein griechische Oberschicht stützt. Doch geschickt bezieht er den ägyptischen Adel in die Verwaltung des Staates ein, bestätigt Landschenkungen früherer Herrscher an die Priesterschaft und be-

64 Zwar ist der Makedone Alexander »der Große« als Eroberer nach Ägypten gekommen, doch er wird von der einheimischen Bevölkerung jubelnd empfangen. Er wird zu Kleopatras Ahnherr. Sein Leichnam liegt in Memphis begraben. (Alexandermosaik aus Pompeji, 2. Jh. v. Chr.)

teiligt sich am Neubau und an der Restaurierung von Tempeln. Sein kluges Verhalten Ägypten gegenüber beweist er besonders durch die Überführung der Leiche Alexanders des Großen in die alte Reichshauptstadt Memphis, der er dadurch seine Reverenz erweist. Seine Nachfolger werden ihren Ahnherrn später in einen prächtigen, in der Antike vielbesuchten und jetzt verschollenen Grabbau in ihrer Hauptstadt Alexandria umbetten. Mit der Einführung des Serapis-Kultes, des »Staatsgottes«, der ebenso Eigenschaften des Totengottes Osiris wie die des Stiergottes Apis zeigt, eint er Ägypter und Griechen. Eine kluge Politik der Harmonisierung.

Seitdem er herrscht, gibt es Münzgeld in Ägypten. Der alte Tauschhandel und das Verrechnen mit silbernen und goldenen Deben, »Fingern« in Barrenform, wird durch runde Plättchen aus Kupfer, Silber und Gold ersetzt. Genauso erwartet der Eintreiber jetzt bei den Steuerabgaben, daß sich neben den üblichen Naturalien auch Münzsäcke finden.

Die junge Kleopatra erfährt schon früh – besonders am Beispiel ihres Vaters –, wie wichtig diese Münzen, vor allem die goldenen, sind.

65 Die Königinwitwe Berenike II. wird ein Opfer ihres blutrünstigen Sohnes Ptolemaios IV. (Detail des Mosaiks von Abb. 57)

Die Einheimischen nennen ihn Auletes, den »Flötenspieler«, weil er sich, in Schleiergewänder gehüllt, mehr der Musik als der Politik widmet. Sein zweiter Spitzname, Nothos, der Bastard, ist durchaus angebracht. Er gehört, höflich ausgedrückt, zur »entfernten« Verwandtschaft und gelangt nach dem unrühmlichen Ende seines Vorgängers wohl mehr aus Zufall auf den Thron. Die Prinzessin muß erleben, wie sich ihr Vater nur durch ungeheure Bestechungs- und Schutzgelder, die er an Rom zu zahlen hat, seine Herrschaft eher schlecht als recht erhalten kann. Die Folge für Ägypten ist die Erhebung gewaltiger Steuern – und das macht den König bei seinen Untertanen nicht eben beliebter. Kleopatra wird schon früh vor Augen geführt, wie bitter es ist, von Rom abhängig, ihm ausgeliefert zu sein.

Auletes ist ein recht zwielichtiger Herrscher, eine Eigenschaft, mit der er sich nahtlos in die Familienoberhäupter von Ptolemaios bis Kleopatra eingliedern läßt. Münzen zeigen uns die Porträts seiner ebenso berühmten wie berüchtigten Vorgänger:

Da ist Arsinoe II., die Tochter des Dynastiegründers. Sie heiratet Lysimachos von Thrakien, läßt dessen Sohn aus erster Ehe zugunsten ihrer drei Söhne hinrichten, flieht nach dem Tode ihres Mannes ins makedonische Kassandreia und wird durch Heirat mit ihrem Halbbruder Ptolemaios Keraunos Königin von Makedonien. Als Keraunos ihre Söhne Lysimachos und Philippos ermorden läßt – nur der älteste Sohn Ptolemaios kann entkommen –, flieht sie über Samothrake nach Ägypten. Nachdem Ptolemaios II. seine erste Frau, Arsinoe I., nach einer Verschwörung verbannt hat, heiratet sie ihren leiblichen Bruder. Beide lassen sich als die »Göttlichen Geschwister« feiern und verehren. Damit wird die Geschwisterehe in die Ptolemaier-Dynastie eingeführt, deren Mitglieder sich fortan die Partner unter ihresgleichen suchen. Inzest wird zum dynastischen Prinzip – ebenso wie das brutale Ausschalten politischer Konkurrenz.

Das gilt auch für Ptolemaios IV., dessen Regierungsantritt von Bluttaten überschattet ist. Er regiert zunächst mit seiner Mutter, der Königinwitwe Berenike II., steht aber unter dem Einfluß seiner Minister Sosibios und Agathokles, die alle gefährlich erscheinenden Mitglieder der Königsfamilie beseitigen, um ihm die Herrschaft zu sichern: Seine Mutter Berenike II., sein Bruder Magas und sein Onkel Lysimachos werden ermordet. Auch das Asylrecht und alte Freundschaften gelten nun nichts mehr. Die Leiche des mit seinem Bruder verbündeten spartanischen Königs Kleomenes, der schon unter seinem Vater in Alexandria im Exil lebte und nach einem mißglückten Aufstand gegen ihn Selbstmord begeht, läßt er öffentlich aufhängen. Dessen Kinder, ihre Mutter und die Frauen ihrer Umgebung werden ausnahmslos niedergemacht.

Da ist Ptolemaios VIII., der die Witwe seines Bruders, Kleopatra II., heiratet und noch am Hochzeitstag ihren Sohn (seinen Neffen), Ptolemaios VII., umbringen läßt. Er vergewaltigt seine Nichte Kleopatra III., heiratet sie später und macht sie zur Mitregentin neben ihrer Stiefmutter Kleopatra II. Es entsteht eine »Dreier-Regentschaft«, die unter dem gegenseitigen Haß der beiden Frauen leidet.

Als die Alexandriner sich hinter seine erste Frau stellen, flieht er mit Kleopatra III. nach Zypern und nimmt seinen aus erster Ehe stammenden Sohn mit, den er umbringen und vor seinen Augen zerhacken läßt. In der Nacht vor der Feier ihres Geburtstages werden Kleopatra II. die Überreste ihres Sohnes in einem Behälter überreicht. Die Mutter

wiederum scheut sich nicht, auch mit den Leichenteilen noch Politik zu machen: Sie stellt sie öffentlich zur Schau und stachelt damit die Wut der Alexandriner weiter an.

Die derartig erzeugte Abneigung gegen ihn beantwortet Ptolemaios VIII. nach der Wiedereroberung Alexandrias mit einem brutalen Strafgericht. Als eines Tages das Gymnasion der Stadt besonders gut besucht ist, läßt er es umstellen und anzünden, so daß ungezählte Alexandriner verbrennen.

Dann das Unglaubliche, das wohl nur in dieser Dynastie möglich ist: Trotz aller erfahrenen Greuel versöhnt sich die mit dem Staatsschatz nach Syrien geflohene Kleopatra II. wieder mit Ptolemaios VIII.,

66 Verglichen mit den Denkmälern Ägyptens, nehmen sich die Reste des antiken Rom eher bescheiden aus.

kehrt nach Alexandria zurück, und die »Dreier-Regentschaft« wird fortgesetzt – als sei überhaupt nichts geschehen.

Und dann ist da noch Ptolemaios XI., der seine Frau eigenhändig nach nur neunzehntägiger Ehe erdrosselt.

Darüber sind allerdings die Bürger Alexandrias, bei denen die Königin sehr beliebt war, so erbost, daß sie den König aus dem Palast schleifen und ihn auf offener Straße unter dem beifälligen Geheul des Mobs massakrieren.

Sein Nachfolger ist Auletes, der Vater unserer Kleopatra, und auch sie, bereits die siebte dieses Namens in ihrer Dynastie, wird ganz nach Art des Hauses für die Beseitigung ihrer Geschwister sorgen. Was für eine Familie!

Dennoch hat das Rom jener Tage keinen Anlaß, über die Vorgänge in Ägypten die Nase zu rümpfen. Rom liegt in den Übergangswehen von der Republik zur Diktatur und erlebt – zum Entsetzen vieler, die die Zeichen der Zeit nicht erkennen können oder wollen – die Auflösung der Sitten, der Moral und der alten Werte der Republik. Bereits in den achtziger Jahren vor Christus hat Sulla mit seiner Schreckensherrschaft dem alten Titel »Diktator« eine völlig neue und radikale Bedeutung gegeben und den Römern schmerzhaft klargemacht, was Alleinherrschaft bedeutet. Waren vor Sulla Titel und Amt des Diktators lediglich Notzeiten vorbehalten, in denen die gesamte Macht zum Wohle aller Bürger in einer Person verantwortlich gebündelt werden sollte, so wird jetzt der Freibrief für persönliche Machtgelüste ausgestellt. Mit seinem individuell zugeschnittenen Terrorregime hat Sulla den Weg gewiesen, den viele machthungrige Politiker unter dem Vorwand, den Staat zu retten, nur allzugern beschreiten möchten – bis heute.

Für das antike Rom hat diese Umwertung des Diktatoramtes verheerende Konsequenzen: Die Ordnung des Senats zerbricht. Parteien und ihre Parteigänger, Cliquen und deren Claqueure bestimmen von nun an das Bild der Sitzungen. Führungsgruppen aus jeweils drei Männern, sogenannte Triumvirate, versuchen, das heillose Durcheinander in ihrem Sinne zu ordnen. Jeder dieser Männer wiederum ist bemüht, seine jeweiligen Partner auszubooten. Und über allem steht die Jagd nach dem Geld, dem Garanten der Macht. Eine Entfesselung der dunkelsten Triebe des Menschengeschlechts.

Die außenpolitischen Bedingungen für diese Sucht nach Macht und Geld sind in der Zeit Caesars denkbar günstig: Das Römische Reich hat sich auf drei Kontinente ausgedehnt und preßt Unsummen an Tributen und Abgaben aus den eroberten Gebieten. Jeder möchte an diesem Geldsegen teilhaben, und selbst ein Cato, Ur- und Sinnbild des rechtschaffenen, den »mores« – altehrwürdigen Sitten – verbundenen republikanischen Römers, wird in Versuchung geführt – und erliegt ihr: Zum Verwalter des den Ptolemaiern abgenommenen Zypern ernannt, vertreibt er den bisherigen Statthalter, Kleopatras Onkel, und bereichert sich an dessen Habe und dem, was sein neuer Machtbereich zu bieten hat: Er »räumt« die Insel geradezu aus. In der Korruption eben dieses letzten rechtschaffenen Mannes sehen viele ältere Römer das Ende der Republik angebrochen.

In der moralischen Ziel- und Wertelosigkeit dieser Zeit ist man sogar bereit, den schrecklichen Terror Sullas zu vergessen, und ruft wieder einmal nach dem »starken Mann«, von dem man sich Ordnung im Chaos erhofft. Und in den höchsten Zirkeln der Macht trifft dieser Ruf auf offene Ohren: Erst ist es ein Pompeius, der sich berufen fühlt, später ein Gaius Iulius Caesar. Beide eint die Verachtung, die sie dem Senat und der Republik entgegenbringen. Aber nicht nur diese Institutionen werden von ihnen verunglimpft und geschmäht, auch die Sorgen und Nöte des römischen Volkes scheren sie wenig: Was immer sie tun, es dient allein der Vergrößerung ihrer Macht und dem einen Ziel – der Alleinherrschaft. Caesar ist ein Kind dieser verworrenen Zeit: ein geldhungriger, machtgieriger, egozentrischer Potentat.

»Ich hasse die Königin«

Rom, am »Katzenforum«. Wir gönnen uns eine Pause in der Bar »Cafffe mit den drei f«, die heute an der Stelle des ehemaligen Rathauses, der Curia, steht, in der der große Gaius Iulius Caesar im Jahr 44 v. Chr., an den Iden des März, einen elenden Tod fand. Unseren Tag haben wir früh begonnen, und jetzt, in der Hitze des Mittags, verschafft uns ein Campari die träumerische Entspannung, die das Stimmengewirr und das Kommen und Gehen der Gäste dem Leben und Treiben in einer römischen Curia ähnlich macht.

An genau dieser Stelle muß sich das Drama abgespielt haben, das die gesamte antike Welt erschütterte und Rom in eine politische Krise stürzte, zu deren Bewältigung es Jahre brauchte und die Kleopatra um all ihre Träume brachte: die Ermordung Caesars.

67 Das »Cafffe mit den drei f« am sogenannten Katzenforum in Rom. Hier stand einst die römische Curia, in der Caesar ermordet wurde.

Schon früh am Morgen ist Caesar nach unruhigen Träumen aufgestanden, um sich von seiner Villa aus zur Senatssitzung zu begeben. Eine plötzliche Übelkeit und böse Vorahnungen seiner Frau Calpurnia halten ihn zunächst zurück. Nachdem aber Abgesandte der wartenden Senatoren erscheinen, rafft sich Caesar unwillig auf. Es heißt, der Senator Decimus Brutus habe Caesar gepackt und mit sich gezogen. Auf der Straße stellt sich Artemidoros, ein Freund Caesars, in den Weg. Er hat von den Attentatsplänen erfahren und Details aufgeschrieben, doch Caesar – in Eile – behält die Schriftrolle ungelesen in der Hand: Kleinigkeiten bestimmen oft den Gang des Schicksals.

Das Attentat ist genau geplant: Auf den Stufen der Curia wird Caesar in Empfang genommen und in das Gebäude geführt. Ein Senator namens Tullius Cimber tritt vor und bittet um Gnade für den verbannten Bruder. Caesar lehnt ab. Tullius reißt ihm die Toga herunter: das vereinbarte Zeichen für die Verschwörer. Nacheinander stechen die Senatoren auf Caesar ein: Es soll nicht nur einen einzigen Tyrannenmörder geben, haben die Verschwörer ausgemacht. Gemeinsam wollen die Republikaner den Diktator auslöschen. Von vielen Messerstichen getroffen, bricht Caesar, die Toga über den Kopf gezogen, zusammen. »Auch du, mein Sohn Brutus« soll er zu seinem Vertrauten und Verwandten, dem Rädelsführer Brutus, fast erstaunt gesagt haben, bevor der ihm ebenfalls das Schwert brutal in den Leib stößt.

Die Katastrophe kommt nicht von ungefähr: Vermessenheit und Selbstüberschätzung haben den festen Boden von Caesars Macht mehr und mehr aufgeweicht und ihn schließlich in einem Erdrutsch davongerissen. In seiner Gesetzgebung und der weitreichenden Planung zur Umgestaltung, Erneuerung und Verschönerung der Stadt erkennen die Römer den Versuch, die Verhältnisse in Rom den Bedürfnissen einer Alleinherrschaft anzupassen: Zur Durchführung seiner Vorhaben läßt er 170 000 Personen von der Liste der kostenlosen Getreideempfänger streichen. Er will die Bürger so zwingen, seinen Vorstellungen zu folgen und durch die Bebauung von Brachland ihren Unterhalt selbst zu verdienen. Die politischen Vereinigungen und Clubs löst er – einst bester Kenner dieser unruhigen Szene – auf und besetzt Senat und Beamtenstellen mit ihm willfährigen Leuten. Die diktatorische Gleichschaltung läßt die Alarmglocken bei den Anhängern der alten republikanischen Verfassung läuten. Und weiter noch: Der Römer Caesar scheut sich nicht, Ausländer, Gallier, in den Senat zu berufen. Dies wird noch mit einem Spottvers abgetan:

»Im Triumph führt Caesar Gallier,
auch ins Rathaus führt er sie.
Gallier legten ab die Hosen,
taten an den Purpurstreif.«

Doch ohnmächtige Wut schlägt ihm beim Triumph über seinen Rivalen Pompeius entgegen. Kaum eine römische Familie ist von diesem Krieg »Römer gegen Römer« verschont geblieben, eine nationale Katastrophe. Caesar jedoch feiert geradezu den Tod der Opfer und untermauert so seine abfällige Bemerkung, die Republik sei ein Nichts, ein bloßer Name ohne Körper und Gestalt. Die Mißachtung der »mores«, der Sitten und des Althergebrachten, besonders in Form der Ahnenver-

68 Zwei Jahre wohnte Kleopatra in Rom an der Stelle, wo sich heute die Villa Farnese befindet.

ehrung, tut er laut kund auf dem von ihm neuerbauten, riesigen Iulianischen Forum der Stadt, das auf Grund seiner Umbaupläne immer mehr einem »Reichsparteitagsgelände« ähnelt. Und als Krönung seiner Vermessenheit erweist er einer bei den Römern ebenso berühmten wie berüchtigten Ausländerin seine Reverenz: Im Tempel der göttlichen Stammutter seiner Familie, der Venus Genetrix, läßt er neben dem Götterstandbild (!) eine prachtvolle goldene Statue der Kleopatra aufstellen. Da er sehr genau weiß, daß die göttliche Verehrung von lebenden Menschen den Römern ein Greuel ist, provoziert er damit einen kaum zu überbietenden Skandal.

Kleopatra, der stete Stachel im Fleische Roms. Die Provokation ihrer Anwesenheit dürfte ein wesentlicher Grund für die Katastrophe vom 15. März 44 v. Chr. gewesen sein: Rom hat von dem Tag an, an dem sie in die Stadt einzieht, Partei gegen sie ergriffen. Und die Gerüchteküche brodelt. Da richtet der Diktator seiner Geliebten ein Liebesnest vor den Toren der Stadt ein, in dem er nach Belieben ein- und ausgeht, und das vor den Augen ihres Brudergemahls Ptolemaios, der schnell als »Hanswurst« zum Ziel des Spotts des Pöbels, aber auch des Mitleids der Gesitteteren wird. Und sie, eine – wenn auch königliche – Ehebrecherin, tritt dreist mit ihrem Bastard Kaisarion vor die Öffentlichkeit und meldet damit ihre imperialen Ansprüche an. Rom ist alarmiert! Ein Halbägypter als möglicher Nachfolger Caesars! Kleopatra als Regentin eines ägyptisch-römischen Großreiches! Solche tiefen Ängste kursieren in den Briefen der römischen Politiker.

Zwei Jahre hat Kleopatra in Rom, auf dem Areal der heutigen Villa Farnese, residiert. Von einer dreihundertköpfigen Dienerschaft ist die Rede, von orientalischer Prachtentfaltung und üppigen Gelagen – alles das in einer Zeit, in der der römischen Bevölkerung Spargesetze auferlegt werden.

Die Ablehnung, die man Kleopatra entgegenbringt, und die Propaganda gegen sie werden nie öffentlich kundgetan. Man munkelt im kleinen Kreis und tritt in Korrespondenz mit Gleichgesinnten. Spät erst – zu Zeiten von Augustus – sammeln die Geschichtsschreiber die einzelnen Äußerungen zu einer äußerst subjektiv gefärbten Gesamtstimmung.

»Ich hasse die Königin!« schreibt der uns besonders als begnadeter Redner bekannte Politiker Cicero an seinen Vertrauten Atticus, »und der Mann, der sich für ihre Versprechen verbürgt hat, Ammonius, weiß, daß ich gute Gründe dafür habe! ... Und an die Unverschämtheit der Königin, als sie in Caesars Haus jenseits des Tibers lebte, kann ich nicht ohne Empörung denken. Keinen Umgang mehr mit solchen Leuten! Sie scheinen zu glauben, ich hätte nicht nur keinen Geist, sondern auch keinerlei Gefühle.«

Der Brief zeigt, wie vielschichtig die Gründe für die Abneigung sind. Sie reichen von verletzter Eitelkeit bis zur generellen Absage der Republik an alles, was mit dem Begriff »Monarchie« und deren Begleiterscheinungen zu tun hat. Angesichts des ägyptischen Prunks befällt viele alte Römer republikanischer Ekel.

Kleopatra scheint viele »Opfer« der Verehrung von Caesar zu fordern, und der Imperator erfüllt ihre Wünsche offenbar widerstandslos. War es Liebe? Oder war es der Dank für einen heimlichen Triumph?

Immerhin kann Caesar sich rühmen, wie einst der große Alexander das reiche Ägypten erobert zu haben – kampflos. Er hat das Kunststück vollbracht, durch eine Liebelei das letzte verbliebene Reich, das Rom noch nicht zur Provinz gemacht hatte, seinem Machtbereich einzuverleiben. Jetzt sieht er den Höhepunkt der Macht vor sich, plant im Aufwind dieses Erfolges die Einsetzung als alleiniger Herrscher über das Reich. Aber Caesar hat sich verrechnet.

Nun liegt er in seinem Blut auf dem Marmorboden der Curia, ein verlassener Leichnam, denn die Senatoren, Täter wie Zuschauer, sind Hals über Kopf geflüchtet. Caesars plötzliches Ende ist eine Katastrophe für das Römische Reich, denn dadurch entsteht ein Machtvakuum, das die Republikaner – ebenso idealistisch wie blauäugig – nicht bedacht haben. Sie wollten die Demokratie sichern und finden sich auf einmal in einer Welt wieder, die mit Caesar zugleich ihren politischen Maßstab verloren hat.

Eine Katastrophe auch für Kleopatra, denn in dem Augenblick, in dem Caesar stirbt, müssen ihre Träume vom ägyptisch-römischen Weltreich, die bis zu diesem Moment fast zum Greifen nahe waren, wie Seifenblasen zerplatzt sein.

Sie flieht aus Rom über das Meer nach Alexandria. In den Straßen der Stadt muß sich die Nachricht vom Tode Caesars wie ein Lauffeuer verbreitet haben, doch noch ist man nicht in Gefahr, noch ist die römische Republik zu sehr mit sich selbst beschäftigt, als daß sie an die gewaltsame Einverleibung Ägyptens denken könnte.

Kleopatra kann in diesem Machtvakuum ihren Sohn Kaisarion zum Mitregenten erheben und sich den Problemen ihres Landes widmen. Doch das Unglück bleibt ihr treu: Das reiche Ägypten hat während ihrer Abwesenheit gelitten. Hungersnöte, Aufstände und eine Seuche – wohl die Beulenpest – setzen dem Land zu. Sie läßt die staatlichen Getreidespeicher öffnen, um die größte Not zu lindern, und nimmt damit erneut ihre Untertanen für sich ein. Wie in einer Endzeitstimmung, so heißt es, soll sie sich dem grenzenlosen alexandrinischen Luxus hingegeben haben. Und noch einmal wird sie mit all diesem orientalischen Glanz Politik machen, indem sie ihn auf den neuen Mann an der Spitze Roms richtet – auf Marcus Antonius, den selbsternannten Nachfolger und einstigen Mitregenten Caesars.

Bei der Neuordnung des Reiches ist ihm der Osten zugefallen. Er hat die Mörder Caesars verfolgt, gestellt und geschlagen und sich dann auf einen langwierigen Kleinkrieg gegen die Parther und ihre Verbündeten, von Rom abtrünnig gewordene Vasallen, eingelassen. Nach einem Feldzug gegen Armenien bezieht er sein Winterquartier in Tarsus an der Küste Kleinasiens. Hier wird er Kleopatra treffen –

69 Marcus Antonius gewinnt nach dem Tod Caesars das Herz von Kleopatra.

eine schicksalhafte Begegnung, durch die Kleopatra eine zweite Gelegenheit finden wird, ihren ewigen Traum mit diesem neuen Herrscher zu träumen.

DER DUFT DES ORIENTS

Marcus Antonius hat Kleopatra schon 55 v. Chr. kennengelernt, als er unter dem Feldherrn Gabinius ihrem nach Rom geflohenen Vater das teuer bezahlte Geleit zur Rückkehr nach Ägypten gab. Damals war er 27 Jahre alt, sie gerade 14. Inzwischen hat Marcus Antonius Karriere als Offizier und Politiker gemacht und steht nach dem Tode Caesars für kurze Zeit an der Schwelle zur Alleinherrschaft. Es muß ihn schwer getroffen haben, daß Caesar in seinem Testament nicht ihn, sondern den schwächlichen Jüngling Octavianus, Adoptivsohn des großen Iuliers, zum Erben eingesetzt hat. Nun muß er mit einem Gegenspieler die Macht teilen. Schlimmer noch: Mit Lepidus, dem Statthalter von Gallien, meldet ein Dritter Machtansprüche an.

Ende Oktober des Jahres 43 v. Chr. kommt es in der Nähe des heutigen Bologna zum Treffen der drei mächtigsten Männer des Römischen Reiches. An zwei langen Verhandlungstagen wird die Zukunft gestaltet: Per Gesetz wird dem Triumvirat eine fünfjährige gemeinsame Herrschaft zugebilligt, während der man der inneren Unruhen im Reich Herr werden will. Die Provinzen werden so aufgeteilt, daß Antonius Gallien, Lepidus Spanien und Octavianus Afrika, Sardinien und Sizilien zugesprochen werden.

Bevor ein Jahr vergangen ist, trägt das Bündnis Früchte: Am 3. Oktober 42 v. Chr. kommt es bei Philippi zur Schlacht gegen die Caesarmörder. Diese können den Ablauf des ersten Kampfes noch unentschieden gestalten, werden aber schon 20 Tage später vernichtend geschlagen. Antonius ist es, der dabei die entscheidenden Gefechte führt und durch seinen Großmut, den er den Besiegten gegenüber beweist, Freund und sogar Feind für sich einnimmt. Mehr und mehr wird er der erste Mann im Reich. Die sich anschließende Machtaufteilung zeigt dann auch klare Verhältnisse: Dem nur durch die Gunst der Stunde in das Triumvirat aufgenommenen Emporkömmling Lepidus werden lediglich noch die Provinzen Afrikas zugewiesen, Octavianus erhält Italien und Spanien, während sich Antonius für Griechenland, Kleinasien und den Orient entscheidet.

70 Auf diesem Tiepolo-Fresko im Palazzo Labia, Venedig, wird die Legende erzählt, Kleopatra habe ihre größte und schönste Perle vor den Augen des neuen römischen Machthabers, Marcus Antonius, in Wein aufgelöst und anschließend getrunken.

Diese Provinzen sind sagenhaft reich und den Römern militärisch unterlegen. Eine überaus günstige Ausgangsbasis für einen Mann, der die Absicht hat, sich die Mittel zum Erringen der höchsten Macht im Reich zu verschaffen.

Doch das allein kann es nicht gewesen sein, was Marcus Antonius veranlaßt, sich den Zugriff auf diese Länder zu verschaffen. H. Bengtson schreibt in seiner Antonius-Biographie: »Es war der ganz unbeschreibliche Zauber, der von den Ländern des Orients ausging. Antonius hatte ihn vor Jahren im Heer des Gabinius selbst gespürt, und am tiefsten hatte ihn das Nilland Ägypten bezaubert, wie es noch jeden Eroberer von Alexander bis hin zu Napoleon in seinen Bann geschlagen hat.«

Tarsus, Kleinasien, 41. v. Chr. Umringt von einer Flottille kleiner Zugschiffe, gleitet ein Märchenschiff durch das seichte Wasser der Bucht von Tarsus. Bug und Heck des pflanzengrünen, den Schilfbooten des alten Ägypten ähnelnden Rumpfes sind den geöffneten Dolden der Papyruspflanze nachgeformt. Die Aufbauten scheinen nur aus Stangengestellen zu bestehen, zum Teil mit bunten Stoffbahnen bespannt, andere, offene deckt lediglich ein Sonnensegel. Es ist ein seetüchtiges Schiff, denn die Einheimischen haben es, scheinbar antriebslos über das Wasser schwebend, vom Meer kommen sehen. Dennoch ist es zerbrechlich leicht – ein Traumschiff.

Staunen über Staunen: Goldene, silberne und kupferne Beschläge glänzen im Sonnenlicht, eine Brise weht den Duft von Blumen an Land, Musik und Lachen schallen von Bord. Die Besatzung des römischen Patrouillenbootes und die ebenso begeisterten wie neugierigen Insassen der kleinen Fischerboote, die dem Götterschiff – denn nur das kann es sein – entgegenfahren, können sich nicht genug verwundern: Kein Segel, keine Ruder haben das Schiff hierhergebracht – es wurde von Begleitschiffen gezogen. Kein Matrose, kein Soldat ist an Deck zu sehen: Wunderschöne Mädchen und junge Frauen beugen sich über den hochaufsteigenden Bordrand und lassen aus Körben Wolken duftender Blütenblätter auf die jubelnden Ankömmlinge niedergehen. Blüten- und Blätterkränze folgen, Früchte fallen den Jubelnden in den Schoß, man kann sich vor Begeisterung kaum fassen. Das muß die Gefolgschaft einer Göttin sein, die zu einem Fest lädt! Aber wer ist diese Göttin?

Bequem auf einen Berg von Kissen gelagert, wartet Kleopatra auf die Ankunft des wachhabenden Römers und seiner Soldaten. Bisher verläuft alles so, wie sie es geplant hat. Sie hört den Jubel der Einheimischen, das Lachen ihrer Dienerinnen und genießt die erfolgverheißende Atmosphäre. Wieder liefert sie sich einem Römer aus, aber dieses Mal hat sie ihn routiniert erforscht, hat sich kundig gemacht über seine Ambitionen, sein Können, seine Schwächen. Und vor allem die haben die Inszenierung ihres Auftritts bestimmt: Marcus Antonius, der schon immer einen Hang zum Orient mit seiner den römischen Prinzipien so ganz entgegengesetzten Lebensart hatte, huldigt, dem Leben im einmal glanzvoll verfeinerten, dann wieder barbarisch protzenden Luxus des Ostens.

Die von Plutarch geschilderte Szene der Einfahrt Kleopatras in den Hafen von Tarsus veredelte Shakespeare in seinem Drama »Antonius und Kleopatra« in die Verse:

»Die Bark, in der sie saß, ein Feuerthron,
Brannt auf dem Strom: getriebnes Gold der Spiegel,
Die Purpursegel duftend, daß der Wind
Entzückt nachzog; die Ruder waren Silber,
Die nach der Flöten Ton Takt hielten, daß
Das Wasser, wie sie ’s trafen, schneller strömte,
Verliebt in ihren Schlag; doch sie nun selbst –
Zum Bettler wird Beschreibung: sie lag da
In ihrem Zelt, das ganz aus Gold gewirkt,
Noch farbstrahlender als jene Venus,
Wo die Natur der Malerei erliegt.
Zu beiden Seiten ihr holdsel’ge Knaben,
Mit Wangengrübchen, wie Cupidos lächelnd,
Mit bunten Fächern, deren Wehn durchglühte
(So schien’s) die zarten Wangen, die sie kühlten;
Entzündend, statt zu löschen.
Und ihre Frauen, wie die Nereiden,
Meeresweiber alle, dienten ihren Blicken,
Und Schmuck ward jede Beugung; eine Meerfrau
Lenkte das Steuer; seidnes Tauwerk schwoll
Dem Druck so blütenfeiner Hände entgegen,
Die frisch den Dienst versahn. Der Bark entströmend

***71* In den Palästen Alexandrias werden rauschhafte Feste gefeiert, kultische Orgien, denen der römische Feldherr Marcus Antonius mehr und mehr verfällt. Dieses Fresko aus Pompeji gibt etwas von der Großzügigkeit antiker Palastanlagen wieder.**

Betäubt' ein würz'ger Wohlgeruch die Sinne
Der nahen Uferdämme; sie zu sehn,
Ergießt die Stadt ihr Volk; und Mark Anton,
Hochthronend auf dem Marktplatz, saß allein
Und pfiff der Luft, die, wär' ein Leeres möglich,
Wohl auch entwich, Cleopatra zu schaun,
Und einen Riß in der Natur zurückließ.«

Auf den Tiepolo-Fresken in Venedig wird die Legende erzählt, Kleopatra habe ihre größte und schönste Perle vor den Augen des neuen römischen Machthabers, vor Antonius, in Wein aufgelöst und anschließend getrunken. Kleopatra, die Frau, die ihre unermeßlichen Schätze trinkt – eine Demonstration des überbordenden Luxus, mit der sie den Soldaten Antonius mehr als nur beeindruckt und beeinflußt: Sie macht ihn geradezu süchtig nach der Welt des Orients.

72 Berauschende Getränke spielten im Dionysos-Kult eine wichtige Rolle.

Die Mysterien des Dionysos

Fremde Kulte und Gebräuche verbreiten sich jetzt im gesamten oströmischen Reich: Gott Dionysos regiert, der sinnenfrohe Gott des Leibes und des Weines, der Gott mit dem weinumkränzten Haupt, der in dieser Zeit dazu ansetzt, die ganze Welt zu erobern. In seinem Zeichen werden in den Palästen Alexandrias rauschhafte Feste gefeiert, kultische Orgien, denen der römische Feldherr Antonius mehr und mehr verfällt.

Der Dionysoskult – was war das für eine geheimnisvolle, orientalische Kraft?

Sein Ursprung liegt in Thrakien, von wo aus sich seine Ausbreitung seit dem 8. Jahrhundert v. Chr. verfolgen läßt. Dionysos ist der Gott der Freude, der Befreiung und Erlösung, der den siegreichen Triumph, auch den über den Tod, verkörpert. Sein Geburtsort soll im sagenhaf-

Mailand
Aquileia
KORSIKA
Rom
Neapel
SARDINIEN
Tarent
Acti
SIZILIEN
Karthago
Syrakus
Mittelmeer
300 km
Grenzen von heute
TUNESIEN
LIBYEN

Schwarzes Meer
Donau
Trabzon (Trapezunt)
Byzanz
Libyssa
Philippi
TÜRKEI
Tigris
Tarsus
Athen
Euphrat
ZYPERN
KRETA
Damaskus
Cyrene
Alexandria
Petra
Heliopolis
Memphis
Nil
ÄGYPTEN
Ptolemais
Theben

ten Nysa gelegen sein, dem Nymphenland, das ungefähr der abendländischen Vorstellung vom Paradies entspricht. Während der Feldzüge Alexanders des Großen findet diese Vorstellungswelt weite Verbreitung und führt zu einer neuen Phase der Mythenbildung in der antiken Welt. Die altgriechische Neigung, in neuentdeckten Ländern die Heimat von Göttern zu sehen, zeigte sich besonders bei der Erschließung Indiens. Hier glaubte man nun, das paradiesische Nysa wiedergefunden zu haben und in der Person des großen Alexander den leibhaftigen Dionysos. Alles paßte nur zu gut: der dionysische Alexander, der, begleitet von einem siegestrunkenen Gefolge, im immerwährenden Triumphzug bis nach Indien vordringt und den Hellenen ein neues gelobtes Land schenkt.

Kleopatras Vater Auletes ist für die Einführung des neuen Kultes in Ägypten verantwortlich. Es ist vor allem auch eine Rückbesinnung auf den Ahnherrn der Dynastie, der zum Gott wurde – und damit auch seine Nachfolger zu Göttern macht. Die Göttergleichheit, die Auletes für sich und seine Familie in Anspruch nimmt, ist in den an ihn gerichteten Schreiben und Petitionen als »Unser Gott und Herr, der König« belegt. Sogar seine Töchter und Söhne werden schon zu seinen Lebzeiten als Göttinnen und Götter verehrt. Die Bürger Alexandrias steigern diese Ehrbezeugung noch dadurch, daß sie sie »Unsere Herren und größten Götter« nennen. So ist Kleopatra bereits vor ihrer Thronbesteigung sozusagen von Geburt an eine Göttin.

Bemüht, seinen Untertanen ein greifbares Bild seiner Göttlichkeit zu bieten, nennt sich Auletes »Neos Dionysos – der neue Dionysos« und behauptet, die Inkarnation des römischen Bacchus zu sein. Seine Attribute sind der dionysische Efeukranz, den er auf seinen Porträtstatuen trägt, und der Kultstab oder »thyrsos«, ein efeuumwundener Fenchelstengel, an dessen Spitze ein Tannenzapfen sitzt. Diese Bilder, Vorstellungen und Assoziationen entstammen bekannter Tradition, die aber unter Auletes eine ganz neue Bedeutung bekommt. Ägyptische, griechische und römische Kultaspekte verschmelzen zu einem neuen Ganzen, einem universellen Kult, der nun von Ägypten aus ansetzt, die ganze antike Welt zu erobern.

In Pompeji, am Fuß des Vesuvs, ist in der Villa dei Misteri ein Bildreport über die Riten des Dionysoskults erhalten, eine einzigartige bildliche Darstellung: Auf Schriftrollen, die ein älterer Mann – vielleicht ein Priester – in der Hand hält, sind das kultische Wissen und die

73 ***In Pompeji, am Fuß des Vesuvs, ist in der Villa dei Misteri ein Bildzyklus über die Riten des Dionysos-Kults erhalten.***

Anweisungen zum Ritualablauf für die Eingeweihten festgehalten. Daneben sehen wir skurrile Masken und scharadenhafte Verwandlungen, die im Kult ebenso eine Rolle spielen wie Wein und Musik. Männer, Frauen, ja sogar schon Kinder scheinen zu erleben, wie sich die Eingeweihten schmerzvoll reinigen. Rituelle Geißelungen gehören dazu, in tranceartigem Zustand Dionysos zu suchen und durch ihn Erlösung zu finden. Wein ist Mittel zum Zweck, nämlich der Erreichung eines seligen, entrückten Zustands, eines «göttlichen Wahnsinns«, der den Menschen so vehement erfaßt, daß dieser sich den Göttern gleich fühlt. Rauschhafte Ekstase zwischen Lust und Schmerz, das ist der Kult des Gottes Dionysos, ein sinnliches Heilsversprechen, ein orientalischer Exzeß – eine ernste Bedrohung für das sich immer noch sittenstreng gebende Rom.

NEUE MÜNZEN

Neue Münzen werden jetzt in Alexandria gewechselt: eine schöne, reifere Kleopatra auf der einen Seite, ein sinnlicher Antonius auf der anderen. Doch nicht nur auf Münzen vereinen sich die Herrscher: Viel mehr noch als Caesar fasziniert Antonius das reiche exotische Leben. Er verfällt der orientalischen Verführung von Königtum und läßt sich auf Statuen gar als Pharao feiern – eine Horrorvision für die Bürger Roms. Und schlimmer noch: Er beginnt die für Rom in langen, verlustreichen Kämpfen gewonnenen Ostprovinzen nach und nach an Kleopatra und ihre Kinder zu verschenken. Der Mann, der auszog, um neues Land für Rom zu erobern, verschleudert es nun. »Antonius ist ein willenloses Opfer geheimer Drogen und des Liebeszaubers der Kleopatra«, weiß man in Rom. Wie anders, so fragt man sich fassungslos, kann dieser römische Patrizier, der die Stadt beim Begräbnis Caesars mit seiner Leichenrede erschüttert hat, der alle Tugenden eines Republikaners in sich zu vereinen und in seiner Person den unerschütterlichen Bestand des Reiches zu garantieren schien, zu einer Marionette des Orients verkommen?

74 Marcus Antonius verfällt der orientalischen Verführung und läßt sich mit Statuen als Pharao feiern.

Seine Schenkungen an Kleopatra erstrecken sich über weite Gebiete in der Levante. Die Münzen, die er aus diesem Anlaß schlagen läßt, markieren den Beginn einer neuen Ära: Es gilt, die Einverleibung dieser Gebiete in das Königreich Kleopatras zu feiern.

34 v. Chr. kommt es dann aber zu einem Auftritt, der Rom bis zur Weißglut reizt: Im Gymnasion von Alexandria nehmen Antonius und Kleopatra auf einer Plattform hoch über der Menge ihre Plätze auf goldenen Thronsesseln ein. Vor ihnen sitzen ihre noch minderjährigen Kinder, bekleidet mit der Tracht und den Insignien der ihnen in der folgenden Zeremonie zugewiesenen Länder.

Kaisarion – dreizehnjähriger Sohn Caesars und Kleopatras –, gleichzeitig Mitkönig von Ptolemaios XV., wird in seiner Königswürde als Herrscher Ägyptens bestätigt. Unter den gemeinsamen Kindern des Paares werden die Ostprovinzen des Römischen Reiches verteilt.

Es werden Könige über Könige gesetzt: Der sechsjährige Alexander Helios wird zum König von Armenien und zum Herrscher von Medien bis an den Indus, also des Parther-Reiches, erklärt. Zugleich wird seine Zwillingsschwester Kleopatra Selene zur Königin der Cyrenaika gemacht, des an Ägypten angrenzenden Teils des heutigen Libyen, und übernimmt die Insel Kreta. Der erst zweijährige Ptolemaios Philadelphos erhält als König nicht nur die syrischen Länder des ehemaligen Seleukiden-Reiches, die bereits vor drei Jahren Kleopatra als ptolemaischer Herrschaftsbereich zugeschlagen wurden, sondern wird auch zum Oberherrn von Kleinasien östlich des Euphrat bis zum Hellespont – den heutigen Dardanellen – ernannt.

Dies alles geschieht, während derweil in Rom die rechtmäßige Ehefrau von Antonius, Octavia – von den Römern geliebt und nun bemitleidet –, auf eine Nachricht von ihrem Gatten wartet. Wie sie kann niemand verstehen, daß ihr Mann sogar seine engsten Familienbande vergißt. »Ist Antonius verrückt geworden?« fragen die Römer.

ORIENT GEGEN OKZIDENT

Actium, griechische Westküste. Ein neuer Mann auf der politischen Bühne soll den vermeintlich Wahnsinnigen stoppen: Octavianus, der junge, bläßliche Neffe des großen Caesar, dem zunächst niemand besonders viel zugetraut hat.

Vor der Küste von Griechenland aber wird er im Kampf mit Antonius entscheiden, ob Rom oder Alexandria zum Zentrum der antiken Welt werden wird. Nachdem die wichtigsten Versorgungshäfen in die Hände von Octavianus gefallen sind, stehen die Aussichten für das »göttliche Paar« schlecht. Strategisch gesehen ist klar: Hier, am äußersten westlichen Rande seines Einflußgebietes, kann Antonius nichts mehr gewinnen. Der große Schlag gegen Rom, den man – gestützt auf den Nachschub aus sicheren Häfen – über das Adriatische Meer führen wollte, ist nun nicht mehr möglich.

Waren sich Kleopatra und Antonius über diese Situation im klaren? Einiges spricht dafür: Um sich von Ballast zu befreien und nichts dem

Feind in die Hände fallen zu lassen, läßt Antonius den größten Teil seiner Versorgungsschiffe verbrennen. Übrig bleiben die riesigen, festungsgleichen Kriegsgaleeren, wenige schnelle Botenschiffe – und Kleopatras Flotte.

Dennoch scheint Antonius die große Auseinandersetzung zu suchen, den Entscheidungskampf »Orient gegen Okzident«.

DIE VERRÄTERIN

Actium, 2. September 31 v. Chr.: Über Nacht ist die Hafenbucht zur Falle geworden: Als die Schiffe von Antonius am frühen Morgen nacheinander in Kiellinie die schmale Ausfahrt passieren, versperrt ihnen die octavianische Flotte, in weitem Bogen aufgefahren, den Weg auf das offene Meer. Eben will Antonius einen Schiffskeil formieren, um den Sperrkreis zu durchbrechen, da zieht sich der Gegner weiter und weiter zurück und lockt ihn auf die See hinaus. In langsamer Fahrt gruppieren sich die Schiffe auf beiden Seiten zu Flügeln, die Mitte der Schiffsfront dünnt aus. Dann wird das Zeichen zum Angriff gegeben, und die Flügel prallen heftig aufeinander. Es ist ein Landkampf zur See mit einer Kriegstaktik, wie sie bei Landheeren Routine ist. Bis in den Nachmittag hinein prasseln wahre Regen von Pfeilen und Lanzen von Antonius' hochliegenden Schiffsdecks auf die kleineren Schiffe des Octavianus herunter. Die Römer halten mit Brandpfeilen und Katapultgeschossen dagegen. Um jedes der großen Schlachtschiffe kreisen mehrere römische Galeeren und halten die Decksmannschaften in Atem. Ein Entern der Riesenschiffe scheint unmöglich, aber sind erst Breschen in die haushohen Rümpfe geschlagen, kann man in den Schiffsbäuchen tödliche Brände entfachen.

Die Schlacht ist längst nicht entschieden, als etwas Ungeheuerliches geschieht: Mit geblähten Segeln bricht Kleopatras Flotte plötzlich – gegen jede Absprache – durch die Mitte der Kampffront und dreht nach Osten ab. Ungläubig sieht Antonius an Bord seines Flaggschiffs das Purpursegel des ägyptischen Staatsschiffes vorbeiziehen. Wie gelähmt schaut er auf das unerwartete Manöver. Dann reagiert er, gibt überhastet Befehle, setzt in ein Botenschiff über und verfolgt Kleopatra mit einer kleinen Flottille.

Kaum jemand von den verbissen Kämpfenden hat den Ausbruch der Königin und das folgende Nachsetzen des Feldherrn bemerkt. Erst

75 Diese altrömische Skizze zeigt ein römisches Kriegsschiff im Angriff.

nach und nach hallen Rufe von Schiff zu Schiff: »Antonius ist geflohen! Er hat uns im Stich gelassen!« Eine Schlacht ohne Feldherr ist eine schnell entschiedene Schlacht.

Antonius hat Kleopatras Flotte bald erreicht, setzt auf das Staatsschiff über, bleibt aber an Deck und vermeidet jeden Kontakt mit der Königin. Er scheint immer noch unter dem Schock zu stehen, in den ihn die unerwartete Flucht der Geliebten gestürzt hat. Seine unausgesprochene Frage ist die der Historiker unserer Tage: Was hat Kleopatra zu diesem Handeln getrieben? Warum verließ sie vorzeitig die Schlacht, die doch die Verwirklichung ihres politischen Traums, das ägyptisch-römische Großreich, bringen sollte? Noch dazu eine Schlacht, die er nur für sie schlug!

Verrat muß es in den Augen von Antonius gewesen sein, dasselbe schändliche Verhalten, das ihm jetzt die eigenen Soldaten zu Recht vorwerfen.

Aber hat Kleopatra ihn wirklich hintergangen? Die historischen Fakten scheinen zu bestätigen, daß sie schon im Vorfeld der Ereignisse, die zur Schlacht führen, zur Gewißheit gelangt ist, daß dieser Feldzug nicht siegreich zu beenden sei. Zu deutlich haben sich die ersten Erfolge im Laufe der Zeit ins Gegenteil verkehrt, und nun heißt es für die machtpolitische Realistin zu retten, was zu retten ist.

Als Zuschauerin, unbehelligt von den Feinden, mag sie außerdem der Anblick und die Dauer der Schlacht in Panik versetzt haben: Wie Jagdhunde umkreisen die schnellen, wendigen Schiffe des Octavianus ihr Wild, die mächtigen, aber plumpen Riesengaleeren des Antonius. Irgendwann muß die Gegenwehr erlahmen – und dann werden sie und ihre Flotte die Gejagten sein.

Es lassen sich jedoch auch andere Gründe für das Verhalten Kleopatras anführen: So entgeht ihre Flotte durch die Flucht der Zerstörung durch die Römer, und auf diese Weise bleibt die Basis für eine erneute Auseinandersetzung mit Rom erhalten, ein Pfand für die Zukunft. Insofern hätte sie für Antonius gehandelt. Aber hat Kleopatra wirklich so strategisch gedacht?

Viele Wissenschaftler sehen es anders: Mit ihrer Flucht – so die allgemeine Erklärung – hat sich Kleopatra die Option offen gehalten, auch Octavianus, den dritten Römer in ihrem Leben, in ihr Spiel einzubeziehen. Nach dem offensichtlichen Versagen des Antonius hätte ihr Traum vom römisch-orientalischen Weltreich nur in Erfüllung gehen können, wenn es ihr gelungen wäre, sich – und ihre Vision – auch dem neuen Feldherrn Roms schmackhaft zu machen. Ein rücksichtsloser, brutaler Gedanke, wie er Kleopatra durchaus zuzutrauen wäre. Allerdings auch ein verzweifelter Gedanke.

Denn zu einer Liaison mit Octavianus wird es nicht mehr kommen. Kleopatra ist inzwischen eine Verliererin. Ihre Schönheit und ihre Macht sind dahin. Und der spröde zweiunddreißigjährige Octavianus ist nicht der Mann, der mit orientalischem Glitter um den Finger zu wickeln wäre.

GÖTTERDÄMMERUNG

Alexandria, Palastinsel. Das Spiel ist ausgespielt, der Traum vom orientalischen Weltreich unter der Führung Alexandrias ausgeträumt. Ein langgedehntes Pfeifen soll die Nächte in Alexandria erfüllt haben. «Das ist der Gott Dionysos, der die Stadt verläßt wie die Ratten ein sinkendes Schiff«, so wissen die Einheimischen.

76 Octavianus, der spätere Kaiser Augustus, wird der neue starke Mann Roms. Kleopatra kann ihn nicht auf ihre Seite ziehen.

Antonius hat sich angesichts der Niederlage und der drohenden Erniedrigung durch seinen Erzfeind in sein Schwert gestürzt. Kleopatra hat den Sterbenden in ihr Grabmal bringen lassen, das ganz in der Nähe des Alexander-Grabes gelegen haben muß. Wie einen Pharao hat sie die Leiche eigenhändig balsamiert und bestattet.

Sie selbst verschanzt sich im Grabmal vor den heranrückenden Truppen des Octavianus. Schon beerdigt und doch noch nicht tot – Kleopatra steht vor dem Fiasko ihres Lebens.

In Alexandria herrscht Götterdämmerung. Wie verängstigte Tiere ducken sich die Menschen in den Straßen vor der drohenden Gefahr. Was wird sein, wenn Octavianus und seine Soldaten die Stadt erreichen? Wird sich Rom, der Sieger, an Alexandria rächen?

Als sie dem neuen Machthaber Roms gegenübertritt, besitzt Kleopatra nichts mehr, was sie ins Spiel bringen könnte. Vor Octavianus steht eine Frau mit glanzlosen Augen, gezeichnet und fiebernd von den Wunden, die sie sich in ihrer Trauer über den Tod des Antonius beigebracht hat. All ihre Schätze sind bereits in der Hand des Siegers, ihr bleibt nur, ihn um das Leben ihrer Kinder zu bitten.

Für sich selbst wagt sie weder zu bitten noch zu hoffen. Sie hat das Schicksal ihrer Schwester vor Augen, die nach dem Alexandrinischen Krieg in Ketten im Triumph durch Rom geführt wurde. Ein solches Ende will sich Kleopatra ersparen: Im Freitod sucht sie ihre Würde zu wahren.

Ob sie den Tod durch den Biß einer Schlange suchte – wie die antiken Schriftsteller erzählen –, ist fraglich. Eher griff sie zu giftgetränkten Nadeln oder einer Lanzette, Geräten, die leicht durch den um sie gezogenen Sperrkreis gelangen konnten.

Für diese Annahme spricht vor allem, daß Kleopatra nicht allein in den Freitod ging, sondern gemeinsam mit ihren beiden Dienerinnen. Das Gift einer einzigen Schlange – zumal das einer Kobra, die gewöhnlich ihre gesamte Giftreserve während eines einzigen Bisses verspritzt – hätte wohl nicht ausgereicht, drei Menschen ums Leben zu bringen. Auch ist es unwahrscheinlich, daß es Kleopatra gelungen sein sollte, gleich drei oder gar mehrere Schlangen durch die strengen Sicherheitskontrollen des Octavianus zu schmuggeln; unwahrscheinlich auch deswegen, weil die antiken Schriftsteller einhellig berichten, daß später nicht eine einzige Schlange in den Gemächern Kleopatras gefunden worden sei.

77 Ob Kleopatra den Tod durch den Biß einer Schlange suchte, ist fraglich. Aber noch heute beeindrucken Schlangenbeschwörer in Ägypten ihr Publikum mit Giftschlangen.

Eine gezielte Nadelinjektion von Schlangengift dürfte die am wenigsten problematische und seinerzeit auch bekannte Methode des Gruppenselbstmordes gewesen sein. »Einige sagen auch«, so unterstreicht Plutarch, »daß man zwei schwache, kaum sichtbare Einstiche an Kleopatras Arm gefunden habe.«

Dafür, daß es tatsächlich das Gift einer Kobra war, mit dem sich Kleopatra das Leben nahm, spricht die sonstige Unversehrtheit der Leiche, von der Plutarch berichtet: »Ihr Körper hat sich jedoch an keiner Stelle gerötet, und man hat auch kein anderes Symptom einer Vergiftung feststellen können.«

Genau dieses Fehlen äußerer Merkmale ist aber bei dem nervenlähmenden Effekt des Kobragiftes zu erwarten. Im Gegensatz zu der Wirkung anderer Schlangengifte: Eine Schildviper etwa hätte mit ihrem Biß blutschädigende Gifte freigesetzt. Die Folge wären häßliche, schwarzblaue Hautverfärbungen gewesen. Nichts davon war bei der ägyptischen Herrscherin zu sehen.

Kleopatra ist tot. Hat sie ihr Lebensziel verfehlt? Gewiß, Alexandria ist nicht zur Hauptstadt der Welt geworden, sondern zum größten Stützpunkt der neuen römischen Provinz Ägypten, zum genauen Gegenteil all ihrer Absichten. Was also hat sie überhaupt erreicht? Ist sie nur der Spielball zweier großer Römer gewesen, ihre Geldgeberin, ihr Ruhekissen auf dem Weg zur Macht?

Auch die Wissenschaftler unserer Tage müssen einräumen: Wo immer er konnte, hat Caesar sie unterstützt, hat ihr in den Jahren ihres Zusammenseins mehr geschenkt und zugestanden, als sich ihr gedemütigter Vater Auletes mit seinen Bestechungssummen je erkaufen konnte. Nie hat sich der kühle Taktiker Caesar so irrational verhalten, wie während seines Aufenthalts in Ägypten, nie hat er das politische Kalkül so außer acht gelassen wie in seiner Beziehung zu Kleopatra. Sein Verhalten läßt sich nur durch die tiefe Zuneigung zu ihr erklären.

Und Antonius? Als Kind hatte Kleopatra den Römer schon in der Gefolgschaft des Gabinius als Gast am Hofe ihres Vaters gesehen. Kennengelernt hatte sie ihn dann als Freund Caesars in ihrem römischen Haus. Verfallen war er ihr nach der Begegnung in Tarsus. Die wildesten Gelage hatten sie gemeinsam gefeiert, gemeinsam waren sie auch auf nächtliche Streifzüge durch Alexandria gegangen – eine schöne, leichte Zeit, vielleicht die schönste ihres Lebens. Kleopatra finanzierte die fehlgeschlagenen Feldzüge des Antonius – und wiederum gemeinsam gingen sie dem Untergang entgegen. Mit Sicherheit hat Antonius, auf den sie doch so gesetzt hatte, sie bitter enttäuscht, aber hätte sie seinen Tod so selbstquälerisch betrauert, wenn sie nicht sicher gewesen wäre, in ihm den Geliebten verloren zu haben? Plutarch charakterisiert ihr Wesen am deutlichsten:

> «Alles was sie tat, tat sie mit voller Hingabe:
> Wenn sie liebte, liebte sie völlig.
> Wenn sie haßte, haßte sie mit Inbrunst.
> Wenn sie trauerte, trauerte sie mit vollem Herzen.«

So auch um Antonius.

WER WAR KLEOPATRA?

Berlin, Antikensammlung. Unsere Spurensuche ist beendet. Wieder stehen wir vor der Kleopatra zugeschriebenen Büste. Hat sich unser Blickwinkel verändert?

Vor uns steht eine hübsche, zierliche Frau, die so ganz anders aussieht, als es uns der Zeitgeschmack über zwei Jahrtausende hin glauben machte; die sich ihrer Stellung und Macht schon früh bewußt war; die sich als Griechin eher auf Alexander als auf die Pharaonen berief, es aber verstand, auch das alte Erbe Ägyptens einzusetzen; die sich den Traditionen zweier Kulturkreise stark verpflichtet fühlte und beider Vorzüge zu genießen verstand; die ihre Vision vom größer als je zuvor wiedererstehenden Ägypten zusammen mit ihren Männern begraben mußte und die der Nachwelt kein Altersbildnis, sondern allein ein Abbild zeitloser Jugend hinterließ, so zeitlos wie die Pyramiden ihres Landes.

Trauern wir unserem Bild der Femme fatale auf dem Pharaonenthron nach, der sinnlich-dunklen Verführerin, die das Abendland an den dekadenten Luxus des Orients fesseln wollte?

Sicher nicht, denn wir haben Kleopatra als Machtpolitikerin zwischen den Welten kennengelernt, als eine starke Persönlichkeit, die – anders als ihre Gegner – für und von einer Vision lebte. Noch in der späten Kaiserzeit muß sich der römische Herrscher Iulianus zwischen

78 Wer war Kleopatra? Trauern wir unserem Bild der Femme fatale auf dem Pharaonenthron nach, der sinnlich-dunklen Verführerin, die das Abendland an den dekadenten Luxus des Orients fesseln wollte - so wie Hans Makart sie darstellte?

dem Christentum und dem Heilsversprechen orientalischer Religionen entscheiden, die seit Kleopatras Zeiten immer mehr Zulauf gefunden haben. Seine Untertanen nehmen lieber an den Mysterien eines verheißungsvollen, sinnlich-frohen Dionysos teil als am entsagungsreichen Leben christlicher Eremiten.

Selbst unserer heutigen Vorstellung von einer selbstbewußten, »modernen« Frau hat sie entsprochen: Weder in ihrer Beziehung zu Caesar noch zu Antonius geriet sie in völlige Abhängigkeit. Sie bot beiden Römern mit dem reichen Ägypten die Ausgangsbasis, ihren Ambitionen nachzukommen; aber erst, nachdem beide ihre Macht als Herrscherin von Ägypten gefestigt und ihr damit einen breiten Spielraum für selbständiges Handeln zugebilligt hatten. Zu keiner Zeit war

sie nur das exotische »Liebchen« ihrer oft allzu groß dargestellten römischen Liebhaber – aber sie wußte um den Charme ihrer Persönlichkeit und verstand es, ihre Weiblichkeit mit allem, was die Schmuckkästen, Flakons und Tiegel zweier Kulturkreise zu bieten hatten, zu unterstreichen. Diese Frau bedurfte keiner sinnlich-schwülen Atmosphäre, keiner exotisch-orgiastischen Nächte, keiner hinterhältigen Zauberkräfte – wie sie die Schriftsteller und Maler beschworen haben –, um einen Caesar oder einen Antonius an sich zu binden.

Müssen wir nicht umdenken und die aus Unwissenheit resultierende Geringschätzung, ja Abneigung dieser Frau gegenüber ad acta legen? Ihr Leben und Handeln verlangt nach Anerkennung und Verständnis für ihre Lage – und nach Mitleid. Kaum eine Frau der

79 Mit Kleopatra ging in Ägypten die Pharaonenzeit zu Ende – und bald nach ihr verstummten die Hieroglyphen, bis sie erst im vorigen Jahrhundert wieder entschlüsselt wurden.

Weltgeschichte ist von der Gegenpropaganda schlimmer verzeichnet worden –, und mit kaum jemandem ist das alte Spiel »Was wäre gewesen, wenn ...« interessanter zu spielen gewesen als mit Kleopatra in der Hauptrolle.

Literaturverzeichnis

Bengtson, Hermann: Marcus Antonius. München 1977.
Benoist-Méchin: Kleopatra. Frankfurt 1980.
Brambach, Joachim: Kleopatra und ihre Zeit. Legende und Wirklichkeit. München 1991.
Cassius Dio: Römische Geschichte. Zürich/München 1987.
Chamoux, François: Marcus Antonius. Der letzte Herrscher des griechischen Orients. Gernsbach 1989.
Cicero: Attikus-Briefe. München 1976.
Grant, Michael: Kleopatra. Eine Biographie. Bergisch Gladbach 1977.
Grant, Michael: Von Alexander bis Kleopatra. Die hellenistische Welt. Bergisch Gladbach 1984.
Plutarch: Vergleichende Lebensbeschreibungen. Leipzig o.J.
Shakespeare, William: Antonius und Kleopatra. 1979.
Shaw, George B.: Cäsar und Kleopatra. Zürich o.J.
Sueton: Caesarenleben. Stuttgart 1952.
Vandenberg, Philipp: Cäsar und Kleopatra. Die letzten Tage der römischen Republik. München 1986.
Volkmann, Hans: Kleopatra. München 1953.
Wertheimer, Oskar von: Kleopatra. Wien 1930.

Die Hu

Jens-Peter Behrend
und Eike Schmitz

DIE INVASION AUS DEM OSTEN

Man schreibt das Jahr 375 n. Chr. Europa erzittert, als würde die Erde beben. Wilde Reiterhorden aus den Weiten Asiens überrennen seine östlichen Grenzen. Erschütternde Nachrichten von Mord, Folter und verbrannten Dörfern eilen ihnen voraus. Der ganze römische Weltkreis gerät in Aufruhr und Panik: Die Hunnen kommen! Steht nun das Ende der Welt bevor? Ist das die in der Bibel prophezeite Apokalypse?

Schon lange vor dem Hunnensturm hatten die Barbaren aus den Gebieten jenseits des Limes, des nördlichen Grenzwalls, kriegerische Vorstöße unternommen und Rom zum Wanken gebracht. Doch erst den Hunnen sollte es gelingen, das Weltreich in die Knie zu zwingen. Wie war das möglich? Wie konnten raubende und plündernde Horden asiatischer Reiternomaden die militärische Supermacht Rom überrennen und damit der glorreichen Antike den Todesstoß versetzen?

Das Kaiserreich befand sich im Umbruch. Die alte Götterwelt hatte abdanken müssen, der neue Kult um den Lichtgott Mithras entweihte die Tempel von Jupiter und Mars. Von Kleinasien aus verbreitete sich eine neue Religion, die aus einer kleinen jüdischen Sekte entstanden war, nach Westen und stieg im Römischen Reich zur mächtigsten Religion auf: das Christentum. Die alten Kulte wurden aber nicht nur auf Grund gewandelter Glaubensvorstellungen verdrängt. Der Kampf um die Götter war auch ein Kampf um die politische Macht in Rom.

Das Zeitalter der großen Völkerwanderungen war angebrochen. Nach Westen ziehende Stämme lösten in Europa Unruhe aus, mittel- und nordeuropäische Völker kamen in Bewegung. Sie alle zerstörten das alte Ordnungsgefüge: den »römischen Frieden«, die *Pax Romana*.

Seit die Hunnen vor eineinhalb Jahrtausenden über Europa herfielen, gelten sie als die Verkörperung der asiatischen Bedrohung. Seit damals fürchtet die zivilisierte Welt des Westens die ihr unheimlichen Fremden aus dem Osten.

Der Hunnensturm über Europa ist eines der großen Rätsel in der Geschichte des Abendlandes. Woher kam dieses Volk? Aus welchem Grund machte es sich nach Westen auf und drang über Tausende von Kilometern in unbekannte Gebiete vor? Welches Geheimnis verbirgt

81 Wie schaffte es der Anführer der Hunnen, der legendäre König Attila, in nur wenigen Jahren Europas mächtigster Herrscher zu werden? (Deckengemälde in der Bibliothek des Palais Bourbon von Eugène Delacroix)

sich hinter seinem Siegeszug? Und wie schaffte es sein Anführer, der legendäre König Attila, in nur wenigen Jahren Europas mächtigster Herrscher zu werden?

Die Hunnen sind eines der berühmtesten Völker der Erde. Sie sind die einzigen, die gleich drei großen Imperien der alten Welt gefährlich wurden: zunächst dem chinesischen, später dem persischen und schließlich dem römischen. Dennoch sind sie ein weitgehend unerforschtes Volk, denn sie haben nur wenige greifbare Spuren hinterlassen. Wir besitzen von ihnen, im Vergleich zu denen anderer Völker des Altertums, nur spärliche Zeugnisse. Die archäologischen Funde sind über zahlreiche Länder auf zwei Kontinenten verstreut. Mühsam versuchen die Wissenschaftler heute, ihre historische Hinterlassenschaft zu rekonstruieren. Und da die Hunnen ein Volk ohne Schrift waren, kennen wir sie lediglich aus den Schilderungen Dritter. Es waren meistens Feinde, die über sie berichteten. Entsprechend einseitig sind viele schriftliche Zeugnisse. Sie wurden aus der Sicht von Verängstigten verfaßt, die vielfach hemmungslos übertrieben und ihre Gegner in ein schlechtes Licht rückten. Außerdem war über die Hunnen bis zu ihrem Erscheinen auf der geschichtlichen Bühne Europas nichts bekannt. So

82 Ein römischer Reiter setzt einem Hunnen nach. Dieser hat sich in seinem Sattel umgedreht und schießt einen Pfeil auf seinen Verfolger ab. Das Fresko aus Aquileia ist ein Dokument eines Augenzeugen für die weit überlegene Reitkunst der Hunnen.

konnten die zeitgenössischen Chronisten allenfalls Parallelen zu anderen Nomadenvölkern ziehen, wie etwa zu den »Skythen«, die im Süden des heutigen Rußland lebten. Von diesen hatte immerhin der »Vater der Geschichtsschreibung«, der Grieche Herodot, berichtet.

Die Römer interessierten sich im Grunde nicht für die Hunnen, die sie als heimatloses, kultur- und sittenloses Volk ansahen. Und noch anderthalb Jahrtausende nach ihrem Untergang hat unser Bild von den Hunnen erhebliche Lücken und bedarf der Richtigstellung. Sie waren nicht etwa nur der wilde Haufen von anarchischen Freischärlern, als die sie immer wieder dargestellt werden. Sie waren im Gegenteil ein gut organisiertes Volk mit einer eigenständigen, hochentwickelten Kultur. Viele kleine Stammeseinheiten bildeten eine arbeitsteilig gegliederte Gesellschaft mit straffen Hierarchien. An den Höfen der einzelnen Stämme, über die der jeweilige Fürst selbständig und unumschränkt gebot, herrschte ein strenges Zeremoniell.

In den fast 100 Jahren ihrer europäischen Herrschaft, von 375 n. Chr. bis zu ihrer Vernichtung im Jahr 469, stellte ein einziges Geschlecht den sogenannten Großkönig, der die Politik des Hunnenverbandes bestimmte. Die Hunnen waren nicht ausschließlich Viehzüchter und Reiterkrieger. Es gab die verschiedenartigsten Handwerksberufe. Sie hatten Kürschner, Goldschmiede, Zimmerleute, Holz- und Beinschnitzer, Tischler, Sattler, Kesselflicker, Töpfer, Wagner und Waffenschmiede. Es bedurfte hochentwickelter handwerklicher Fähigkeiten und Kenntnisse, um etwa ihre »Wunderwaffe«, den Reflexbogen, herzustellen. Die Grabfunde belegen eine ausgeprägte Prunksucht und Liebe zum Ornamentalen und müssen mit den orientalischen Kunsterzeugnissen der hochzivilisierten alten Perserreiche auf eine Stufe gestellt werden.

Einige Auskünfte über die Hunnen gibt uns der Grieche Priskos, der sich im Jahr 449 als Mitglied einer oströmischen Gesandtschaft am Hofe Attilas aufhielt. In seiner Beschreibung der höfischen Lebensart geht er auch detailliert auf die Gastfreundschaft der Hunnen ein. Seine Erfahrungen scheinen durchweg positiv gewesen zu sein. Er erwähnt sogar den Brauch der Hunnen, dem Gast zur Nacht die eigenen Frauen als Beischläferinnen anzudienen.

Die wichtigste römische Quelle über das Steppenvolk stammt von Ammianus Marcellinus, einem römischen Geschichtsschreiber griechischer Abstammung. Für ihn sind die Nomaden aus dem Osten nichts weiter als kulturlose Hirten und primitive, steinzeitliche Horden. Ammianus fragt nicht danach, woher sie kommen. Seine Beschreibungen beruhen zwar auf eigenen Erfahrungen, sind aber – verständlicherweise – auch Ausdruck seiner Angst vor den Fremden, die seine Heimatstadt Antiochia zerstört haben.

Uns fehlen nicht nur vorurteilslose Beschreibungen, wir besitzen auch keine bildlichen Darstellungen von den Hunnen aus jener Zeit. Eines der wenigen Bilder, die uns erhalten blieben, kann man in einer norditalienischen Kirche, der Crypta Afreschi in Aquileia, betrachten. Das Fresko wurde kurz nach den kriegerischen Auseinandersetzungen zwischen Römern und Hunnen von geschickter Hand auf den Putz gemalt. Dargestellt ist ein römischer Reiter, der – mit einer Lanze bewaffnet – einem Hunnen nachsetzt. Dieser hat sich in seinem Sattel umgedreht und schießt einen Pfeil auf seinen Verfolger ab.

Man kann nur mutmaßen, ob sich die Hunnen ihrer eigenen Vergangenheit und der anderer Völker bewußt waren und wieviel sie über ihre Herkunft wußten. Wir können nicht sagen, ob dieses schriftlose Volk seine Geschichte mündlich an die Nachkommen weitergab. Es war jedoch üblich, daß Sänger bei Festgelagen auftraten und

Mythen und Sagen vortrugen. Bis heute rätseln Wissenschaftler, welche Sprache das ethnisch eher mit den Türken als mit den Mongolen verwandte Volk benutzte. Bekannt sind uns lediglich eine große Zahl von Eigennamen, aber auch diese häufig nur in römischer, gotischer oder griechischer Überlieferung. So ist der Name »Attila« dem Hunnenkönig wahrscheinlich erst später beigegeben worden und dürfte ihm selbst nie zu Gehör gekommen sein. Der Name »Attila« entstammt der gotischen Überlieferung und bedeutet »Väterchen«. Wie der Hunnenkönig wirklich hieß, wissen wir nicht.

Da die Hunnen weder Häuser noch Städte bauten und ihre Toten auch nicht in steinernen Sarkophagen begruben, haben sich nur wenige Relikte erhalten. Deshalb sind wir in erster Linie darauf angewiesen, diese stummen Zeugen einer längst vergangenen Epoche zu finden. Begeben wir uns also auf eine archäologische Reise.

DIE SUMPFGEBURTEN

Ein gotischer Ursprungsmythos erzählt, wie die Hexen von den Menschen in die Sümpfe verbannt wurden. Die Hexen hätten sich dort mit bösen Geistern gepaart und das gräßliche Hunnengeschlecht gezeugt: Halbmenschen ohne Sprache, die lediglich tierische Laute von sich gaben. Dies soll sich in der Region des Asowschen Meeres zugetragen haben, wo die Maiotischen Sümpfe die geographische Grenze zwischen Asien und Europa bilden.

So will es der Mythos.

83 Bei einem kleinen nordkoreanischen Städtchen wurde diese Tonfigur als Grabbeigabe gefunden.

Die wirkliche Herkunft der Hunnen aber liegt im Dunkel der asiatischen Frühgeschichte. Ein aufsehenerregender archäologischer Fund läßt darauf schließen, daß ihre ursprüngliche Heimat vielleicht im äußersten Osten des asiatischen Kontinents zu suchen ist: dort, wo heute China und Korea aneinandergrenzen. Bei dem kleinen nordkoreanischen Städtchen Kyongju wurde ein Grab freigelegt, in dem man als Beigabe eine Tonfigur entdeckte, die einen Reiter auf einem Pferd darstellt. Hinter dem Reiter befindet sich, aufrecht und fest auf

84 Als Schutz vor den kriegerischen Nomadenstämmen des Nordens bauten die Chinesen die Große Mauer, das bis heute größte Bauwerk der Menschheit.

dem Rücken des Pferdes verschnürt, ein seltsam geformter Kessel. Gefäße dieser Art sind bisher nur hier und entlang der hunnischen Wanderrouten nachgewiesen worden.

Seit Beginn der historischen Überlieferung gelten die heutige Mongolei – die Mongolen siedelten erst seit etwa dem 6. Jahrhundert n. Chr. oder etwas später in dieser Gegend – und die benachbarten Regionen als die Heimat kriegerischer Nomadenstämme. Der zweifelhafte Ruhm dieser Völkerschaften gründet sich auch nach der asiatischen Geschichtsschreibung auf Plünderung und Unterdrückung. In chinesischen Chroniken ist bereits im dritten vorchristlichen Jahrhundert von barbarischen Stämmen nördlich des Reiches der Mitte die Rede, die immer wieder in die fruchtbaren Täler des Gelben Flusses eingefallen seien. Die Chinesen nannten die Eindringlinge »Xiongnu« (Hsiung-Nu).

Von dieser Bezeichnung leitet sich sehr wahrscheinlich das später in Europa gebräuchliche Wort »Hunnen« ab. Ob aber diese Xiongnu mit den Hunnen identisch sind, wie früher angenommen wurde, wird heute von vielen Historikern angezweifelt. Die Hunnen waren eine Vereinigung verschiedener nomadischer Stämme, die ethnisch heute nicht mehr eindeutig bestimmt werden können.

Soviel jedoch kann man festhalten: Vom mongolischen Hochland aus zogen Nomadenvölker nach Süden und Westen und eroberten weite Regionen des asiatischen Kontinents. Sogar China hielt es für besser, sich vor ihnen zu schützen. So entstand seit dem Jahr 214 v. Chr. das bis heute größte Bauwerk der Menschheit: die große chinesische Mauer. Ein chinesischer Hofbeamter schrieb über die Xiongnu: »In ihrer Brust schlägt das Herz wilder Tiere. Seit den ältesten Zeiten werden sie nicht als Teil der Menschheit betrachtet.«

Trotz der Großen Mauer, die erst viele Jahrhunderte später vollendet werden sollte, gelang es den Nomadenvölkern, den Norden Chinas zu erobern und zu besetzen. Aus dem Jahr 176 v. Chr. ist ein Brief ihres Herrschers Mao Dun an den Kaiser von China überliefert. Darin forderte der Eroberer Frieden: »Da die Länder des Nordens fest in meiner Macht sind, verlange ich, die Waffen zu strecken, meinen Offizieren und Truppen Ruhe zu gewähren und meine Pferde zu pflegen, unsere Streitigkeiten zu beseitigen, auf daß der Bevölkerung der Grenzlande die Ruhe zuteil werde, welche dem Anfang des Altertums entspricht. Wird der Jugend die Gelegenheit geboten aufzuwachsen und können die Erwachsenen und Alten auf heimatlicher Scholle bleiben, dann wird Geschlecht auf Geschlecht in Frieden und Freuden leben ... Ich bitte darum, Dir ein Kamel, zwei Reitpferde und zwei Viergespanne für Deine Wagen anbieten zu dürfen ...«

Der Wunsch Mao Duns wurde jedoch nur zum Teil Wirklichkeit. Die Xiongnu begannen sich in den eroberten Gebieten Chinas heimisch zu fühlen und gründeten dort ihr erstes Großreich. Sie machten sich zu den Herrschern über die städtischen Zentren und heirateten in die chinesische Gesellschaft ein. In den folgenden, unruhigen Jahrhunderten ging ihr Einfluß in China nach vielen, oft kriegerischen Auseinandersetzungen wieder erheblich zurück, bis es im Jahr 350 n. Chr. zu einer brutalen ethnischen Verfolgung kam. Die Xiongnu, die nun schon seit Generationen im Land lebten, sollten ausgelöscht werden. Alten Berichten zufolge wurden 200 000 von ihnen getötet, Junge wie Alte, Mann wie Frau, von einfacher Geburt oder von Adel. Für das einst unumschränkt herrschende Volk eine tief erschütternde Erfahrung.

85 Der weite Steppengürtel Zentralasiens wird auch heute noch, wie zur Zeit der Hunnen, von Nomaden besiedelt.

86 Die Steppenvölker Asiens haben eine vielfältige und bedeutende Handwerkskunst entwickelt: der fast 2000 Jahre alte Teppich von Noin Ula, Mongolei.

Die überlebenden Xiongnu flüchteten zunächst nach Norden: ein Aufbruch, der nun entweder zur Verdrängung der hier ansässigen hunnischen Stämme nach Westen führte oder der – falls die Xiongnu mit den Hunnen identisch sein sollten – zum Beginn ihrer langen Wanderschaft wurde, die erst mitten in Europa zum Stillstand kam.

Ein anderer, vielleicht noch gewichtigerer Grund für die Wanderungswelle waren klimatische Veränderungen. Die Bedingungen für die Viehhaltung in den Hochebenen der Mongolei sind noch heute äußerst schwierig. Eine Periode mit harten Wintern kann verheerende Auswirkungen haben. So gab es im Jahr 1992 einen derart kalten und schneereichen Winter, daß selbst die an extreme Temperaturen gut angepaßten mongolischen Rinder, die Yaks, stehend erfroren und die Nomaden unter einem katastrophalen Versorgungsnotstand litten. Die Filmaufnahmen von dem betroffenen Gebiet sind erschütternd.

Eine Klimaveränderung um das Jahr 373 hatte für die Hunnen schreckliche Folgen. Nach der Aufnahme der Flüchtlinge aus dem chinesischen Norden und nach Jahren des Wohlstands, in denen die Bevölkerung sich stark vermehrt hatte, trat infolge eines besonders harten Winters ein empfindlicher Rückschlag ein. Der anschließende Sommer war kurz, und so tauten die Steppen nicht auf. Die Nahrung wurde knapp. In der schwierigen Zeit des späten Frühjahrs raffte die Kälte den Nachwuchs der Herden dahin. Der Hunger und die Überbevölkerung zwangen die Hunnen nun zur großen Wanderung. Da ihnen der fruchtbare Süden durch die Chinesen und ihre Große Mauer, die mittlerweile einen wirksamen Schutz bot, versperrt war, schlugen sie einen anderen Weg ein: den nach Westen.

Aus den ungeheuren Weiten des mongolischen Hochlandes folgten die Hunnen dem Verlauf der Steppen, die sich wie ein Gürtel von Zentralasien über das Altai-Gebiet, vorbei am Aral-See, dem Kaspischen und dem Schwarzen Meer bis ins europäische Karpaten-Becken erstrecken. Auf dieser Wanderung hinterließen sie eine Spur, der die Archäologen genau folgen konnten. Hier stießen die Wissenschaftler auf die berühmten bronzenen Kessel.

Der erste Kessel wurde im vorigen Jahrhundert in Schlesien an einem niedrigen Sandhügel freigelegt. Seither hat man zwischen der Mongolei und Westeuropa knapp 30 mehr oder weniger gut erhaltene Kessel ausgegraben. Die Gefäße haben eine Höhe von 50 bis 60 Zentimetern und sind mit feinen Mustern verziert. Zum Teil sind an den

87 Einer der berühmten Bronzekessel der Hunnen. Wofür wurde er geschaffen?

Rändern stilisierte Blätter oder Pilze in wiederkehrender Anordnung befestigt. Mit vergleichbaren Ornamenten waren auch die Diademe und Kronen der vornehmen hunnischen Frauen geschmückt. In Korea fand man Kopfschmuck mit genau derselben Verzierung. Ein weiterer Hinweis darauf, daß die Hunnen aus dieser Gegend stammen könnten.

Der schwerste der Bronzekessel wiegt mehr als 50 Kilogramm. Die Tatsache, daß die Hunnen sich für ihre langen, anstrengenden Wege

Nordsee
Ostsee
FRANKE
ab 350
ab 455
Rhein
BURGUNDER B. UM 400
WANDALEN
BAJUWAREN
LANGOBARDEN
400-550
Paris
Kat. Felder 451
Orléans
Troyes
Worms
BURGUNDER
406-436
Lorch
BURGUNDER
443-534
OSTGOTEN 454
Aquileia
Mailand
Ravenna
Barcelona
Rom
Mittelmeer

SLAWEN
Dnjepr
HUNNEN 375
ALANEN
OSTGOTEN
GEPIDEN 376-576
PANNONIEN
Abzug der Hunnen 454
Donau
Schwarzes Meer
200 km
Grenzen von heute
Adrianopel
Konstantinopel

allen überflüssigen Ballasts entledigt haben und dennoch die ungewöhnlich schweren Bronzekessel quer durch die asiatischen Steppen bis nach Europa schleppten, bestätigt die besondere Bedeutung der Kessel. Ihr praktischer Nutzen als Teil des Kochgeschirrs würde diesen Aufwand nicht rechtfertigen.

Eines der schönsten Exemplare, von einer strengen Form, wurde bei Noin Ul in der Mongolei gefunden. Die Gußtechnik – in Lehmformen hergestellte Teile werden zusammengelötet – sowie die Ornamente auf der Oberfläche und dem Rand weisen zwar auf chinesische Einflüsse hin, sind aber doch vom Stil her eigenständig. Auch die für Nomaden sicherlich schwierige Herstellung und die prunkvolle Verzierung vieler Kessel legen nahe, daß es sich um besondere, wahrscheinlich um kultische Geräte handelt. Hierfür spricht außerdem der Umstand, daß alle Funde mutwillig zerbrochen oder beschädigt wurden und in oder bei Grabstätten in unmittelbarer Nähe anderer Grabbeigaben lagen. Man nimmt an, daß beim Tod eines Hunnen ein Festgelage gehalten und der Leichenschmaus in diesen Kesseln zubereitet wurde. Die Spuren der Zerstörung deuten darauf hin, daß das schwere Kochgeschirr nach dem Mahl zerschlagen wurde. Doch für die Archäologie sind diese Funde dennoch von unschätzbarem Wert.

DIE WUNDERWAFFEN

Schon die erste Begegnung mit hunnischen Kriegern versetzte die Europäer in Erstaunen. Nie zuvor hatte man eine derartige Harmonie zwischen Reiter und Pferd erlebt. »Selbst Kentauren sind nicht enger mit ihren Pferden zusammengewachsen als sie«, schreibt ein römischer Chronist. Von früher Kindheit an verbrachten die Hunnen einen Gutteil ihres Lebens auf dem Rücken der Pferde. Wer die Steppen Zentral- und Ostasiens bereist, wird bemerken, daß das Pferd in der nomadischen Kultur – wie in der Hunnenzeit – eine zentrale Rolle einnimmt. Schon vier- und fünfjährige Kinder, die ohne Hilfe von Erwachsenen nicht einmal auf- oder absteigen können, sind sichere Reiter und legen zu Pferd weite Entfernungen zurück.

88 Harmonie zwischen Reiter und Pferd.

***89** Der neuartige Reflexbogen und dreikantige Pfeile führten neben anderen Neuerungen zur militärischen Überlegenheit der Hunnen im Kampf.*

Die Zeitgenossen der Hunnen beschreiben deren Pferde als klein, häßlich und struppig. Sie wurden aus wild lebenden Urpferden gezüchtet, deren letzte Exemplare in der Mongolei erst während des Zweiten Weltkriegs ausgerottet wurden. In europäischen Zoos haben einige Tiere dieser Art überlebt. Auf einem Staatsgut, in der Dülmener Moorlandschaft im Emsland, wird zur Zeit eine Herde dieser kleinen Wildpferde herangezüchtet. Später sollen sie in den Steppen der Mongolei ausgesetzt werden.

Daß Pferd und Reiter so miteinander verwachsen schienen, lag am Sattel. Mit ihren eigenartigen Sätteln riefen die Hunnen bei den Römern Verwunderung hervor, denn sie bestanden nicht, wie die römischen, aus flachem, um den Pferdeleib gezurrtem Leder. Das Besondere am hunnischen Sattel war sein hölzernes Gestell. Dieses verschaffte dem Reiter durch einen nach vorn und hinten hochgezogenen Steg, den Sattelknopf, in allen Gangarten großen Halt. Bis heute werden in den asiatischen Steppen Sättel nach diesem Prinzip hergestellt. Bei der schwerfälligen römischen Reiterei dagegen konnte es vorkommen, daß während einer Schlacht nicht wenige Reiter das Gleichgewicht verloren und vom Pferd fielen – ein gefährlicher, manchmal tödlicher Sturz. Von den Hunnen hingegen sagt Ammianus

Marcellinus, sie seien »... gleich einem Wirbelwind aus den hohen Bergen so maßlos geschwind, daß sie, ehe man sie bemerkt, schon das Lager stürmen«.

Die Pferde der Hunnen waren nicht nur zäh und extrem belastbar, sie waren obendrein anspruchslos. Im Winter suchten sie sich ihr Futter unter dem Schnee. Auch hierin lag ein großer Vorteil der hunnischen Reiterei. Im Gegensatz zur römischen war sie ohne weiteren Aufwand das ganze Jahr über einsatzfähig. Das Reservoir an Ersatzpferden war groß. Man schätzt, daß auf einen hunnischen Krieger etwa sieben Pferde kamen. Wir haben in Ungarn einen Reiter gebeten, sechs Pferde im Galopp zu führen. Wer etwas vom Reiten versteht, weiß, welch schwerer Dressur es bedarf, mehrere Pferde gleichzeitig am Zügel zu halten.

Steigbügel

Neben dem Sattel hatten die Hunnen eine weitere Erfindung aus Asien mitgebracht, die eine geradezu revolutionäre Neuerung in der Kriegstechnik darstellen sollte: den bis dahin in Europa unbekannten Steigbügel. Um zu verhindern, daß die Beine bei einem langen Ritt rasch ermüdeten, wurden Bandagen, Lederbänder oder eine Art Beinsack aus Leinen am Sattel befestigt, die den Füßen Halt geben sollten. Ammianus Marcellinus spricht von »aufgerollten Ziegenhäuten, die um die haarigen Beine gebunden sind«. Der Steigbügel aus Holz oder Eisen kam erst gegen Ende der Hunnenzeit auf, also etwa in der Mitte des 5. Jahrhunderts. Aber auch seine noch wenig entwickelte Vorform bot dem Reiter sowohl ein sicheres Gefühl der Stabilität als auch die Möglichkeit, sich im Ritt aufzurichten und nach allen Seiten zu drehen. Durch den festen Sitz im hölzernen Sattel und den Halt, den die Beine gewannen, war der Reiter in der Lage, während des Rittes Pfeile in jede Richtung abzuschießen.

»Die Völker, welche den Bogen spannen« nannte der Herrscher Mao Dun im 2. Jahrhundert v. Chr. seinen Verband »hunnischer« Stämme. Ihre Wunderwaffen waren der seltsam konstruierte Bogen und die neuartigen Pfeile. Die Waffenmeister fertigten aus elastischem Holz einen Bogen, der zwischen dem Mittelteil, an dem der Schütze den Bogen hielt, und den Enden jeweils eine Biegung aufwies. Die Enden und das Mittelteil waren mit abgeflachten Knochen verstärkt. An den Enden gaben diese Stützen der Sehne Halt und konzentrierten die Spannung im Holz auf die beiden C-förmigen Biegungen. Anders als beim »runden« Bogen, der bei zu starker Spannung überdehnt wird und damit seine Wirkung verliert, wurde die Spannung im Bogen der Hunnen von den beiden kurzen, elastischen Biegungen erzeugt, die gegeneinanderdrückten. Die Spannweite zwischen dem zu haltenden Mittelteil und dem auf die Sehne gesetzten Pfeilende war daher ziemlich gering. Die obere Biegung des Bogens war etwas größer als die untere; dadurch hatte vor allem der Reiterkrieger eine größere Freiheit in der Handhabung. Auf Grund dieser Form wird er »asymmetrischer Reflexbogen« genannt.

Einige etwa einen Meter lange Bögen fanden die Archäologen unter Grabbeigaben, darunter auch minderwertige Schaustücke, die man dem Toten als Ersatz für das wertvolle Original mit ins Grab gelegt hatte. Im Laufe der Zeit, als sie sich stetig weiter von ihrer Heimat entfernten, sind die Hunnen dazu übergegangen, die Bögen zu vererben oder weiterzugeben, da der Nachschub aus Asien ausblieb. Ihre Schlagkraft litt nun in mehrfacher Hinsicht unter einem Nachschubmangel. Das benötigte Material für die Bögen war schwer zu beschaffen, und zu wenige Spezialisten verstanden sich auf ihre Fertigung. Deshalb wurden die Bögen rar und stiegen im Wert.

Auch ihre Pfeile brachten die Hunnen aus Asien mit. Besondere Öffnungen in den Schäften bewirkten, daß abgeschossene Pfeile in der Luft unterschiedliche Pfeiftöne erzeugten. Auf diese Weise wurden während der Schlacht Kommandos erteilt, die der Feind nicht verstand. Die Pfeile waren mit dreikantigen Eisenspitzen versehen und hatten eine Länge von etwa 60 bis 80 Zentimetern. Ihre in Europa völlig unbekannte Durchschlagskraft war fatal. Sie durchbohrten die römischen, aus Leder gefertigten Panzerhemden wie Papier und fügten den Gegnern schreckliche Verwundungen zu. Der Bogen der Hunnen war so gut, daß Pfeile noch aus 60 Metern Entfernung ihr Ziel sicher treffen konnten. Der hunnische Angreifer blieb somit außerhalb der Reichweite von Schwertkämpfern, Speerwerfern und herkömmlichen Bogenschützen. Daraus bezogen die Hunnen ihre militärische Überlegenheit, weil sie ohne »Feindberührung« angreifen konnten.

Diese militärische Überlegenheit war der Grund, weswegen die Menschen im Abendland, als plötzlich die Hunnen an den Grenzen auftauchten, in Weltuntergangsstimmung verfielen. Der Westen hatte dieser Art der Kriegführung nichts entgegenzusetzen. Die aus der Antike überkommene Taktik, daß sich die Gegner Aug in Aug gegenüberstanden und kämpften, bis der Stärkere siegte, lief nun ins Leere.

90 Wen die Pfeile verschont hatten, der mußte im Kampf das zweischneidige Langschwert der hunnischen Reiterkrieger fürchten. Fundstücke von Ausgrabungen.

Als die Verluste an Menschenleben immer höher wurden, sann Rom auf Gegenwehr. Man begann die Soldaten in Kettenhemden aus Eisen zu stecken. Beim Marschieren und in der Schlacht war die neue Ausrüstung allerdings sehr hinderlich. Die Soldaten waren besser gegen Verwundungen geschützt, konnten sich aber nicht mehr frei bewegen und folglich nicht mehr so gut kämpfen.

Die Taktik der Hunnen hatte durchschlagenden Erfolg. In kleinen, 500 bis 1000 Mann starken Verbänden griffen sie den Feind von mehreren Seiten gleichzeitig unter dichtem Pfeilhagel an. Sobald die gegnerische Seite zum Sammeln rief, flüchteten die Hunnen zum Schein und verleiteten so den Feind dazu, ihnen nachzusetzen. Dann griffen die Bogenschützen an, die sich bis dahin versteckt gehalten hatten. Diesem Hinterhalt entkamen nur noch wenige feindliche Soldaten. Jetzt kehrten die Reiter, die die Flucht angetreten hatten, zurück und stießen direkt ins Lager des Gegners vor. Der griechische Historiker Zosimos hat diesen Teil der Taktik gegen Ende des 5. Jahrhunderts n seiner »Nea Historia« beschrieben. Zunächst wichen die Hunnen geschickt aus, dann aber »... überschütteten sie aus ihren Flankenpositionen den Feind mit wahren Wolken von Pfeilen, so daß sie ein unermeßliches Blutbad anrichteten«.

91 Bei Ausgrabungen, vor allem im heutigen Ungarn, wurde immer wieder Goldschmuck der Hunnen gefunden.

Wen die Pfeile verschont hatten, der mußte nun das zweischneidige, sogenannte Langschwert, das zur Ausrüstung des hunnischen Reiterkriegers gehörte, fürchten. Das Langschwert ist uns aus zahlreichen Grabfunden bekannt. Häufig waren die Griffe aufwendig mit Gold verziert und mit Halbedelsteinen besetzt. Wie Bogen und Pfeile war auch diese Waffe den europäischen Schwertern überlegen. Das lag an der quer über dem Handgriff angebrachten metallenen Parierstange. Sie schützte bei einem durchgezogenen Klingenstreich des Feindes die Hand des hunnischen Kämpfers.

Das Handwerk der Hunnen war der Krieg, ihr Arbeitsplatz der Pferderücken. Sie kämpften auf eigene oder auf Rechnung anderer. Im ersten Fall überfielen und plünderten sie Bauernhäuser, Dörfer, Klöster, Kirchen und Städte und nahmen soviel mit, wie sie schleppen konnten. Im zweiten Fall verkauften sie sich als Söldner so teuer wie möglich. Nicht politische Überlegungen, sondern der Lohn entschied darüber, für wen sie ihre Haut zu Markte trugen. Im Krieg lag ihre Berufung, egal, in wessen Namen der Krieg geführt wurde.

Es war dennoch keineswegs so, daß die Hunnen ausschließlich vom Kriegshandwerk lebten. Sie verkauften auch mit großem Erfolg und Gewinn ihre Pferde; das war ihr vielleicht einziger, auf jeden Fall aber wichtigster Exportartikel. Für die Bedeutung des Pferdehandels spricht, daß er in kriegerischen Zeiten bei Strafe verboten war. Feindliche Mächte sollten ihre Kavallerie nicht mit hunnischen Pferden ausrüsten können.

Das völlig Neue an diesen fremdartigen Hunnen war, daß sie die eroberten Gebiete überhaupt nicht behalten wollten. Sie jagten nicht die Bauern von den Feldern, um selbst den Pflug zu führen. Sie vertrieben nicht die Städter, um es sich in deren Häusern bequem zu machen. Und sie liquidierten nicht die angestammten Obrigkeiten, um in den Genuß von deren Privilegien zu gelangen. Sie raubten, plünderten und mordeten mit einer Unerbittlichkeit, deren Sinn den Opfern verborgen blieb. Deshalb wurden sie mehr als alle bisher bekannten Feinde gefürchtet. Die Kirchenväter meinten in ihrer Fassungslosigkeit, der Himmel habe die Reiter der Apokalypse geschickt, die Hunnen seien die Vollstrecker des Strafgerichts, die Geißel Gottes. Angesichts des drohenden Untergangs schrieb Augustinus: »Die Welt sinkt bereits dahin und hat sich dem Greisenalter zugeneigt.«

Das Fleisch unter dem Sattel

Seit dem Erscheinen der Hunnen an den Grenzen Europas entstanden zahlreiche Legenden. Da wurde erzählt, sie benützten die ausgehöhlten Schädeldecken ihrer erschlagenen Feinde als Trinkschalen. Angeblich töteten sie ihre Greise und tauchten vor der Schlacht ihre Pfeile in den Saft gekochter Embryos. Sie äßen Kinderfleisch und tränken Frauenblut. Sie würden Tag und Nacht reiten und sogar im Sattel schlafen. Auf ihren verkümmerten Beinen könnten sie nicht laufen. Ammianus behauptete gegen Ende des 4. Jahrhunderts, sie seien »... in ihrer Lebensweise so abgehärtet, daß sie weder Feuer noch schmackhaftes Essen brauchen: Sie essen die Wurzeln wilder Pflanzen und das halbrohe Fleisch jeder Art von Tieren, das sie zwischen ihre Oberschenkel und den Rücken ihrer Pferde legen und auf diese Weise ein wenig wärmen«. Diesem vielleicht bekanntesten Gerücht über die Eßgewohnheiten der Hunnen liegt ein wahrer Kern zugrunde. Entweder hatte man beobachtet, daß die Hunnen zur raschen Heilung von Druckstellen, die gelegentlich durch die hölzernen Sättel verursacht wurden, auf den wunden Pferderücken rohes Fleisch legten. Oder sie verzehrten luftgetrocknetes Fleisch, das sie stets bei sich führten. Steppenvölker konservieren noch heute auf diese Weise Wintervorräte.

Die Hunnen waren Meister der psychologischen Kriegführung. Ihre Wangen, so heißt es in einer zeitgenössischen Schilderung, »ritzen sie mit Messern, um mit furchterregendem Anblick die Feinde in die Flucht zu jagen«. An Schultern und Armen tätowiert, in Felle gehüllt, im Köcher blutrote Pfeile, mit Knochen und Tierhörnern behängt, mit kreuzweise über die Kleidung gelegten und mit bunten Tüchern verknoteten Riemen, die Haare struppig oder zu Zöpfen geflochten und kastanienrot gefärbt, ein Teil des Schädels rasiert – so zogen sie mit lautem Getöse und markerschütternden Urlauten in die Schlacht.

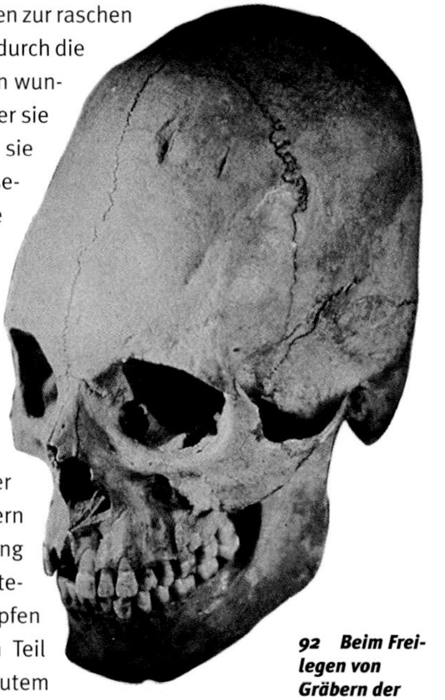

***92** Beim Freilegen von Gräbern der Hunnenzeit machten Archäologen von der Mongolei bis nach Westfrankreich eine eigenartige Entdeckung: Die Köpfe der Toten waren nicht normal gewachsen. Die Kopfform war künstlich zu sogenannten Turmschädeln verändert worden.*

Es sind Berichte überliefert, in denen behauptet wird, die Hunnen spalteten ihre Wangen und nähten sie so zusammen, daß die bei ihnen ohnehin nur spärlichen Barthaare auf ekelhafte Weise aus den Narben herausgewachsen seien. »Die Hautfarbe dunkel, die Gesichter eine formlose Masse mit zwei dunklen Löchern anstelle von Augen, die Nasen flach, und auf den Wangen Narben«, meinte Jordanes, der gotische Chronist. Von »affenartigem Aussehen« berichtete der griechische Historiker Zosimos. »Grauenhaft sind sogar die Gesichter ihrer Neugeborenen ... Der Nase Doppelröhre darf nicht über die Gesichtsfläche hinauswachsen; die zarten Nasenlöcher werden mit einer Binde umwickelt, damit sie unter das Helmvisier passen. In dieser Weise entstellt mütterliche Liebe nur um des Kriegshandwerks willen die eigenen Söhne ...«, so schrieb Sidonius Apollinaris, Bischof von Clermont, der die Kampfweise der Hunnen in Gallien als junger Mann miterlebt hatte. Er fügte hinzu, daß die Hunnen angeblich ihren Kindern auch die Nasen platt gedrückt hätten, damit die Kriegshelme nicht vom Schädel fielen.

Schilderungen dieser Art versetzten die Römer und ihre Verbündeten in panischen Schrecken. Wahrscheinlich waren sie propagandistisch überzeichnet, um in Rom die Angst vor der Fremdheit derer, die in absehbarer Zeit die Herrschaft übernehmen könnten, zu schüren. In Rom brach angesichts des bevorstehenden Hunnensturms eine Massenhysterie aus.

Andererseits kannten die Römer sehr wohl Menschen aus Asien mit ihrem kleinen, gedrungenen Körperbau und ihren flachen Gesichtszügen. Alanen und andere nomadische Völker Kleinasiens und Persiens waren den Römern durch Gesandtschaften vertraut. Auch hatte die Mode, sich Sklaven und Sklavinnen aus exotischen Ländern zu halten, zu einem Vielvölkergemisch auf Roms Straßen beigetragen.

Turmschädel

Mit zunehmendem Einfluß der Hunnen in Europa kam es sogar so weit, daß man das Schönheitsideal der Hunnen akzeptierte. Beim Freilegen von Gräbern der Hunnenzeit machten Archäologen von der Mongolei bis nach Westfrankreich eine eigenartige Entdeckung: Die Köpfe der Toten waren nicht normal gewachsen. Schläfen und Stirn waren merkwürdig gepreßt, Furchen zogen sich rund um die Schädel. Es war eindeutig: Die Schädel waren in die Länge gezogen, die Kopfform war also verändert worden. Archäologen sprechen von Turmschädeln. Deutlich kann man noch erkennen, wie die künstliche Deformation vorgenommen wurde. Den Säuglingen, bei denen die Knochen noch weich und formbar sind, schnürte man Bänder oder Riemen um die Schädelkalotte, so daß der Wuchs gestreckt wurde.

In den von den Hunnen eroberten Gebieten wurde diese Art der Schädelverformung vor allem von Adels- und Fürstenfamilien übernommen. Sie diente der sozialen Abgrenzung gegenüber den unteren Ständen oder Klassen. Selbst auf germanischem Gebiet, in Thüringen und im Odenwald, fand man Beweise für die Verbreitung des neuen Schönheitsideals. Daß sie sich die fremde Mode zu eigen machten, ist ein Beleg dafür, welche Wertschätzung die Hunnen bei den Besiegten genossen.

DIE GROSSE WANDERUNG

Die hunnischen Stämme der Völkerwanderungszeit bestanden aus zwei Hauptgruppen: den sogenannten weißen Hunnen, die sich am Kaukasus und im Norden des alten Perserreiches niederlassen und dort jahrhundertelang regieren sollten, und den schwarzen Hunnen, die braungebrannt und dunkelhäutiger waren. Sie kamen vom Westhang des Ural. Die schwarzen Hunnen hatten die Wolga im Jahr 374 unter ihrem Häuptling Balamir überquert und sich auf das Volk der Alanen in den Steppen zwischen Wolga und Don gestürzt.

Die Alanen wurden das erste Opfer des hunnischen Expansionsdrangs nach Westen. Sie waren ebenfalls ein nomadisches Reitervolk. Ihre Lanzen und Schwerter konnten allerdings den Waffen der Hunnen nicht standhalten. Auf Grund der geographischen Lage des Alanenreiches – im Westen Asiens und im Osten von Europa – wurde erstmals in der Geschichte ein historisches Ereignis von zwei Chroniken aus unterschiedlichen Kulturkreisen erfaßt, von einer chinesischen und einer römischen. Beide verzeichneten die völlige Zerstörung des zwischen dem südlichen Rußland und dem nördlichen Iran gelegenen Königreichs.

Kleine Grüppchen flüchtender Alanen hatten es schon in der Frühzeit der Völkerwanderung geschafft, sich bis an die Ufer des Genfer Sees durchzuschlagen. Später, gegen Ende dieser Epoche, sollten sie sich mit den Vandalen zum »Königreich der Vandalen und Alanen« in Nordafrika zusammenschließen und zu einer Großmacht aufsteigen. Der Großteil der Bevölkerung aus dem Reich der Alanen aber war in den eurasischen Grenzgebieten geblieben und hatte sich den Hunnen unterworfen.

Die vormals verfeindeten Nomadenvölker wurden schnell Verbündete. Gemeinsam griffen sie die Ostgoten westlich des Dnjepr an. Deren greiser König Ermanerich, der ein germanisch regiertes Gebiet zusammenhielt, das sich vom Norden Rußlands bis zur Krim erstreckte, gab angesichts der geballten feindlichen Übermacht auf und beging Selbstmord.

Bereits zwölf Monate nachdem die schwarzen Hunnen über die Wolga gegangen waren, im Jahr 375, hatte sich die Situation dramatisch zugespitzt. Die Ostgoten flüchteten und vertrieben ihr Brudervolk, die Westgoten, die zwischen Dnjepr und Baltikum gesiedelt hat-

93 ***In der steppenähnlichen Landschaft des heutigen Ungarn schlugen die bedeutendsten Führer der Hunnen ihr Lager auf.***

ten, bis in die Gebiete östlich des Donau-Bogens. Archäologen können die Flucht der Westgoten anhand verlassener Dörfer und Friedhöfe, aber auch vergrabener Gold- und Schmuckhorte nachzeichnen. Da die Ostgoten, wie vor ihnen die Alanen, mehrheitlich die Hunnen nicht abwehren konnten, unterwarfen sie sich dem Feind. Nun aber fürchteten die Westgoten, daß sie von Hunnen, Alanen und Ostgoten gemeinsam bedrängt würden. Von den Ufern des Dnjepr gejagt, unaufhörlich zu Unterwerfung oder Flucht gezwungen, sammelten sich die Westgoten an den Grenzen des Römischen Reiches. Denn sie sahen für sich nur noch eine Überlebenschance: vom römischen Kaiserreich die Erlaubnis zu bekommen, die Donau zu überqueren. Anderenfalls wäre ihnen ein Massaker gewiß. Diese Erlaubnis wurde erteilt. Die Westgoten zogen im Jahr 376 auf römisches Reichsgebiet und machten somit den neuen Herren Platz, ohne freilich zu wissen, daß sie noch zwei Generationen lang erbittert gegen die Hunnen kämpfen müßten. Auf einen Schlag herrschten die Hunnen nun über ein Gebiet, dessen Ostgrenze tief in Asien lag und das im Westen bis an die Donau reichte. Im heutigen Ungarn schlugen ihre bedeutendsten Führer ihr Lager auf.

Trotz des riesigen Territoriums, das sie nun erobert hatten, waren die Hunnen weit davon entfernt, eine geschlossene Nation zu bilden. Die weißen Stämme aus der Gegend um das Kaspische Meer hatten am

Zug nach Westen nicht teilgenommen. Sie entschieden weiterhin allein, wie und gegen wen sie kämpfen wollten. Einzelne Stämme der schwarzen Hunnen hatten sich weit entfernt von der Donau im alten Alanenreich festgesetzt und unterhielten keine oder nur lose Beziehungen zu ihren Brüdern, die sich an der Grenze zum römischen Imperium niedergelassen hatten. Letztere wurden als die große Bedrohung aus dem Osten angesehen. Die Hunnen bildeten also selbständige Stämme, die zwar gewisse Bindungen zueinander unterhielten, aber nicht als geschlossene Großmacht gelten können. Zu einer uneingeschränkten Großmacht entwickelten sie sich erst, als die militärischen Erfolge sie zwangen, die einmal errungene Vorherrschaft zu halten.

Ein Teil der weißen Stämme, die sich die Eroberung des heutigen Iran und Kleinasiens vorgenommen hatten, zog über den Kaukasus. Oströmische Siedlungen und Städte, deren Reichtum sich bis zu ihnen herumgesprochen hatte, waren das Ziel. Die Hunnen hatten ein unerwartet leichtes Spiel. Die Nachrichten von den verheerenden Überfällen drangen nach Konstantinopel und von dort weiter nach Rom. Kaiser Theodosius mußte ohnmächtig zur Kenntnis nehmen, daß die Hunnen nicht nur an der Donau standen, sondern auch die östlichen Provinzen in Kleinasien plünderten.

Bald zogen sie quer durch das riesige Kernland der heutigen Türkei bis nach Antiochia (heute Antakya), eine der großen und reichen Metropolen der Antike. Keine Macht konnte sie aufhalten. Das schreckliche Erlebnis der Eroberung hat ein Bürger Antiochias auf einem Täfelchen für die Nachwelt festgehalten: »Sie waren unter uns, ohne daß wir wußten, woher sie kamen. In den Brunnen der Götter tränkten sie ihre Pferde. Auf den Stufen der Tempel nahmen sie unsere Frauen. An den Säulen unserer Stadt zerschmetterten sie die Häupter unserer Kinder. Nackt über die Hälse der Pferde geworfen, so verließen unsere Töchter Antiochia. Wir werden sie nie wiedersehen.«

Im Gegensatz zur Bevölkerung, die in Panik geriet, ließ der Kaiser von Rom sich durch die Schreckensmeldungen nicht beirren. Ihm war klar, daß die Hunnen im Nordosten schnell die gotischen Vorräte aufgebraucht haben würden und nicht ersetzen konnten und daß sie in Kleinasien auf Dauer mit der militärischen Gegenwehr Persiens und Ostroms rechnen mußten. Theodosius hatte auch erkannt, daß die Hunnen von Plünderungen, von den Vorräten, dem Vieh und dem Gold anderer lebten und dadurch auf militärische Erfolge angewiesen waren. Er zögerte nicht, sich diesen Umstand zunutze zu machen, und schloß einen Vertrag mit den Hunnen jenseits der Donau, um die aufrührerischen Westgoten unter Kontrolle zu halten. Diese hatten sich, als sie vor den Hunnen über die Grenzen ins Römische Reich flohen, zwar dem Kaiser unterworfen, wollten nun aber doch unabhängig bleiben.

Theodosius unterhielt auch – trotz ihrer Plünderungszüge durch Kleinasien – Bündnisse mit den weißen Hunnen. Dadurch hoffte er, die Herrschaftsansprüche ihrer schwarzen Stammesbrüder begrenzen zu können. Nach außen hin gab er sich als Freund aller hunnischen Stämme, in Wirklichkeit jedoch wiegelte er die einen gegen die anderen auf. Mit dieser nicht ungefährlichen Politik gelang es ihm, dem Reich auf die Dauer von rund 20 Jahren Ruhe zu verschaffen.

Mit der Ruhe war es allerdings auf einen Schlag vorbei, als der Tod des Kaisers bekannt wurde. Jetzt führten neue Grenzzwischenfälle an der Donau, neue Konflikte zwischen Hunnen und Germanen, aber auch der Hunnen untereinander zu einer Panik. Es war das Jahr 395. In der politischen Ungewißheit, ob die Führung des Kaiserreiches stabil bleiben würde, sah man die Dinge in einem anderen Licht. Die bisherige Gelassenheit Roms gegenüber den Kriegen an den Grenzen wich einer Furcht vor der Zukunft. Nach dem Tod des Theodosius wurde das innerlich längst gespaltene Reich unwiderruflich geteilt. Von nun an regierten zwei Herrscher. In Ostrom hieß der Kaiser Arcadius, Herrscher von Westrom wurde Honorius. Beide waren völlig unerfahren.

Zwanzig Jahre lang hatte Rom mit der Bedrohung von jenseits der Grenzen und der Ahnung gelebt, daß der Feind nur auf einen günstigen Zeitpunkt wartete. Jetzt, so schien es, war der Tag der göttlichen Rache nah. Theodosius starb in dem Jahr, in dem ein hunnischer Fürstensohn geboren wurde: Attila.

Die Geburt eines Helden

Am Ende des 4. Jahrhunderts gehörten die Hunnen in Europa bereits zum Kreis der Großmächte. Attilas Kindheit verlief anders als die seines Vaters und seiner Onkel. Sie waren noch die Kinder des langen Marsches, der Pionierzeit der Hunnen; sie hatten das Licht der Welt auf der Wanderung, in windigen Zelten oder auf dem Ochsenkarren

94 In den Villen und Palästen Norditaliens lernte der junge Attila römischen Lebensstil sowie griechische und römische Geschichte kennen.

erblickt. Attila war zwar der Abkömmling eines Steppenvolkes, aber er wuchs in eine neue Epoche hinein.

Um das Jahr 410, im Alter von etwa 14 Jahren, wurde der hunnische Prinz in das Leben am Hof des weströmischen Kaisers Honorius in Ravenna eingeführt. Es war damals üblich, daß Kinder von Adligen und Fürsten als sogenannte Geiseln an fremde Höfe geschickt wurden, wo sie andere Lebensformen kennenlernen sollten. Vor allem aber war dieser Austausch zwischen Völkern ein Ausdruck des gegenseitigen Respekts und eine Garantie dafür, daß sie keine kriegerischen Auseinandersetzungen suchten.

Ravenna war die Kaiserstadt, Rom die Verwaltungsmetropole. Noch heute vermitteln die prächtigen Mosaiken und die einzigartigen Zeugnisse sakraler Architektur einen Eindruck vom Leben in der Machtzentrale der Spätantike. Attila befreundete sich mit dem fünf Jahre älteren Aetius, einem jungen römischen Adligen, der als Geisel am Hof des Hunnenkönigs Ruga ebenfalls die gegnerische Seite erlebt hatte.

Hier in Norditalien verbrachte Attila unbeschwerte Jahre. Er wurde in griechischer und römischer Geschichte unterrichtet und erlernte die feinen Sitten der zivilisierten Welt. Außerdem wurde er mit der neuen

Religion – dem Christentum – und mit der lateinischen Sprache vertraut gemacht. Attila lernte die Welt mit den Augen eines Römers zu sehen. Das machte ihn zu einem idealen Bündnispartner Roms, aber auch zu einem gefährlichen Feind.

Attila ist eine der großen charismatischen Herrschergestalten der Weltgeschichte, die bis heute unsere Phantasie beschäftigen. Generationen von Schulkindern waren gefesselt von der Macht, der Grausamkeit und der Leidenschaft, die sich mit seinem Namen verbinden. Die unermeßlichen Reichtümer, die er während seines Lebens zusammenraubte oder sich durch geschickte Vertragsabschlüsse sicherte; der Stolz, mit dem er römischen Kaisern die Stirn bot; seine Unersättlichkeit, wenn es darum ging, seinem Harem neue Schönheiten aus den entlegensten Winkeln der Welt zuzuführen; seine Standfestigkeit bei Trinkgelagen, seine Ausdauer im Krieg, sein diplomatisches Geschick und schließlich der mysteriöse Tod in den Armen seiner jungen Braut Ildico – das alles ließ diesen Nomadenfürsten zu einer mythischen Figur werden. Als König Etzel des »Nibelungenliedes« ging er in die Weltliteratur ein.

BLUT GEGEN GOLD

Während der ersten Lebensjahre Attilas tobte noch der Krieg zwischen den Hunnen und Rom. Hunnische Reiter hatten das Doppelkaiserreich gegen Ende des 4. Jahrhunderts von mehreren Seiten angegriffen. Sie drangen auf dem Balkan im heutigen jugoslawisch-bulgarischen Grenzgebiet über die zugefrorene Donau in die Ebene von Mösien vor und unternahmen Raubzüge bis an die Alpen. Weit im Osten, in Kleinasien, überfielen sie die reichen syrischen Handelsstädte.

»Mich schaudert in der Seele, wenn ich an den Niedergang der Zeit denke«, schrieb der heilige Hieronymus im Jahr 396, »20 und mehr Jahre sind es nun her, seit von Konstantinopel bis zu den Julischen Alpen täglich römisches Blut vergossen wird. Das Skythenland, Thrakien, Makedonien, Dardanien, Dakien, Thessalien, Achaia, Epirus, Dalmatien und ganz Pannonien haben Goten, Sarmaten, Quaden, Alanen, Hunnen, Vandalen, Markomannen verwüstet, überrannt und geplündert. Wie viele ehrbare Frauen, wie viele gottgeweihte Jungfrauen sind in diesen Kriegen geschändet worden! Bischöfe wurden gefangen, Priester und andere geistliche Würdenträger hingemordet.

***95** Berüchtigt war Attilas Unersättlichkeit, wenn es darum ging, seinem Harem neue Schönheiten aus den entlegensten Winkeln der Welt zuzuführen oder sie sich als Kriegsbeute zu sichern. (Gemälde von Paul Jamin)*

Kirchen sind zerstört oder in Pferdeställe verwandelt und Reliquien von Märtyrern verstreut worden. Wie viele Flüsse haben sich mit Menschenblut gefärbt ...«

Die Welt war in Aufruhr. Wie vor einem Flächenbrand flohen die Völker aus dem »barbarischen«, nicht-römischen Teil der Alten Welt. Der heilige Ambrosius beschrieb die Welt seiner Tage so: »Die Hunnen überrannten die Alanen, die Alanen die Goten, die Goten die Taifalen und Sarmaten; uns aber verjagten die aus ihrer Heimat vertriebenen Goten aus Illyrien, und ein Ende ist noch nicht abzusehen.«

In den folgenden Jahren suchten die Hunnen mit beiden römischen Imperien zu einer Übereinkunft zu kommen. Wenn sie sich einig wurden, geschah das meist auf Kosten anderer: zu Lasten der ursprünglich durch die Hunnen verdrängten germanischen Stämme. Im Chaos der Völkerwanderung stießen vor allem Ost- und Westgoten, aber auch Vandalen, Skiren, Franken und die anderen Völker und Stämme innerhalb der römischen Grenzen als unerwünschte Eindringlinge auf offene Feindseligkeit. Selbst Opfer von Gewalt geworden, versuchten sich diese Völker an anderen schadlos zu halten.

In dieser Situation machte sich das innerlich zerrüttete und bedrohte Rom die militärische Schlagkraft der Hunnen zunutze. Sich ihrer zu bedienen war eine verlockende Lösung. Westrom schloß als erster Staat einen Pakt mit den Hunnen. Aber die Römer bedachten zu diesem Zeitpunkt nicht, welche Konsequenzen dies haben würde. Denn die Hunnen innerhalb der Reichsgrenzen operieren zu lassen hieß natürlich auch, daß das Gebiet einem potentiellen Feind geöffnet wurde.

Ostrom dagegen konnte sich nicht mit den Hunnen arrangieren. Es wurde schnell in kriegerische Auseinandersetzungen hineingerissen. Im Jahr 408 griff Hunnenkönig Uldin an. Siegesgewiß soll er auf die Sonne gezeigt und dabei gesagt haben: »Alles, worauf sie scheint, kann ich erobern, wenn ich will.«

Es war das gleiche Jahr, in dem Alarich, der König der Westgoten, die Stadt Rom brandschatzte. Zwei Jahre später besetzte er sie auf Dauer.

Der Nachfolger von König Uldin, Ruga – oder Rugilas –, erschloß sich eine bis dahin unbekannte Geldquelle: den Verkauf von Frieden. Nachdem er ins oströmische Thrakien eingefallen war, das er ohne Mühen ausplündern und berauben konnte, kam es zu einem Friedensschluß, der bis zum Ende der Hunnenzeit in Europa Schule

96 Das Mausoleum der weströmischen Kaiserin Galla Placidia in Ravenna (5. Jh.).

machen sollte. Ruga erhielt von Konstantinopel einen jährlichen Tribut von 350 Pfund Gold. Damit begann für die Hunnen ein Zeitalter, in dem bereits die bloße Androhung militärischer Gewalt die Staatskasse füllte. Blieben die Zahlungen jedoch aus, setzten die Hunnen ihre Drohung in die Tat um.

Während Ostrom sich so tiefer und tiefer in hunnische Abhängigkeit begab, suchte Westrom in ihnen einen gleichberechtigten Verbündeten gegen die Feinde aus den germanischen Lagern. Den Hunnen ging es dagegen hauptsächlich um Geld. Einer, der die militärische Schlagkraft der Hunnen kaufte und am Ende seines Lebens bereuen sollte, daß er ihnen zu sehr vertraut hatte, war der Römer Aetius.

Als »Geisel« am Hof von Ruga hatte er reiten und bogenschießen gelernt, Freundschaft mit Attila geschlossen und wie dieser die andere, die »Gegen«-Welt kennengelernt. Jetzt, als Offizier im römischen Staatsdienst, erinnerte er sich seiner guten Verbindungen zu den Hunnen. Er holte sie, gegen Bezahlung, zu Hilfe, als im Jahr 424 ein Senator namens Johannes Anspruch auf den Kaiserthron in Rom erhob. Die Hunnen als staatstragende Macht auf Seiten der Römer!

Es war eine Ironie des Schicksals, daß Aetius mit den martialischen, von den Römern so gefürchteten Hunnen im Gefolge in die Stadt am

Tiber einritt, als der falsche Kaiser schon von anderer Hand liquidiert worden war. Ein in den folgenden Jahren immer wieder neu verhandelter und gebrochener Bund zwischen den Hunnen und Westrom sollte das schleichende Siechtum des kranken Kaiserreichs bis zum Jahr 450 verlängern.

Flavius Aetius, der die legitimen Thronanwärter verteidigte, wurde in Rom auf Grund seines Machtzuwachses beargwöhnt. Galla Placidia, die Kaiserin-Mutter und heimliche Staatslenkerin, ernannte den karrierebewußten Offizier zum Oberkommandeur der Provinz Gallien, um ihn auf diese Weise loszuwerden. Aetius nutzte aber auch diese Situation für sich. Er verschaffte sich nun Ansehen, indem er mit den vielen Aufständischen aufräumte, die die Vorherrschaft Roms über die Provinzen nicht anerkennen wollten. Auch hierzu sicherte er sich den Beistand der Hunnen. Im Innern unterwarf er die Westgoten, nachdem sie die Stadt Arles eingenommen hatten. Die Franken, die sich im Nordosten Galliens niedergelassen hatten, bezwang er ebenfalls. Nach außen schuf er Frieden, indem er die Unbeugsamen unter den Franken über den Rhein zurückdrängte. Paradoxerweise wurden die Hunnen, die einst auf ihrer Wanderung nach Westen diese Völker vertrieben hatten, nun zu Handlangern in Roms Kampf um die Vorherrschaft.

Nachdem Aetius Gallien »befriedet« hatte, nahm er sich Rätien und Noricum vor, die Gebiete der heutigen Schweiz und des südlichen Österreich. Auch hier ließ er die römische Vorherrschaft wiederherstellen.

Durch die Erfolge von Aetius beunruhigt, bangte die Kaiserin-Mutter Galla Placidia erneut, daß er zu mächtig werde. Sie enthob ihn aller Befugnisse und Titel. Nach einem fehlgeschlagenen Versuch, sich in Rom dennoch zu behaupten, floh Aetius außer Landes. Am Hof des Hunnenkönigs Ruga hieß man ihn willkommen. Galla Placidia hatte sich erneut getäuscht, denn Aetius ließ sich einfach nicht aus der Politik drängen. Er griff das schwächliche Heer Roms an und zog, von hunnischen Reitern geleitet, noch einmal stolz in die Stadt ein, ohne daß es zu wirklichen Kampfhandlungen gekommen wäre. Von nun an war Galla Placidia ein Spielball der Politik des Aetius. Er verlangte, zum »patricius« ernannt zu werden, zum Oberbefehlshaber des Weströmischen Reiches. Die Hunnen erhielten als Dank die im Gebiet des heutigen Ungarn gelegene Provinz Pannonien, die fortan ihre Zentrale wurde.

DER KÖNIG IST TOT

Es leben die Könige! Als Ruga 434 starb, traten seine Neffen, einer alten nomadisch-hunnischen Tradition folgend, das Erbe an: Bleda und dessen Bruder Attila. Zuallererst kümmerten sie sich um die leere Staatskasse. Ostrom zahlte unregelmäßig und häufig nur mit Verspätung den vertraglich vereinbarten Tribut. Was nun folgte, kannten beide Seiten zur Genüge: Die Hunnen riefen zu den Waffen, es kam zum Krieg, es kam zum Waffenstillstand, es kam zu neuerlichen Verhandlungen. Die siegreichen Erpresser zogen die Daumenschrauben kräftig an. Bleda und Attila, beide hoch zu Roß, empfingen die oströmischen Gesandten, die nach der Etikette gezwungen waren, ebenfalls in der für sie ungewohnten und unbequemen Haltung zu Pferd zu verhandeln. Der Friede, der im Jahr 435 in Margus, einem Städtchen am Nordhang der transsylvanischen Karpaten im heutigen Rumänien, geschlossen wurde, war ein Diktat der Hunnen.

Ostrom wurde untersagt, mit den Feinden der Hunnen, also den germanischen Stämmen auf außerrömischem Gebiet, Bündnisse einzugehen. Der Gefangenenaustausch wurde geregelt, die Einrichtung von grenznahen, durch beide Seiten gesicherten Märkten beschlossen und die festgelegte jährliche Tributzahlung auf 700 Pfund (etwa 229 Kilogramm) in Gold verdoppelt. Dieser Vertrag, der den Frieden keineswegs auf Dauer sichern konnte, hatte für die Hunnen dennoch eine epochale Bedeutung: Er bestätigte ihr Herrschaftsgebiet, das sich nun über das gesamte außerrömische Mittel- und Osteuropa erstreckte. Sie herrschten nun bis an den Rhein. Auf der anderen Rheinseite lag die Provinz Gallien, wo Aetius regierte.

Als Aetius sein Amt als militärischer Oberbefehlshaber Roms übernahm, verschaffte er den Hunnen in Gallien gleichsam die Polizeigewalt. Ein weiteres Mal mußten die Westgoten die Unerbittlichkeit der hunnischen Söldner erdulden. Die Burgunder, die am linken Rheinufer in der Gegend von Worms und Mainz siedelten, hatten sich nicht unterworfen. Ein paar Jahre zuvor hatten sie sogar gewagt, römische und hunnische Grenztruppen anzugreifen. Jetzt war für die Hunnen der Tag der Rache gekommen. Unter Bledas Führung wurden die Burgunder angegriffen und vernichtet. Über den genauen Zeitpunkt, ob im Jahr 435 oder 436, ist sich die Geschichtsschreibung nicht einig. Gunther, König der Burgunder, fiel. Das schreckliche Ende der Burgunder hinterließ ein tiefes Trauma im Bewußtsein der germanischen Völker. Die historisch verbürgte Niederlage hat sich in Volkserzählungen erhalten und sollte Jahrhunderte später im »Nibelungenlied« zu einem großen Epos verarbeitet werden.

Flavius Aetius, der letzte Römer, wie er genannt wurde, hatte um den Erhalt der Provinz Gallien gekämpft, die für das römische Imperium von großer Bedeutung war. Ohne die Hunnen wäre das Römische Reich längst zerfallen. Aber mit ihnen war das Reich ebenfalls dem Untergang geweiht, denn es nährte auf diese Weise gleichsam den Feind am eigenen Busen.

Wie sehr die Hunnen ihren Vorteil in jeder Situation auszunutzen verstanden, zeigt die Geschichte des erbarmungswürdigen Ostrom. Es kämpfte gegen die Vandalen, die in Nordafrika bereits Karthago erobert hatten und nun sogar drohten, Italien von Sizilien her aufzurollen. Am anderen Ende des Reichs beabsichtigten die Könige in Persien, sich das zu Ostrom gehörende Armenien einzuverleiben. Also schickte der oströmische Kaiser das letzte Aufgebot gegen die Perser. Die Hunnen wußten, daß entlang der Donaugrenzen kaum militärischer Widerstand zu erwarten war. Sie überfielen gefahrlos einen der freien Marktplätze, die sie selbst mit eingerichtet hatten, und setzten alle Kaufleute fest. So erzwangen sie Verhandlungen, die jedoch im Sande verliefen. Infolgedessen entschlossen sie sich für die militärische Lösung. Im Jahr 440 setzten wieder einmal die hunnischen Reiter über die Donau. Der nordöstliche Balkan wurde erobert, die Stadt Singidunum, das heutige Belgrad, eingenommen und die Bewohner in Gefangenschaft verschleppt. Der Vormarsch war nicht zu stoppen. Nach einer weiteren Niederlage befürchtete der oströmische Kaiser, Konstantinopel könnte genommen werden. Das Spiel wiederholte sich ein weiteres Mal: Verhandlungen, Friedensvertrag, neue Tributforderungen und schließlich Gold gegen Frieden.

Die Ergreifung der Macht

Die Verteilung der königlichen Macht auf zwei Fürsten entsprach hunnisch-nomadischer Tradition. Bleda und Attila schufen aus dem lockeren Stammesverband eine straff organisierte Zentralmacht.

Beide gingen unbarmherzig gegen Feinde aus den eigenen Reihen vor. Beispielhaft hierfür war die Verfolgung zweier Herzöge, die nach der Machtübernahme durch die Königsbrüder nach Ostrom geflohen waren. Unter Androhung militärischer Vergeltungsschläge verlangten Attila und Bleda von Konstantinopel die Auslieferung der Abtrünnigen. Als die Flüchtlinge an der Donau überstellt wurden, pfählten die Hunnen sie auf grausame Weise an Ort und Stelle unter den Augen der Römer.

Brudermord

Attilas Ziel war jedoch die Alleinherrschaft. Dazu mußte er seinen Bruder Bleda beseitigen. Nachdem die Doppelherrschaft gegenüber möglichen Konkurrenten ausreichend gefestigt war, lockte Attila seinen Bruder im Jahr 445 in eine Falle. Ob Attila selbst, wie berichtet wird, Hand an ihn gelegt hat oder ob er ihm einen Mörder schickte, läßt sich nicht mit Bestimmtheit sagen. Gesichert ist allerdings, daß er dabei auf die Unterstützung seiner Verbündeten rechnen konnte. Sie umzingelten Bledas Lager an der unteren Theiß im heutigen Grenzgebiet zwischen Ungarn und Rumänien. Während die Verbündeten Bledas Gefolgschaft in Schach hielten, schritt Attila mit seiner Leibgarde zur blutigen Tat.

Einer der wenigen archäologischen Hinweise auf den Brudermord ist der in Ungarn entdeckte Münzhort von Szikáncs. Er umfaßt 1440 Goldmünzen mit einem Gewicht von mehr als sechs Kilogramm. Es sind zum Teil unbenutzte, noch nicht in Umlauf gebrachte Münzen, »solidi«, die als Prägedatum das Jahr 443 ausweisen und zur Zeit des Anschlags auf Bleda vergraben, nicht aber wieder gehoben wurden. Entweder hatte Bleda bereits befürchtet, daß man ihn stürzen wollte, und selbst den Schatz in Sicherheit gebracht, oder einer seiner Getreuen hat ihn unmittelbar während des Geschehens zur Seite schaffen und verstecken können. Dann ist wohl auch diese Person ein Opfer des Anschlags geworden, sonst wäre der Schatz nicht in Vergessenheit geraten. Wie alle Alleinherrscher mißtraute Attila seiner höfischen Umgebung. Alle, die nicht unbedingten Gehorsam zollten, verfolgte er unerbittlich. Seine Anhänger belohnte er zwar reichlich aus den römischen Tributzahlungen, er blieb aber dennoch ihnen gegenüber stets mißtrauisch. Wen er als mögliche Bedrohung ansah, ließ er aus dem Weg räumen. Sein Verhalten hatte Züge von Verfolgungs-, aber auch von Größenwahn. So führte er, wie die römischen Kaiser, seine Abstammung auf die Götter zurück. Der Gott Mars soll sein Vorfahre gewesen sein. In späteren Jahren war Attila von seiner überirdischen Herkunft tatsächlich überzeugt.

97 *Über das gesamte Herrschaftsgebiet der Hunnen verteilt, waren Stationen eingerichtet, an denen Pferde abgegeben und übernommen werden konnten. Bis in unsere Tage ist das Pferd wichtigstes Transportmittel der innerasiatischen Steppennomaden.*

Wie Attila sein großes Herrschaftsgebiet unter Kontrolle behielt, ist erstaunlich. Vor allem, wenn man sich im Vergleich dazu das römische Verwaltungssystem ansieht. Die Römer verfügten über ein weitverzweigtes Netz von gut organisierten Behörden. Das Hunnenreich dagegen wurde lediglich durch ein System persönlicher Abhängigkeiten regiert. In Attilas kleinem Hauptquartier gab es einige Sekretäre, die mehrsprachig und vor allem schriftkundig waren. Damit erschöpfte sich der bürokratische Aufwand aber auch schon.

Nur eine einzige und für das Steppenvolk typische Einrichtung verschaffte der Zentralgewalt bis in die entferntesten Winkel des Hunnenreiches Wirkung: das System des staatlichen Pferdewechsels. Über das gesamte Herrschaftsgebiet verteilt waren Stationen eingerichtet, an denen Pferde abgegeben und übernommen werden konnten. Auf diese Weise war es Kurieren möglich, innerhalb von wenigen Wochen Nachrichten aus Asien bis nach Europa und umgekehrt zu überbringen. So wunderte sich einmal ein römischer Gesandter, der die hunnischen Gepflogenheiten nicht kannte, daß ihm das vermeintlich »geschenkte« Pferd an der Grenze wieder abgenommen wurde. Pferde waren grundsätzlich Staatseigentum.

Bis heute ist es ein Rätsel, wie Attila in seine taktischen Überlegungen bei den gallischen Feldzügen militärische Entwicklungen anderswo einbeziehen konnte. Woher hat er gewußt, wie die Kriegshandlungen verliefen, in die das Römische Reich zur gleichen Zeit im 4000 Kilometer weiter östlich gelegenen Persien verwickelt war?

Dem Großkönig zur Seite standen »logades«, Auserlesene, zu denen sein Berater Onegesius und dessen Bruder Scottas gehörten. Diese beiden waren hellenisierte Barbaren, die griechische Namen angenommen hatten und Griechisch, Lateinisch und die hunnische Sprache beherrschten. Onegesius bekleidete das Amt eines Großwesirs. Er genoß, vielleicht als einziger, Attilas uneingeschränktes Vertrauen. Zum weiteren Kreis zählten die »epitedeioi«, die sogenannten Freunde oder Anhänger.

Attilas Machtstellung im eigenen Volk wuchs in dem Maße, wie er Aetius, dem Freund aus alten Tagen, seine unbedingte militärische Unterstützung andienen konnte. Nach innen stützte sich Attilas Herrschaft auf germanische Vasallenkönige, darunter auch verschiedene Alanenfürsten, der Ostgotenkönig Laudarich und der Gepidenkönig Ardarich. »Ardarich war der berühmteste König«, schrieb Jordanes, »der wegen seiner Treue zu Attila auch an den Beratungen teilnahm. Der mit seinem scharfen Verstand abwägende Attila war ihm nämlich unter sämtlichen Königen am meisten zugetan.« Die Gepiden, die einst von den Hunnen blutig bekämpft worden waren, entpuppten sich später als die wichtigsten Verbündeten. Die Gepidentreue wurde sprichwörtlich für die germanische Tugend der unbedingten Gefolgschaft, die kritisch und treffend mit »Kadavergehorsam« umschrieben wurde.

»Zum Schrecken der ganzen Welt«

Attila bewohnte einen »hölzernen Palast«, wie der byzantinische Gesandte am Hof des Hunnenkönigs, Priskos, berichtet. Wo der Palast stand, konnte bis heute nicht geklärt werden. Aller Wahrscheinlichkeit nach lag er im südlichen Ungarn in der Nähe der Stadt Szeged. In dieser Region wurde einer der aufregendsten archäologischen Funde der letzten Jahre gemacht: der Schatz von Szeged-Nagyszéksós. Die Wissenschaftler vermuten, daß dieser Hort entweder mit dem Grab von

98 Nach dem Bericht von Priskos residierte Attila in einer hölzernen Burg, die durch Palisadenwände geschützt war. (Darstellung aus einem Schulbuch des 19. Jh.)

König Ruga oder aber mit dem seines Nachfolgers Attila in Beziehung steht. Der Direktor des Museums von Szeged, Otto Trogmayer, berichtet, Bauern hätten geradezu schubkarrenweise das Gold aus dem Boden geholt. Etwa 200 Gold- und Schmuckgegenstände aus der Gegend, zum größten Teil Bruchstücke, sind heute weltweit auf verschiedene Museen und Privatsammlungen verteilt. Das schwerste und eindrucksvollste Fundstück ist ein mehr als 400 Gramm schwerer Halsring aus massivem Gold. Die Bauern, die diesen Ring entdeckt hatten, meinten zunächst, er sei aus Kupfer, und versuchten ihn zu löten. Da ihnen das mißlang, banden sie den ihrer Meinung nach wertlosen Ring an eine Peitsche und trieben damit ihre Schweine. Erst nachdem am gleichen Ort Goldstücke, mit Almandinen (dunkelroten Granatsteinen) besetzte Schnallen, Bänder und anderer Schmuck ans Licht kamen, erkannte man den wahren Wert des Rings. Sein ursprünglicher Besitzer stand zweifellos weit über allen anderen Personen, von denen bislang derartige »Würdenzeichen« gefunden wurden. Die Vermutung liegt nahe, daß es sich bei dem Schatz von Nagyszéksós um Überreste eines Totenopfers für einen der großen Könige des Hunnenreichs handelt. Man weiß heute, daß derartige Überreste nach den Totenfeierlichkeiten getrennt vom Bestattungsort vergraben wurden.

Nach dem Bericht von Priskos residierte Attila in einem Haus aus Balken und gehobelten Brettern, das durch eine offene Vorhalle betreten wurde. Handwerker, die Holzarbeiten ausführen konnten, hatten die Hunnen selbst. Das belegen die mit Holz ausgekleideten Grabkammern und die Kunstfertigkeit, mit der sie Sättel oder feine Schnitzereien anfertigten. Das Lager – Attilas Soldaten schliefen sicherlich in Zelten – wurde durch eine runde, von Holztürmen unterbrochene Palisadenwand geschützt. Auch das Haus Arykans, der Gattin und Hauptfrau Attilas, wird als Holzpalast beschrieben, den Arkaden zierten und dessen Empfangshalle mit Teppichen ausgelegt war. Auf diesen, so Priskos, saßen junge Mädchen und stickten das bei den Hunnen so beliebte bunte Leinen. Das einzige feste Steinhaus bei den Hunnen, das sogar mit einem luxuriösen griechischen Bad ausgestattet war, hatte sich Onegesius bauen lassen. Attilas engster Vertrauter wollte offenbar nicht auf die zivilisatorischen Bequemlichkeiten seiner Zeit verzichten.

Priskos schrieb in seinem Bericht an den oströmischen Kaiser: »Den Hunnen und uns wurden auf Silbertellern erlesene Speisen vorgesetzt. Attila jedoch aß nur von einem Holzteller. Er zeigte sich auch sonst überaus mäßig; seine Gäste nämlich tranken aus goldenen und silbernen Kelchen, er aber aus einem hölzernen Becher. Schlicht war auch sein Gewand, das nur durch makellose Reinheit hervorstach. Weder sein Schwert, das am Gürtel hing, noch die Bänder an den Sandalen, die er nach Barbarenart trug, noch das Geschirr seines Pferdes waren, wie bei den Hunnen üblich, mit Gold und Edelsteinen geschmückt.«

Für sein Volk war Attila der einfache, väterliche König. Er lebte unter den Soldaten wie ihresgleichen, sprach Recht, lobte und tadelte. In dieser Hinsicht war er ein Gegenbild zu den römischen Kaisern, die, abgeschirmt vom Volk, mit allem nur denkbaren Luxus ihre Gottähnlichkeit herauszustreichen suchten. Attilas beeindruckende Bescheidenheit war aber vielleicht auch nur Taktik. Er

***99** Ein glaubhaftes Abbild von Attila gibt es nicht. Auf Münzprägungen seiner Zeit trägt er europäische Gesichtszüge.*

100 Auf der Außenwand der Kartause von Parma lautet eine Inschrift unter dem Marmorrelief des Hunnenkönigs: »Attila, flagellum dei«.

konnte durchaus unmäßig sein, zum Beispiel in seinen Trinkgewohnheiten und dem Hang, seinen Harem ständig durch neue Schönheiten zu ergänzen.

»Ein Mann von kleiner Statur, mit breitem Brustkorb und großem Kopf. Seine Augen waren klein und grau durchsetzt, er hatte eine platte Nase und dunkle Haut. Sein Gang war schwer, seine Augen rollten hin und her, die Kraft seines Willens spiegelte sich in der Bewegung des Körpers, seine Leidenschaft war der Krieg.« So schildert ihn uns Jordanes in seiner Geschichte der Goten, und er fährt fort: »Ein Mann, der zur Erschütterung der Völker, zum Schrecken der ganzen Welt geboren wurde, vor dem sich jedermann wegen der über ihn verbreiteten schrecklichen Nachrichten fürchtete.« Und Priskos, der als Gesandter Gelegenheit hatte, Attila eingehend kennenzulernen, schreibt: »Er ging hochmütig einher, seine Augen funkelten, er ließ seine stolze Macht auch durch die Bewegung seines Körpers fühlen. Obwohl er den Kampf über alles liebte, handelte er doch wohlüberlegt, das meiste erreichte er mit seinem Verstand. Den Flehenden gegenüber zeigte er sich mitleidig und war gnädig gegenüber allen, die sich ihm ergaben. Er war weise und schlau, er griff stets in einer anderen Richtung an, als er drohte.«

Prosper von Aquitanien spricht von der »Milde seines Gesichtsausdrucks«. Ein glaubhaftes Abbild von Attila allerdings gibt es nicht, und auf vielen Darstellungen, von Münzprägungen aus seiner Zeit bis hin zu den Malern Delacroix oder Wilhelm von Kaulbach, trägt er europäische Gesichtszüge. Auf der Außenwand der Kartause von Parma lautet eine Inschrift unter dem Bild des Hunnenkönigs auf einem Marmorrelief: »Attila, flagellum dei«. Als »flagellum dei«, als »Geißel Gottes«, hat man ihn jedoch erst in späteren Jahrhunderten bezeichnet.

DIE GRENZEN DER MACHT

Im Januar des Jahres 447 brachte ein gewaltiges Erdbeben große Teile der Stadtmauer von Konstantinopel zum Einsturz. Nun sah Attila seine Chance gekommen, Ostrom zu erobern. Er sammelte all seine hunnischen Soldaten und Reiter und die Heere seiner germanischen Vasallen. Die Streitmacht war gewaltig. Nach den ersten Niederlagen mußte Attila jedoch einsehen, daß er mit der üblichen Überraschungstaktik keine Schlachten mehr gewinnen konnte. Er hatte nicht erkannt, daß seine Heere durch ihre Größe unbeweglich und schwer geworden waren. Zwar wurde wieder einmal der Balkan bis hin zum Bosporus geplündert. Doch die Bewohner von Konstantinopel gewannen Zeit. Innerhalb von nur zwei Monaten reparierten sie die eingestürzten Stadtmauern. Dadurch wurde der Angriff auf Konstantinopel den Hunnen wieder zu riskant. Attila leitete Friedensverhandlungen ein, aber diesmal vergingen Jahre, bis sie zum Abschluß gebracht werden konnten. Als dann 450 endlich die Unterzeichnung stattfinden sollte, hatte den oströmischen Kaiser Theodosius II. ein Unfall ereilt. Er war vom Pferd gestürzt und seinen Verletzungen erlegen.

101 Münze mit dem Abbild von Theodosius II.

Sein Nachfolger Marcianus, ein alter Soldat und Haudegen, war nicht bereit, für den Frieden auch nur einen einzigen Solidus zu bezahlen. Knapp und unumwunden wurde Attila mitgeteilt, wenn er Frieden gebe, werde man ihm Freundschaftsgeschenke machen, wenn nicht, sollten die Waffen entscheiden. Das war eine Sprache, die Attila nur zu gut verstand. Er befand sich mittlerweile innenpolitisch in großer Bedrängnis, denn für die Entlohnung der Vasallen benötigte er Einnahmen in enormer Höhe. Zu sehr hatte er sich an seinen Goldesel Ostrom gewöhnt. Die Oströmer hatten jetzt jedoch begriffen, daß sie mit dem Erpresser Attila zugleich ihren Totengräber bezahlt hatten.

Die gespannte Situation an der Schwelle zu einem Krieg, der ganz Europa in Mitleidenschaft ziehen sollte, wurde noch weiter kompliziert durch eine Liebesintrige. Die Schwester des weströmischen Kaisers Valentianus III., Grata Iusta Honoria, erwartete von einem Leibgardisten ein Kind. Der verärgerte Valentianus schickte Honoria daraufhin zu seinem Vetter an den oströmischen Hof, wo sie unter Hausarrest gestellt wurde. Die junge Mutter heckte nun einen folgenreichen Plan aus. Sie schickte einen Brief und einen Ring zu Attila und bot ihm ihre Hand an. Sie wollte dem goldenen Käfig entkommen, und dazu war ihr jedes Mittel recht. Daß Attila schon einen Harem mit etlichen Frauen und Heerscharen potentieller Thronfolger sein eigen nannte, störte sie nicht. Auch daß der eine oder andere Germanenfürst seine Tochter in Attilas Harem untergebracht hatte, um die Gevatterschaft zu besiegeln, war Honoria gleichgültig.

Attila hatte nun den Vorwand, den er so dringend brauchte. Er ließ Honoria wissen, daß er sie zu ehelichen wünsche, und forderte vom weströmischen Kaiser als Mitgift das »halbe Römische Reich«, womit er Gallien meinte. Dies genau zu dem Zeitpunkt, als Theodosius II. starb und Marcianus in Konstantinopel dessen Nachfolge antrat. Der neue Kaiser in Konstantinopel wußte, daß er nur mit einer Politik der Härte eine Chance hatte, Ostrom zu retten. Durch die konsequente Haltung von Marcianus sah sich auch der weströmische Kaiser Valentianus III. unter Druck gesetzt. Galla Placidia, die Kaiserin-Mutter und nach wie vor heimliche Herrscherin, ließ Honoria zurück nach Rom holen. Dort wurde die junge Mutter ungefragt an einen Mann von Stand verheiratet. Danach verkündete Valentianus III. Attila, daß seine Forderungen abgelehnt seien. Überdies wurde auch die Pensionszahlung an Attila, der offiziell ja noch immer den römischen Titel »Magister militium – Heerführer« trug, eingestellt. Attila stand auf einmal mit dem Rücken zur Wand.

All seine Wünsche und Pläne waren bis dahin in Erfüllung gegangen. Seine Selbstüberschätzung war ins Unermeßliche gestiegen. Aber mit der Forderung, er wolle Gallien als Mitgift haben, war er zu weit gegangen. Rom war nun auch um den Preis einer militärischen Niederlage gewillt, das Risiko einzugehen.

Attila beschließt daraufhin, sich Gallien gewaltsam zu unterwerfen. Er hofft dort auf eine politische Konstellation zu treffen, die ihm den Sieg erleichtern könnte. Die Provinz rebellierte ständig gegen Rom. Aetius hatte dort häufig mit harter Hand für Ruhe sorgen müssen. Attila hegt die Hoffnung, vor allem das große Volk der Westgoten, das seinerseits in heftige Kämpfe gegen Rom verwickelt war, auf seine Seite ziehen zu können. Aber die Rechnung sollte nicht aufgehen.

Auch die Westgoten haben sich inzwischen auf die Seite seiner Feinde geschlagen. Ihr König Theoderich läßt nach langem Zögern dem Römer Aetius diese Zeilen übermitteln: »Euer Wunsch, ihr Römer, sei erfüllt. Es ist euch gelungen, Feindschaft zwischen uns und Attila zu setzen. Wir werden ihn verfolgen, wohin auch immer er uns ruft. Mag er sich noch so wegen seiner zahlreichen, über mächtige Völker errungenen Siege aufblasen, die Goten werden den Kampf mit dem Übermütigen zu führen wissen.«

Zu Attilas Feinden geworden sind schließlich auch die Franken und Burgunder, die eine Generation vorher so erbarmungslos von den Hunnen – wenn auch im Namen der Römer – hingeschlachtet wurden. Sein größter Gegner aber ist Flavius Aetius, der oberste römische Kriegsherr. Aetius und Attila, die Jugendfreunde aus Ravenna, die fast ein Leben lang Seite an Seite gekämpft haben, stehen sich nun als Todfeinde gegenüber. Die politischen Ziele der beiden sind mittlerweile auseinandergedriftet. Aetius hat den Vielvölkerstaat Roms bis dahin nur mit Hilfe der Hunnen zusammenhalten können. Doch jetzt greift er zur Intrige, um sich die militärische Unterstützung der Westgoten zu sichern. Denn ohne ihren Beistand wäre er von vornherein verloren. »Aetius ... durch vier Dezennien der faktische Regent des Westreichs, erscheint bei näherer Betrachtung in minder günstigem Lichte«, schrieb der Historiker Mommsen.

So wenig wie Aetius wird Attila sentimental geworden sein bei dem Gedanken, daß sie gegeneinander ins Feld ziehen würden. Das legt, im Falle Attilas, schon dessen rücksichtsloser Brudermord nahe. Hinzu kommt, daß sie beide militärische Anführer waren, die nur das nächste

Ziel vor Augen hatten. Und für Attila, von dem die Kriegserklärung ausgeht, gibt es kein Zurück mehr. Die Zeiten, als eine kleine Strafexpedition genügte, um die Kassen zu füllen, sind vorbei.

DIE SCHLACHT AUF DEN KATALAUNISCHEN FELDERN

Im Februar des Jahres 451 erreicht das riesige Vielvölkerheer unter Attilas Führung den Rhein. Ganze Wälder werden für den Bau von Flößen und Booten abgeholzt. Dann überqueren die Fußsoldaten und Reiter den Rhein. An Attilas Seite stehen seine germanischen Verbündeten, die nur darauf warten, gegen Rom losschlagen zu können. Die Ostgoten unter Theodomir zerstören Basel und Colmar, die Gepiden unter Ardarich nehmen Straßburg, Speyer, Worms und Mainz. Weiter geht es nach Westen. Attila plündert Metz. Der Tag, an dem er die Stadt verwüstet, wird als blutiger Ostermontag in die Geschichte eingehen. Dann sind Reims, Rouen und Caen an der Reihe. Wie die apokalyptischen Reiter fallen die Hunnen und ihre Verbündeten über die völlig wehrlosen Städte her.

Der Bischof von Reims zieht, Psalmen singend, in vollem Ornat und mit den heiligen Gefäßen in den Händen den Hunnen entgegen, um Schonung zu erbitten. Ihm wird mitten im Gesang der Kopf abgeschlagen.

Paris

Genoveva, die spätere Schutzheilige der Stadt Paris, fordert die Bevölkerung der Stadt an der Seine zum Bleiben auf. Mit frommen Gesängen und Gebeten soll der Feind zur Umkehr bewegt werden. Die Frauen verschanzen sich in den Kirchen. Der Legende nach tritt Genoveva, weiß wie die Unschuld gekleidet, Attila entgegen und prophezeit ihm den Untergang: »Mit deinen Reitern, deinen Wagen, deinen Horden, mit deinem Troß, schreiend vor Gewissensbissen, die deinen Busen zerreißen, wirst du auf immer gen Osten ziehen.«

Und das Wunder geschieht: Attila gibt nach, wenn auch vermutlich aus taktischen Gründen. Wahrscheinlich will er nicht unnötig Kräfte mit einer Belagerung der Stadt vergeuden. Denn von Süden her rücken die Legionen des Aetius und deren westgotische Verbündete bedrohlich näher. Er verschont Paris und marschiert weiter nach Orléans. Nun überschlagen sich die Ereignisse. Orléans wird im Mai belagert, hart umkämpft und schließlich Ende Juni genommen. Als die Hunnen schon ihren Sieg feiern, bricht plötzlich unter den scheinbar Besiegten Jubel

102 In einer alten keltischen Anlage, deren ringförmigen Wall man noch heute in der Champagne besichtigen kann, schlägt Attila sein Lager auf.

aus: Aetius steht vor den Toren. Vor der Stadt kommt es zur Schlacht, die für Attila mit einer Niederlage endet. Verhandlungen werden aufgenommen. Aetius sichert Attila unter der Bedingung freies Geleit zu, daß die Hunnen sich ohne die Alanen nach Nordosten zurückziehen. Attila geht darauf ein: ein taktisches Zugeständnis, um nach der Niederlage die verbliebenen Kräfte sammeln zu können. In den Ebenen der Champagne, zwischen den Flüssen Yonne und Aisne, zieht Attila seine Truppen zusammen.

In einer alten keltischen Anlage, deren ringförmigen Wall man noch heute in der Champagne besichtigen kann, schlägt Attila sein Lager auf. Attila und sein Heer sind schon Monate unterwegs und haben in Städten, Kirchen und Klöstern reichlich Beute gemacht. Wie kann man nun, da die Römer mit massiver Unterstützung gallischer Soldaten anzugreifen drohen, die Schätze in Sicherheit bringen? Attila weiß keinen Rat. Doch der entscheidende Kampf steht bevor.

Die Schlacht beginnt mit einem Blutrausch. Die Gepiden, die sprichwörtlich treuen Verbündeten von Attila, werden von den Franken niedergemetzelt. Es sterben 16 000 Mann. Ein schlimmer Auftakt für die Schlacht. Nach dem Blutbad ruft Attila zum Sammeln. Seine Hunnen und die Ostgoten stehen im Osten, die anderen Verbündeten mit den wenigen überlebenden Gepiden im Westen. Aetius zieht es vor, einen Flügel zu halten und seinem Gegner die burgundischen Erzfeinde entgegenzuschicken, um ihn dann mit der westgotischen Kavallerie

103 Nach seinem Rückzug aus Gallien zieht Attila im folgenden Jahr nach Norditalien. Das wohlhabende Aquileia wird geplündert und bis auf die Grundmauern zerstört.

in die Zange zu nehmen. Doch das Schlachtglück bleibt auf beiden Seiten aus.

»Wahrlich, das muß ein bewundernswertes Schauspiel gewesen sein, wo man sah den mit Spießen kämpfenden Goten, den Sarmaten als Lenker des schweren Kriegswagens, den mit dem Schwert wütenden Gepiden, der seine Waffe in der Wunde der Rugier zerbricht, den Sueben, der mit seiner Geschwindigkeit, den Hunnen, der mit dem Bogen sich hervortut, den Alanen, der in schwerer Rüstung, den Heruler, der mit leichter Bewaffnung zum Kampfe schreitet.« So beschrieb Jordanes die Kämpfer des Treffens, das als *Schlacht auf den Katalaunischen Feldern* in die Geschichtsbücher eingegangen ist. Historiker haben jedoch herausgefunden, daß das Gemetzel nicht, wie fälschlicherweise überliefert, auf den Katalaunischen Feldern bei Châlons-sur-Marne stattfand, sondern bei der Ortschaft Mauriacum nahe der Stadt Troyes.

Am Abend des ersten Tages ist der kleine Fluß l'Aube vom Blut der Verwundeten angeblich rot gewesen. Die Champagne, das Schlachthaus Europas, getränkt mit Blut, qualmt wie ein großer Totenscheiterhaufen. Von Leichen bedeckt, wird es langsam ruhig. 150 000 Mann sollen gefallen sein. Manche Schätzungen gehen gar von einer halben Million Menschen aus. »Ici la Champagne dévora les Huns« – »Hier hat die Champagne die Hunnen verschlungen«, schrieb der französische Dichter Victor Hugo. Jedes Jahr am Tag der Schlacht seien der Kampflärm und das Gestöhne der Verwundeten zu hören, heißt es in volkstümlicher Überlieferung.

Noch in der Nacht verscharren Römer und Westgoten, Gepiden und Hunnen ihre toten Kameraden. Die Armeen beider Seiten sind erschöpft. Vor Tagesanbruch beginnen die Hunnen, mit ihren Schwertern den Boden zu lockern und eine riesige Grube auszuheben. Mit bloßen Händen schaufeln sie das Erdreich beiseite. Dann errichten sie einen Scheiterhaufen aus den hölzernen, lederbespannten Sätteln ihrer Pferde. Attila schwört in einer bewegenden Rede vor seinen Leuten, er wolle lieber bei lebendigem Leib verbrennen als sich den feindlichen Truppen ergeben. Doch soweit kommt es nicht. Eine der größten Schlachten, die die Welt bis dahin erlebt hat, endet ohne Sieger.

Theoderich, König der mit Rom verbündeten Westgoten, fällt im Kampf. Mit dem Leichnam ihres Königs ziehen sich die Westgoten vom Schlachtfeld zurück. In einem Hain bei den Katalaunischen Feldern soll Theoderich begraben sein. Die Bewohner nennen das dichte Wäldchen »Grab des Theoderich«. Nicht weit davon entfernt, bei dem Dorf Bussy le Château, kann man fünf Hügel sehen, die sich aus der flachen Landschaft abheben. Es sind, so will es die örtliche Sage, Hügel aus den Gebeinen der in dieser Schlacht Gefallenen.

Am Tag nach der großen Schlacht ist Attila ratlos. Er folgt dem Orakelspruch seiner Schamanen. Ohne seine Truppen neu zu ordnen, flieht er über den Rhein und befiehlt die Rückkehr nach Pannonien. Die Römer schauen zu, wie der Feind abzieht, und feiern, ohne daß eine Entscheidung gefallen wäre, das Ende des Kampfes.

War es allein das Orakel, das Attila zum Rückzug bewogen hat? Oder hat er sich nicht entscheiden können? Attila blieben militärisch gesehen nur zwei Möglichkeiten: entweder einen letzten Angriff mit allen Kämpfern zu wagen oder einen taktischen Rückzug anzutreten, um die Beute nicht aufs Spiel zu setzen. Womit keiner gerechnet hat, geschieht: Er wählt die zweite Möglichkeit. Auch Aetius überrascht Attilas Rückzug, und er läßt ihn ziehen. Obwohl es ein leichtes gewesen wäre, den angeschlagenen, abrückenden Truppen schwere Verluste beizubringen und die Hunnen vielleicht für immer von der Bühne Europas zu fegen. Aber Aetius ist an einer Verschiebung der Kräfteverhältnisse nicht interessiert. Er rechnet sich aus, daß das Volk aus der Steppe die für Rom so gefährlichen Germanen in Schach halten würde, ob als Vasallen oder als Gegner der Hunnen.

Dem Untergang entgegen

Als hätte Attila nach der Plünderung Galliens mit seinem Rückzug eine Niederlage zugegeben, deren Schmach er nun wettmachen will, zieht er bereits im folgenden Jahr erneut gegen Rom. Vergessen sind die Verluste. Es ist erstaunlich, wie Attila in der kurzen Zeit des Winters noch einmal seine Heere mobilisieren konnte. Es scheint, als wolle Attila alles auf eine Karte setzen. Aetius bekommt noch einmal die volle Härte der wiedererstandenen hunnischen Streitmacht zu spüren. Der Sturm aus dem Osten fegt – wie im Jahr zuvor über Gallien – jetzt über Norditalien hinweg.

Aquileia, eine friedliche und malerische Stadt an der Laguna di Grado, nicht weit vom heutigen Venedig, gilt in jener Zeit mit seinen 200 000 Einwohnern als das »Rom des Nordens«. Die Hunnen hungern die Stadt erst aus und zerstören sie dann bis auf die Grundmauern. Noch heute lassen die alten Hafenanlagen, die Reste des Forums und die rekonstruierten Fundamente von Bauwerken etwas von der Zerstörungswut der Eroberer ahnen.

Die Überlebenden aus Aquileia flüchten in die Marschlandschaften und Lagunen an der Küste, in die sich die hunnische Reiterei nicht hineinwagt. Dieses Ereignis floß in die Gründungsgeschichte Venedigs ein. Die Geflohenen von Aquileia sollen nach geglückter Flucht »Veni etiam« – »Bis hierher bin ich auch gekommen« – ausgerufen haben. Aus »Veni etiam« sei dann das Wort Venezia, Venedig, entstanden.

Pavia wird erobert, Vicenza zerstört, Verona, Mantua und Mailand geplündert. Die Hunnen wüten erbarmungslos. Die Landbevölkerung flieht, die Äcker veröden. Hungersnöte sind die Folge. Das nächste und zugleich eigentliche Ziel der Hunnen ist die heilige Stadt Rom. Noch einmal hat Attilas Widersacher Aetius Glück im Unglück: In den feindlichen Lagern bricht gerade zu dem Zeitpunkt das Sumpffieber aus, als Aetius endlich die lange erwartete Verstärkung aus Ostrom erhält. Obwohl geschwächt, setzt Attila alles auf eine Karte. Nach wie vor spielt er auf Stärke, läßt sich aber dennoch auf ein Verhandlungsangebot ein.

Im Jahr 452 treffen sich die Vertreter zweier Welten: Papst Leo I. als Abgesandter Roms und der Christenheit und König Attila, der Führer der Barbaren und Heiden. Eine Begegnung, die im nachhinein in der Geschichte verklärt wird. Am Fluß Mincio, nicht weit vom Gardasee, empfängt Attila die kaiserlichen Abgesandten. Papst Leo erhält später

104 Großartige Mosaiken zeugen von der einstigen Pracht Aquileias.

auf Grund seines Verhandlungsgeschicks den Beinamen «der Große«, denn es gelingt ihm, Attila zur Aufgabe seiner Pläne zu überreden. Unter der Bedingung, daß die Stadt Rom verschont bleibe, werden Attila die außerordentlichen Reichtümer der norditalienischen Städte, ihrer Tempel, Kirchen und Klöster zugestanden. Ein Gefangenenaustausch wird vereinbart; die römische Seite kann allerdings nur die Offiziere und Soldaten freibekommen, die von den Hunnen gefangengenommenen Frauen, Kinder und Unfreie werden versklavt.

Attila beweist seinen Sinn fürs Theatralische. Während der Verhandlung bleibt er im Sattel sitzen und zwingt so den Heiligen Vater, es ihm gleich zu tun. In später entstandenen Legenden wurde erzählt, Attila sei vom christlichen Glanz, den Leo verbreitet habe, und den gleichzeitig am Firmament erschienenen Aposteln Petrus und Paulus so geblendet gewesen, daß er reumütig dem Heidentum abgeschworen habe und sich taufen ließ.

Tod und Verklärung

Reich an Beute und durch den Papst großzügig beschenkt, kehrt Attila in sein Hauptquartier nach Pannonien zurück. Von der heftigen Liebe, die er angeblich für Honoria empfunden haben will, hören wir nichts mehr. Dafür entbrennt er in Liebe zu der Tochter eines Germanenfürsten, die den Namen Ildico oder Hildico trägt und uns aus der Literatur als Kriemhild bekannt ist.

Nun beginnt das letzte dramatische Kapitel im Leben Attilas. Es ist der Stoff, von dem Gedichte und Romane, Opern und Filme zehren. »Nach der Hochzeit«, so erzählt der Gotenbischof Jordanes, »ließ es sich Attila auf dem Fest sehr wohl ergehen, und wie er rücklings auf dem Bette lag, schwer vom Wein und in tiefen Schlaf gefallen, kam ein Schwall von Blut aus seiner Nase, das nicht nach außen abfließen konnte, sondern in tödlichem Lauf in die Kehle rann und ihn erstickte. Am nächsten Morgen, als man nichts aus dem Schlafgemach hörte, waren die Wachen beunruhigt und drangen ein. Da fanden sie den toten Attila in seinem Blute, der ohne eine äußerliche Wunde gestorben war, und die Braut mit gesenktem Haupt, die hinter ihrem Schleier in Tränen gebadet war.« Was in dieser Nacht wirklich geschah, ist nicht geklärt. Schon früh haben sich um Attilas Leben Legenden gerankt. Sein mysteriöser Tod in der Hochzeitsnacht im Jahr 453 in den Armen

105 In späteren Legenden wird erzählt, Attila sei vom christlichen Glanz, den Leo verbreitet habe, so geblendet gewesen, daß er dem Heidentum abgeschworen habe. (Relief im Kunsthistorischen Museum, Wien)

106 ***Nach der Hochzeitsnacht mit Ildico, der Tochter eines Germanenfürsten, wird Attila von seinen Wachen tot aufgefunden. Was in jener Nacht geschah, wurde nie geklärt. (Gemälde von Joseph Villeclère)***

seiner jungen germanischen Frau löste bereits bei den Zeitgenossen die Vermutung aus, er sei von ihr nach dem Liebesakt mit einem Dolch erstochen worden. Auch in einer oströmischen Chronik aus dem 6. Jahrhundert findet sich diese Darstellung. Was aber war erst von der Sage zu erwarten, wenn sich bereits die Berichte aus der Völkerwanderungszeit so weit von der Wahrheit entfernten? Was vom Inhalt des viel jüngeren »Nibelungenliedes«, das zum Nationalepos der Deutschen ausgerufen wurde, ist dann noch tatsächlich historisch verbürgt?

Die Legende sieht einen Zusammenhang zwischen der Vernichtung der Burgunder in den Jahren 435/436 am Rhein, der Schlacht auf den Katalaunischen Feldern und dem plötzlichen Tod Attilas. Die Burgunderin Kriemhild wird zur Rächerin an Etzel, der ihr Volk in der Schlacht am Rhein vernichtet hat.

Die Forschung versucht, die Herkunft der drei typischen Attila-Bilder – das des bestialischen Räubers und der Geißel Gottes, das des genialen Politikers und Völkerkönigs und das des gütigen Herrschers – mit den unterschiedlichen Interessen der Völker zu erklären, die von den Ereignissen des 5. Jahrhunderts betroffen waren. Lange nachdem die historischen Fakten verblaßt sind, entwickeln die Volkssagen eine Eigendynamik. Sie werden zum Spiegel der Auswirkungen, die geschichtliche Ereignisse auf die Psyche der Völker haben. Im »Nibelungenlied«, in den Sagen um Dietrich von Bern und in den nordischen

Fassungen der »Edda« wird Attila mit Charakterzügen dargestellt, die mit dem historisch gesicherten Bild von ihm nichts mehr oder nur noch sehr wenig zu tun haben.

»Es ist kein Zufall«, schreibt der Ungar István Bóna in einer der besten neueren Veröffentlichungen über die Hunnen, »daß zur zentralen Gestalt der deutschen Heldensagen der etwas schwachsinnige, aber um so freigebigere *Etzel* (also Attila) wird, der edelmütige Freund der verschiedenen germanischen Könige und Fürsten. Allerdings nicht aller, denn auch der *Atli* der Sagen ist eine zentrale Figur, jedoch grausam und goldgierig. Die Erinnerungen der ›großen‹ und ›kleinen‹ Verbündeten haben in den zwei verschiedenen Attilas den wahren einen Attila bewahrt.«

Obwohl zwischen den Kriegen der Hunnenzeit und der Niederschrift des »Nibelungenliedes« ein Zeitsprung von 700 Jahren liegt, sehen viele historisch Interessierte – und besonders die Schatzsucher – das Epos als verläßliche Quelle an. Sie suchen darin eine Antwort auf die Frage nach dem Ort, an dem der grimme Hagen den Schatz der Nibelungen versenkte. Ist es denkbar, daß Kriemhild nach Siegfrieds Tod nicht nur auf Rache, sondern auch auf Geld aus war? Würde es nicht der Logik der Sage entsprechen, wenn ein goldgieriger Etzel alias Attila die junge Witwe heiratete, um sich auf diese Weise zu bereichern? »Ich gehe davon aus, daß es sich bei dem ›Nibelungenlied‹ nicht um ein einfaches Gedicht, sondern um eine Überlieferung von tatsächlich Geschehenem handelt«, erklärt der Mainzer Historiker und Schatzsucher Hans-Jörg Jacobi, der sich die Bergung des Nibelungenschatzes zur Lebensaufgabe gemacht hat. »Immerhin heißt es im ›Nibelungenlied‹, Hagen habe den Schatz im Rhein versenkt, ›damit er ihm zunutze ward‹, das heißt doch, daß er den Schatz wieder heben wollte.« Nach Jacobi ist der im »Nibelungenlied« erwähnte Ort Zemloche identisch mit dem heutigen Lochheim, in der Nähe von Gernsheim am Rhein.

In Kriegszeiten war es durchaus üblich, daß Völker ihren Staatsschatz in Form von Gold, Silber und Edelsteinen in Sicherheit brachten. Sei es, daß der Schatz, wie im Zusammenhang mit dem Attentat auf Bleda erwähnt wird, vergraben wurde, oder daß man ihn, wie im »Nibelungenlied«, versenkte.

Mit Männerblut betrauert

Die Hunnen folgten mit ihren Bestattungszeremonien alten zentral- und ostasiatischen Traditionen. In vor- und frühhunnischer Zeit hatten die Gräber, die sogenannten Kurgane, die Form blockhüttenartiger Erdkammern. In einem riesigen Gebiet, das von der östlichen Mongolei über Südrußland bis weit in die Ukraine reicht, fanden Archäologen derartige Grabkammern, die besterhaltenen im Permafrost in den Hochebenen Zentralasiens. Die meisten sind den »Skythen« zuzurechnen. Der Name »Skythen« geht auf die Griechen zurück, die die nomadisierenden Barbaren jenseits von Osteuropa und nördlich des Kaukasus so nannten und damit durchaus auch frühe Hunnenstämme gemeint haben könnten. Wissenschaftler glauben deshalb, von den Beschreibungen der Skythen Rückschlüsse auf die Gebräuche und Sitten der Hunnen ziehen zu können.

Wir haben einen Kurgan im Hochland der Mongolei besichtigt. Die etwa acht bis zehn Quadratmeter große Kammer war in einer rund vier Meter tiefen Ausschachtung angelegt. Wände und Decken wurden ursprünglich durch mächtige Balken gestützt und mit Holzstämmen ausgekleidet. Über die Holzkonstruktion wurden Erde und Steine aufgeschüttet. Der Tote wurde in Kleidern und mit Waffen beigesetzt. Von den Skythen wissen wir, daß sie ihren Toten sogar Reit- und Wagenpferde für das Leben im Jenseits mit ins Grab gaben.

Der griechische Historiker Herodot hat ausführlich die Begräbnispraktiken anläßlich des Todes eines skythischen Fürsten beschrieben. Die Pferde wurden am Rand der Grube mit einem Streitpickel durch einen gezielten Schlag in die Stirn getötet und anschließend, wahrscheinlich mit Seilen, in die Grube hinabgelassen. Über 40 Tage dauerten die Feierlichkeiten zu Ehren des Verstorbenen. Während dieser Zeit wurde der Tote auf einem Wagen durch sein Herrschaftsgebiet gefahren. Er sollte bei großen Festessen als ehemaliger Repräsentant der Macht gegenwärtig sein. »Nach einem Jahr werden die Zeremonien fortgesetzt«, schreibt Herodot. »Fünfzig der besten Männer werden ausgewählt und erdrosselt zusammen mit fünfzig der besten Pferde. Die Pferde werden ausgenommen, die Leibeshöhlen gereinigt, mit Stroh gefüllt und wieder zugenäht. Dann werden Pfähle paarweise in den Boden versenkt. Ein quer geführter Balken wird durch das Pferd vom Schwanz zum Hals gesteckt, und anschließend wird das so auf-

107 Kammergrab im Hochland der Mongolei. So könnte das Grab Attilas in Ungarn aussehen. Doch es wurde nie gefunden.

gespießte Pferd auf die Pfähle gehoben, so daß die Beine in der Luft baumeln. Jedem Pferd wird Zaumzeug angelegt und das Halfter später an einem vor dem Pferd in den Boden gerammten Stock angebunden. Dann werden die erdrosselten 50 jungen Männer auf die Pferde gehoben. Damit sie sitzen bleiben, wird ihnen ein Pfahl entlang der Wirbelsäule durch den Körper bis zum Hals getrieben, das untere Ende wird in dem Balken versenkt, der das Pferd hält. Die 50 Reiter bilden einen Kreis um das Grab.«

Die Hunnen in Europa übernahmen diese Zeremonien, wenngleich nicht in demselben Umfang und nicht mit der gleichen Grausamkeit. Ihr Totenkult veränderte sich unter westlichem Einfluß. Um Grabräuber abzuhalten, wurde der Verstorbene in einem einfachen Grab beerdigt, dessen genaue Lage nur wenige kannten. Das könnte erklären, warum in Ungarn keine Gräber mit üppigen Beigaben gefunden wurden. Die oft sehr wertvollen Beigaben wurden an anderer Stelle vergraben.

Auf ein reich ausgestattetes hunnenzeitliches Fürstengrab, in dem einer der wertvollsten und schönsten Schätze aus der Völkerwanderungszeit lag, stieß man in der Champagne: auf den berühmten Schatz von Pouan. Er wurde Mitte des vergangenen Jahrhunderts nicht weit von Troyes entdeckt. Die gefundenen Waffen und Schmuckstücke ähneln hunnischen Grabbeigaben aus dem Karpaten-Becken und weiter östlich gelegenen Gebieten. Damit schien die zunächst aufgestellte Hypothese widerlegt, man sei auf das Grab des legendären westgotischen Königs Theoderich gestoßen. Der im Museum von Troyes ausgestellte Schmuck ist aus purem Gold. Er besteht aus Finger-, Hals- und Armringen, Schnallen, einem Kurzschwert und einem zweischneidigen Langschwert mit goldüberzogenen Griffen und Almandineinlagen. In Zusammenarbeit mit Wissenschaftlern des Pariser Louvre werden die purpurroten Almandinen des Schatzes von Pouan gegenwärtig elektronenmikroskopisch auf ihre Herkunft untersucht. Vergleiche lassen vermuten, daß die Edelsteine aus dem nördlichen Iran stammen – ein weiterer Hinweis auf die großen Entfernungen, die die Krieger der Hunnenzeit zurücklegten. Nach dem ungarischen Historiker Bóna handelte es sich bei dem toten Fürsten im Grab von Pouan wahrscheinlich um König Laudarich, den ostgermanischen Verbündeten Attilas.

Nicht weit von Pouan in der Champagne liegt das Dorf Courtisols. Es ist mit mehr als acht Kilometern Ausdehnung das längste Straßendorf Frankreichs und soll von Hunnen gegründet worden sein, die nicht nach Pannonien zurückkehrten. Nach Aussage des Bürgermeisters von Courtisols glauben die Einwohner auch heute noch, daß sie von den Hunnen abstammen. Geradezu sensationell aber ist der genetisch bedingte »Mongolenfleck«, der bei einigen Kindern aus der Gemeinde von Troyes, zu der auch das Dorf Courtisols gehört, auftritt. Der Mongolenfleck ist eine Pigmentverfärbung am Rücken in Höhe des Steißbeins. Diese Besonderheit tritt sonst nur bei asiatischen oder orientalischen Völkern auf, beispielsweise bei fast allen in der Mongolei geborenen Kindern. Der Fleck kann folglich als genetischer Beweis dafür gelten, daß die heutigen Bewohner der Gegend tatsächlich mit den Hunnen verwandt sind.

Nach dem hunnischen Bestattungsritual wurde drei, sieben oder auch neunundvierzig Tage nach dem Tod eines Adligen oder Fürsten das Pferd des Toten geschlachtet und von den Angehörigen und Vertrauten gemeinsam verzehrt. Die Überbleibsel dieses Leichenschmauses verbrannte man anschließend zusammen mit dem Zaumzeug, dem Sattel und den Waffen auf einem Scheiterhaufen. Die Aschenreste des Brandopfers wurden anschließend mit Beigaben, darunter auch Lebensmittelvorräte, in der Nähe des Grabes bestattet. In diese Grube wurde auch der zerschlagene Bronzekessel gelegt, der wahrscheinlich das wichtigste Gerät der Totenfeier darstellte. Verbrannte Überreste von Menschen, wie wir sie aus germanischen Gräbern kennen, fand man nicht.

108 Im französischen Städtchen Courtisols hat man Erstaunliches entdeckt. Leben dort tatsächlich noch Nachfahren der Hunnen?

»Die Männer schnitten sich ihren Zopf ab, ihr furchterregendes Gesicht aber verunstalteten sie mit tiefen Wunden, so daß der glorreiche Held nicht mit Tränen der Frauen, sondern mit Männerblut betrauert wurde. Sein Leichnam wurde in einem in der Mitte der Lagerstadt aufgestellten Seidenzelt aufgebahrt, und aus dem ganzen Hunnenvolk erlesene Reiter galoppierten rund um die Bahre und sangen Trauerweisen. Dann gab es ein Trinkgelage. Trauer und Unterhaltung lösten einander ab. In der Nacht aber wurde der Leichnam im geheimen in die Erde gelegt. Er wurde erst mit Gold, dann mit Silber und zuletzt mit Eisen verhüllt.« Diese Beschreibung von Jordanes geht auf eine verlorengegangene zeitgenössische Schilderung von Priskos zurück.

Die Totengräber Attilas fanden nach den Feierlichkeiten selbst ein grausames Ende. »Und damit menschliche Habgier von so vielen großen Reichtümern ferngehalten würde, bezahlten sie die Totengräber – welch schrecklicher Lohn! – in schändlicher Weise: Sie wurden erbarmungslos niedergemetzelt. So riß der plötzliche Tod die Begrabenden samt dem Begrabenen mit sich.« Damit endet der Bericht des gotischen Chronisten Jordanes über die Totenfeiern zu Ehren des Hunnenkönigs Attila.

Ein Fund aus Ungarn scheint zu bestätigen, daß Attila in einem dreifachen Sarg bestattet wurde. Der äußere Sarg soll aus Eisen gewesen sein, in dem sich ein weiterer aus Silber und ein dritter aus Gold befanden. In Ungarn wurden Holzteile eines Sarges entdeckt, die mit Eisen und hauchdünn aufgebrachtem Goldblech beschlagen waren. Otto

Trogmayer, Historiker und Direktor des Museums von Szeged, vermutet das bis heute nicht entdeckte Grab Attilas an der unteren Theiß in der Nähe der ungarisch-rumänischen Grenze.

UNTERGANG DES IMPERIUMS

Schneller, als es entstanden war, verschwand das Riesenreich wieder nach Attilas plötzlichem Tod auf dem Hochzeitslager. Seine Kriegsmacht brach zusammen, und schon bald wucherten Legenden und Mythen um den Aufstieg und den Untergang von Attilas Imperium, das nur acht Jahre Bestand hatte.

Nach Attilas Tod im Jahr 453 zerfiel das Herrschaftsgebiet, weil die Hunnen keinen Nachfolger fanden, der Attila ebenbürtig gewesen wäre. Seine Nachkommen besaßen nicht seine gefährlich-genialen Fähigkeiten, Menschen zu lenken und für sich einzunehmen. Ihnen fehlten das politische Geschick und die visionäre Kraft, die einen charismatischen Führer ausmachen.

Drei von Attilas Söhnen, die sich als Thronfolger betrachteten, teilten das Reich unter sich auf und begannen schon bald nach dem Tod des Vaters, sich gegenseitig zu bekämpfen. Am Ende blieb nur einer, Dengizik, übrig, der sich mit einem immer kleiner werdenden Gefolge noch anderthalb Jahrzehnte halten konnte. Die germanischen Verbündeten fielen ab oder wechselten die Front, als Dengizik gegen Ostrom zog und die alten Forderungen seines Vaters noch einmal durchzusetzen versuchte. Er starb im Jahr 469 in einer Schlacht, die für die Hunnen mit einer schmachvollen Niederlage endete. Unter dem Jubel der Bevölkerung von Konstantinopel wurde sein aufgespießter Kopf durch die Straßen getragen. Es war die Befreiung von einem tiefsitzenden Trauma, von einer langen Demütigung, die unter Attilas Herrschaft unerträglich geworden war. Der Tod seines Sohnes wurde wie ein später Sieg über Attila und seine Todesreiter gefeiert, die bis dahin ein großes Geheimnis umgeben hatte: das Geheimnis ihres Erfolges.

Der Einbruch der Hunnen unter Attila in die europäische Welt, und mit ihm die Zeit der Völkerwanderung, bedeutete das Ende der Antike und leitete eine Neuordnung des ganzen Kontinents ein. Die Uhr des römischen Kaiserreichs war abgelaufen, als die Hunnen auf der Bühne Europas erschienen. Das Volk aus den Steppen Asiens, das weder eine steinzeitliche Horde noch ein primitiver Stamm von Schafhirten war, führte technische Neuerungen mit sich, die ihm zum Sieg verhalfen: den hölzernen Sattel, den Steigbügel, den neuartigen Bogen und die eisernen, dreikantigen Pfeile.

Für einen Moment in der langen Geschichte der Menschheit schuf Attila ein Reich, das sich vom Kaukasus bis zum Rhein, vom Baltikum bis ans Mittelmeer erstreckte. Nur wenige Jahre währte die Herrschaft der Hunnen über Europa, Jahre, die den Kontinent veränderten und zwischen den Völkern Grenzen zogen, die weitgehend heute noch so bestehen. Doch wohin ist dieses rätselhafte Volk entschwunden?

Einige der müde und führungslos gewordenen hunnischen Kämpfer ließen sich im Süden Rußlands und im Gebiet der Krim nieder und gaben das unstete Nomadenleben auf. Andere hatten sich schon früher, nach den Kriegszügen, in Frankreich, der Schweiz oder Ungarn angesiedelt und sind in den dort beheimateten Völkern aufgegangen. Andere, über halb Europa versprengte Hunnen zogen sich in die Steppen nach Osten zurück, woher sie gekommen waren – in die Weiten Zentralasiens.

Literaturverzeichnis

Bóna, István: Das Hunnenreich. Stuttgart 1991.
Bouvier-Ajam, Maurice: Attila, le Fléau de Dieu. Paris 1982.
Brentjes, Burchard: Die Ahnen Dschingis-Chans. Berlin 1988.
Heissig, Walther und Claudius C. Müller: Die Mongolen. Innsbruck, Frankfurt/M. 1989.
Friesinger, Herweg und Brigitte Vacha: Die vielen Väter Österreichs. Wien 1992.
Germanen, Hunnen und Awaren. Schätze der Völkerwanderungszeit. Katalog zur Ausstellung des Germanischen Nationalmuseums. Nürnberg 1988.
Maenchen-Helfen, Otto J.: Die Welt der Hunnen. Graz 1977.
McGovern, William M.: The Early Empires of Central Asia. Chapel Hill 1939.
Riehl, Hans: Die Völkerwanderung. München 1988.
Schreiber, Hermann: Die Hunnen. Attila probt den Weltuntergang. Wien, Düsseldorf 1990.
Werner, Joachim: Beiträge zur Archäologie des Attila-Reiches. München 1956.

BERN
ZIM

Ulrich Lenze und
Nina Steinhauser

SPUREN

Nein, heißt es, der General könne uns nicht zu Hause empfangen. Nein, seine Adresse sei auch unbekannt. Schließlich sei der General noch immer hoher Geheimnisträger, auch wenn er kein offizielles Amt mehr bekleide. Und ausländischen Journalisten gebe er schon gar keine Interviews. Die einzige Möglichkeit, ihn zu treffen, ließe sich in einem internationalen Hotel arrangieren.

Filipp Bobkov, der uns in der Lobby des Moskauer »Metropol« in einem eleganten, dunkelblauen Wintermantel eine Minute vor der verabredeten Zeit entgegenkommt und dessen Glatze seinen überaus großen Kopf noch wuchtiger erscheinen läßt, war fast zehn Jahre lang Vizechef des mächtigen sowjetischen Geheimdienstes KGB. Wir wollen ihn nach dem Verbleib eines Schatzes fragen, der seit fast 50 Jahren verschollen ist. »Nein«, sagt er, »Sie jagen keinem Phantom nach. Das Bernsteinzimmer existiert.« Zum erstenmal während unserer zwei Jahre dauernden Versuche, Licht in das geheimnisvolle Verwirrspiel um das verschwundene Zimmer zu bringen, haben wir das Gefühl, hier könnte jemand mehr wissen, als er sagt.

Die Geschichte des legendären Schatzes – angenommener heutiger Wert: 250 Millionen Mark – begann vor fast 300 Jahren. Damals kam ein König auf die verrückte Idee, ein ganzes Zimmer mit Bernstein auszukleiden. Das »achte Weltwunder« wurde es genannt. 1716 machte sein Besitzer, Friedrich Wilhelm I. von Preußen, dem russischen Zaren Peter »dem Großen« die Rarität zum großzügigen Geschenk und ließ es im Jahr darauf nach St. Petersburg bringen. Über 200 Jahre war es danach still um den Schatz. Doch dann beginnt ein Drama, dessen Verwicklungen sich bis heute nicht aufgelöst haben. Es ist wie ein Kriminalroman, bei dem niemand weiß, wann die Spannung nachläßt, weil am letzten Kapitel noch geschrieben wird. Zuletzt gesehen wurde das Bernsteinzimmer 1944 in Königsberg an der Ostsee. Als Deutschland am Ende des Krieges in Trümmer sank, ist auch das Bernsteinzimmer verbrannt – so behaupten viele. Oder ist es rechtzeitig in Sicherheit gebracht worden, vielleicht in ein Versteck, das bis heute nicht bekannt wurde?

109 Vorhergehende Doppelseite: Dieser Rekonstruktionsversuch der Täfelung des Bernsteinzimmers mit dem Wappen Friedrichs I. läßt etwas von dem verlorenen Luxus ahnen.

Legenden um das Bernsteinzimmer bilden sich nicht erst seit seinem plötzlichen Verschwinden. Seine funkelnd-schillernde Gestalt hat die Menschen ganzer Epochen fasziniert – vom feudalen Zeitalter bis in unsere Tage. Doch stärker als die nur noch von wenigen geteilte Erinnerung an die reale Existenz des Zimmers beschäftigt seine jetzige Unauffindbarkeit die Gemüter. An der jahrzehntelangen Jagd nach der märchenhaften Kostbarkeit haben sich Geheimdienste beteiligt und Politiker aus Ost und West, professionelle Schatzsucher und Abenteurer, Historiker, Journalisten und Psychopathen. Einem verlorenen Schatz, zumindest diesem, scheint die Zeit nichts anhaben zu können. Sobald es eine Weile ruhiger um ihn wird, geben neue Gerüchte prompt der Phantasie frische Nahrung. So, als der Staatssicherheitsdienst der ehemaligen DDR Hunderte von Spähtrupps aussendet und über seine fieberhafte Suche nach dem weltberühmten Kleinod tonnenschwere Geheimakten anlegt. So, als Rußlands Präsident Boris Jelzin wiederholt erklärt, er wisse, wo der Schatz lagert. Doch auch mit dem Ende des kalten Krieges läßt der entscheidende Tip auf sich warten. Auch und gerade darin liegt der Mythos des Bernsteinzimmers. Und je mehr Zeit seit seinem Verschwinden vergeht, desto üppiger ranken sich Spekulationen um die Frage, wie es aus Königsberg verschwunden ist und wo es hingeschafft wurde. Wer war beteiligt: Eine SS-Sondereinheit, die zum Schweigen gebracht wurde? Stalins Trophäenjäger, die die Existenz des Bernsteinzimmers ebenso leugnen, wie sie fast 50 Jahre lang den Schatz des Priamos leugneten? Professionelle Kriegsgewinnler oder schlichte Kunsträuber, die das Chaos der letzten Kriegswochen ausnutzten? Warum nicht ein ehemaliger US-Offizier, der heute in einem mit Bernstein ausgekleideten, privaten Atombunker in Texas seine letzten Whiskys trinkt?

Das Gold des Meeres

Was ist, was war das Bernsteinzimmer? Das Bernsteinzimmer, schreibt im Jahr 1912 der russische Kunsthistoriker S. N. Vilckovskij, »… ist ein wahres Wunder, nicht nur durch den großen Wert des Materials, der kunstvollen Schnitzerei und der Leichtigkeit der Formen, sondern hauptsächlich durch den schönen, bald dunklen, bald hellen, aber immer warmen Ton des Bernsteins, der dem ganzen Zimmer einen unaussprechlichen Reiz verleiht. Alle Wände des Saales sind mit einem

Mosaik aus nach Form und Größe ungleichen polierten Bernsteinstückchen bedeckt ... Durch geschnitzte Reliefrahmen aus Bernstein sind die Wände in Felder eingeteilt, deren Mitte vier römische Mosaiklandschaften mit den allegorischen Darstellungen der vier von den fünf menschlichen Sinnen einnehmen.«

Die Entstehung des verschwundenen Schatzes datiert zurück in das erste Jahr des 18. Jahrhunderts. Und sie beginnt an dem Ort, wo das Bernsteinzimmer fast 250 Jahre später zuletzt gesehen wurde: in Königsberg.

In der ostpreußischen Metropole läßt sich im Jahr 1701 der Hohenzollernfürst Friedrich III., der Großvater des berühmten Friedrich »des Großen«, zum ersten König in Preußen krönen. Wie später Napoleon setzt er sich und seiner Gemahlin die Krone selbst aufs Haupt. Friedrich I., wie er nun heißt, hat die Königswürde ohne Krieg mit den Nachbarländern erlangt. Für die damalige Zeit ist das ungewöhnlich genug. Der erste Preußenkönig ist kein großer Staatsmann. Mehr als die Politik liebt er Kunst und Kultur – und allen erdenklichen Prunk. Friedrich ist ein Verschwender, der sich eifersüchtig am Größenwahn des französischen Hofs orientiert. Allein die Krönungsfeierlichkeiten dauern sechs Monate und verschlingen Unsummen des ohnehin schmalen Staatshaushaltes. Dabei verfügt Preußen kaum über eigene Bodenschätze und ist mehr als andere deutsche Staaten auf das Wohlwollen seines großen östlichen Nachbarn Rußland angewiesen. Sein sparsamer Sohn Friedrich Wilhelm I. urteilt Jahre später, der Vater habe die »dollste Wirtschaft von der Welt« gehabt.

Ob Zepter, ob Orden – Friedrich I. dekoriert sich gern. In Königsberg, der Stadt der preußischen Könige, wo Immanuel Kant später seinen »kategorischen Imperativ« aufstellt, lernt Friedrich einen Schmuckstein kennen und lieben, dem er bis dahin kaum Beachtung geschenkt hat: den Bernstein.

Bernstein kommt aus dem Meer, vornehmlich aus der Ostsee, und ist nichts anderes als fossiles, zu Stein gewordenes Harz. Seine Vorgeschichte reicht bis zu den ersten Nadelbäumen auf dem Planeten Erde zurück. Diese wurden wiederum Millionen Jahre später vom Meer verschlungen. Dann kam die Eiszeit. 50 Millionen Jahre Erdgeschichte liegen zwischen der Entstehung des Bernsteins aus dem flüssigen Harz der Nadelbäume und seiner Entdeckung als Schmuckstein. Das »Gold des Meeres« heißt der Stein seitdem.

***110** Nachdem sich in Königsberg König Friedrich I. im Jahre 1701 selbst die Krone auf das Haupt gesetzt hat, krönte er auch seine Gemahlin.*

***111** An der russisch-litauischen Küste, am Kurischen Haff, befindet sich die größte Bernsteinfundstätte der Welt.*

Wir fahren mit einem vom russischen Fernsehen gemieteten Auto von Königsberg, das heute – wer weiß, wie lange noch? – Kaliningrad heißt, zur Ostseeküste und zum Kurischen Haff. Da die Auspuffgase aus unerfindlichen Gründen in das Innere des Wagens geleitet werden, haben wir die Fenster trotz der feuchten Kälte geöffnet. Die tiefhängenden Wolken lassen Himmel, Land und Wasser miteinander ver-

112 Obwohl das private Bernsteinfischen entlang der russischen Ostseeküste verboten ist, sieht man zuweilen im Morgengrauen Männer ihre Fangnetze auswerfen.

schmelzen. Aber etwas später läßt der kräftige Wind für kurze Augenblicke die Sonne durchblitzen und die strenge Schönheit dieser Landschaft und den scharfen Kontrast erkennen, den der schneeweiße Strand zwischen das schwarzblaue Meer und das dichtbewaldete Grün der Küste schiebt.

Hier also lagert die »blaue Erde«, die größte Bernsteinfundstätte der Welt. Heute stoßen riesige Schaufelbagger durch die darüberliegende, 30 bis 40 Meter dicke Tonschicht, um den Bernstein im Tagebau zu fördern. Obwohl das private Bernsteinfischen entlang der russischen Ostseeküste verboten ist, sieht man zuweilen in den frühen Morgenstunden vereinzelt Männer, die bis zu den Knien im Wasser stehen und das Fangnetz nach dem maritimen Gold auswerfen. Denn immer, wenn die Naturgewalten den Grund der Ostsee aufwühlen und die Brandung in großen Wellen am Strand ausrollt, finden sich in den Schaumkronen und später im Sand einzelne Bernsteine.

Ein paar hundert Meter oberhalb der Küste fühlt man sich in ein amerikanisches Goldgräbernest des vorigen Jahrhunderts versetzt. Einige der Ärmsten samt einer Schar verwahrloster Kinder durchpflügen mit bloßen Händen und kleinen Keschern das Abwasser der Bernsteinfabrik nach winzigen Splittern, die durch die Siebe geschlüpft sind. Die kann man gegen ein paar Devisen – und nur die zählen hier – an Touristen verkaufen.

Von hier, der Bernsteinküste, ging einst eine nach dem gelben Stein benannte Handelsstraße quer durch ganz Europa. Während der Krönungsfeierlichkeiten 1701 in Königsberg bestellt der neue König Friedrich I. einige Kostbarkeiten, gestaltet aus dem Gold der Ostsee. Auf der langen Fahrt zurück nach Berlin aber kommt ihm eine ver-

113 Das Berliner Stadtschloß existiert nicht mehr. Eine riesige bemalte Plane, auf der das Schloß naturgetreu zu sehen ist, wirbt heute für den Wiederaufbau an historischer Stelle.

wegene, eine phantastische Idee, die er, kaum zu Hause angelangt, in die Tat umsetzt: Er will ein ganzes Zimmer seines Stadtschlosses mit Bernstein auskleiden.

Die Künstler werden gefunden, die Techniker auch. Bernstein ist damals noch in Hülle und Fülle zu haben. Friedrich greift tief in die Staatskasse. Dennoch, zehn Jahre dauert die Arbeit, mit der zunächst der dänische Bernsteinschneider Gottfried Wolffram beauftragt wird. Der ist dann doch zu teuer, und so sind schließlich mehrere Künstler beteiligt. Manche behaupten, wegen der eingearbeiteten Masken sterbender Krieger, auch der berühmte Andreas Schlüter sei darunter, auf jeden Fall aber wohl der Danziger Gofrin Tousseau, ein französischer Emigrant. Unsummen an Geld verschlingt das Unternehmen, ruiniert fast den preußischen Staatsetat. Endlich, im Jahr 1711, werden die Paneele in einem Eckzimmer im dritten Stock des Berliner Stadtschlosses eingebaut, ausgerechnet im »Tabakskollegium«, wo der König mit Gästen und handverlesenen Hofschranzen zu rauchen und zu palavern pflegt.

Das Tabakskollegium kann, wie das gesamte Berliner Stadtschloß, heute nicht mehr besichtigt werden. Der restaurationsfähige Rest des Schlosses, den der Krieg hinterlassen hatte, wird 1950 im Auftrag von SED-Chef Walther Ulbricht als Sinnbild des preußischen Militarismus mit 13 Tonnen Dynamit gesprengt. Als wir die Spuren des Bernsteinzimmers zurückverfolgen, können wir nur die fast perfekte Illusion genießen, die eine bemalte, 120 Meter lange, 30 Meter hohe und an

Gerüsten befestigte Plane erzeugt, um für den Wiederaufbau des Schlosses an gleicher Stelle zu werben.

Die üppige Wandverkleidung, die ab 1711 den Schloßräumen zusätzlichen Glanz verleiht, ist ein einmaliges Prachtstück barocker Inkrustationstechnik und besteht aus Tausenden von Bernsteinstücken verschiedenster Farbschattierungen, die auf Holztafeln zu Mosaiken verklebt sind. Insgesamt sind es zwölf Wandfelder und zehn Sockelplatten, die sich beliebig zusammenfügen lassen – als wiederkehrende Motive die gekrönte Chiffre Friedrichs I. (Fridericus Rex) und der preußische Adler in heraldischer Form – die teuerste Tapete der Welt.

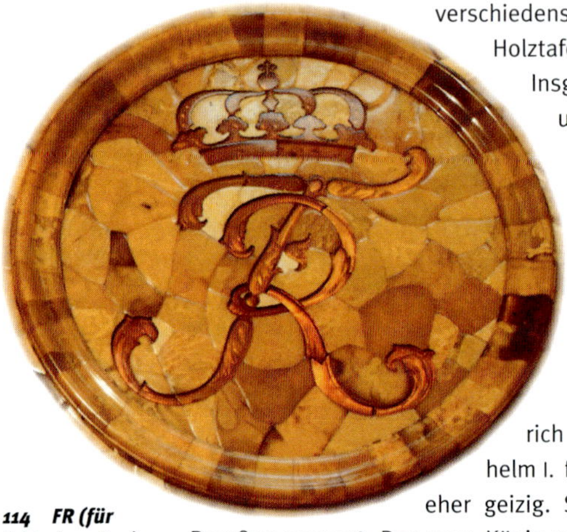

114 FR (für Fridericus Rex): herrschaftliches Schmuckmotiv des Bernsteinzimmers.

Schon im Jahr darauf ist Friedrich tot. Sein Sohn Friedrich Wilhelm I. folgt ihm auf den Thron. Der ist eher geizig. Seit seinem Amtsantritt wird in Preußen gespart. Der neue König meidet allen Prunk – überflüssige Schmuckstücke und Juwelen verkauft er nach des Vaters Tod. Seine Liebe gilt dem Militär: Unter dem Namen »Soldatenkönig« geht er in die preußische Geschichte ein.

Geschenke erhalten die Freundschaft

Ein Gemälde zeigt das berühmte Eckzimmer, das Tabakskollegium genannt wurde: Friedrich Wilhelm I. im Kreise des königlichen Küchenkabinetts, Pfeife schmauchend, trinkend, philosophierend. Im Vordergrund, ganz klein, der spätere Friedrich »der Große«. Wie es in diesem exklusivsten Teil der königlichen Räume zugegangen sein mag, geht aus der Beschreibung eines Höflings hervor: »… und gehen hierauf in ein von dero Wohnung ziemlich weit entferntes Zimmer, wohin der König in Begleitung einer oder zweyer Dames unterweilen auch kömt. Zehn oder 12 Offiziere, so in sonderbarer Gnade bey dem König stehen, finden sich gleichfalls da ein, und spielet alsdann Picquet, L'Ombre und Tick-Tack, rauchet auch Taback und ist dieses der Ort, wo der

115 Das Tabakskollegium. Hier bespricht sich der König in entspannter Runde mit seinen Ratgebern, Freunden und Gästen.

König diejenigen hinkommen lässet, welche er über etwas besonderes sprechen will, wie ich denn meines Ortes zweymal in solcher Absicht allda gewesen. Aller Zwang ist aus dieser Gesellschaft verbannet und darf jedermann sitzen, inmassen der König von der Ihm sonst gebührenden Ehrerbietung zu der Zeit etwas nachlässet. Um 11 Uhr Abends beurlaubet er die Gesellschaft und begibt sich in sein Zimmer.« Und der König selbst: »Hier bin ich Mensch, hier darf ich's sein.«

Die Wände aber sind kahl: Als das Gemälde in Auftrag gegeben wird, ist das Bernsteinzimmer schon nicht mehr in Berlin. Friedrich Wilhelm hat es verschenkt. Und das kommt so:

Im Jahr 1716 erhält er Besuch aus dem Osten: Zar Peter I. aus Rußland hat sich angesagt. Ein junger Monarch, der seinen unmodernen, fast mittelalterlichen Staat nach westlichem Vorbild reformieren will. Die großen europäischen Metropolen sind Orientierungspunkte für seine neue Hauptstadt St. Petersburg. Die soll – an der Ostsee gelegen – das Fenster zum Westen werden. Sein Volk aber will dem jungen Zaren nicht freiwillig an den neuen Sitz der Residenz folgen: Nur unter den Peitschenhieben erbarmungsloser Aufseher kann St. Petersburg buchstäblich aus dem Sumpf gestampft werden.

Als 1703 der erste Spatenstich erfolgt, muß der wäßrige Grund überhaupt erst befestigt werden. Tausende verlieren bei dieser Arbeit unter widrigen klimatischen Bedingungen ihr Leben. Allein 250 Überschwemmungen werfen das ehrgeizige Projekt – Zar Peter hat sich Amsterdam mit seinen unzähligen Grachten als Vorbild in den Kopf gesetzt – immer wieder zurück. Um den ständigen Nachschub an Arbeitskräften sicherzustellen, hat sich der Zar einen zusätzlichen Trick einfallen lassen: Seine gemeinen Untertanen stellt er vor die Alternative, entweder in die Armee einberufen zu werden oder in St. Petersburg zu arbeiten. Selbst Adlige und Bürger lassen sich nur unter Zwang in der neuen Metropole nieder.

Peter – ein Despot mit Schrullen: Zum Entsetzen seines Hofes meldet sich der Monarch in regelmäßigen Abständen zu Hause ab, um – damals nicht gerade üblich – auf ausgedehnten Reisen in den westeuropäischen Ländern Leben und Kultur zu studieren. Mehrmals tritt er in der Fremde inkognito auf. Berühmt wird sein Aufenthalt in Amsterdam, wo er sich unerkannt als Zimmermann auf einer Werft verdingt – Vorlage für Lortzings Oper »Zar und Zimmermann«.

Auf dem Weg nach Amsterdam macht Peter 1697 am Hof der Kurfürstin Sophie von Hannover Station. Beim Tanzen packt er – eigentlich nur geübt in Kosakentänzen – die zarten Hüften der Hoffräulein so derb, daß er sich wundert, »daß die Rippen der deutschen Damen so hart sind und daß sie sich nicht in horizontaler, sondern in vertikaler Lage befinden«. Er weiß nicht, daß er die Pariser Korsettstangen aus Fischbein gespürt hat und nicht die leiblichen Rippen deutscher Damen.

Als Peter im Frühjahr 1716 auf Staatsbesuch nach Berlin kommt, gestaltet er auch diesen Auftritt frei nach seinem Geschmack. Vor den Toren der Stadt tauscht er seine Prunkkarosse gegen einen einfachen Wagen. Während das Empfangskomitee ergebenst der leeren Zarenkutsche zujubelt, zieht Peter unerkannt und auf Schleichwegen in die Stadt ein.

Als er eines Morgens zusammen mit Friedrich Wilhelm durch das Berliner Schloß spaziert, bleibt er, ins Tabakskollegium eingetreten, wie vom Schlag gerührt stehen. Ergriffen ringt er nach Worten und weiß nur das eine: Ein solches Bernsteinkabinett muß er haben. Dem Preußenkönig fällt die Entscheidung nicht schwer. Er braucht den Zaren als Verbündeten in seinem Krieg gegen Schweden, und so besiegelt das Bernsteinzimmer als Geschenk das preußisch-russische Bündnis. Die Paneele werden abgebaut, in 18 Kisten verpackt und unter militärischem Geleitschutz zu Wasser und zu Lande nach

116 Der russische Zar Peter liebt es, unerkannt durchs Land zu reisen. Berühmt wird sein Aufenthalt in Amsterdam, wo er sich unerkannt als Zimmermann auf einer Werft verdingt – Vorlage für Lortzings Oper »Zar und Zimmermann«.

117 Eine Zeitlang befand sich das Bernsteinzimmer im St. Petersburger Winterpalast.

***118* Als das Bernsteinzimmer im Katharinenpalais installiert werden soll, zeigt sich, daß der dafür vorgesehene Raum zu groß ist. Venezianische Spiegel und weitere Schnitzereien helfen, den Saal auszuschmücken.**

St. Petersburg transportiert. Dort wird es zuerst im Alten Winterpalais, sechs Jahre später im Neuen Winterpalais installiert. Noch im selben Jahr schickt der russische Zar 55 Lange Kerls nach Preußen, Rekruten für des Soldatenkönigs Lieblingsgarde.

Erst 1755 erhält das Bernsteinzimmer seinen endgültigen Platz. Peters Tochter, Elisabeth, läßt es in der Sommerresidenz der Zarenfamilie in Zarskoje Selo (»Zarendorf«), dem heutigen Puschkin, einbauen. Peter »der Große« hatte das hügelige Land – 25 Kilometer südwestlich vor St. Petersburg – am Anfang des Jahrhunderts seiner Frau Katharina I. geschenkt. Als sie dort heimlich ein zweistöckiges Landhaus baut, um den Zaren zu überraschen, hat das noch nicht viel zu tun mit dem späteren weltberühmten Katharinenpalais. Auf Wunsch der verschwenderischen Tochter Elisabeth, seit 1741 auf dem Thron, wird das Gebäude ganze sechs Mal bis auf die Grundmauern abtragen und vergrößert wieder aufgebaut. Wenn sie von Petersburg in das »Zarendorf« reist, so die Überlieferung, müssen sie 24 000 Menschen begleiten, um Einrichtungsgegenstände zu schleppen.

Der Raum im 1752 endgültig fertigen Katharinenpalais ist viel zu groß für die vorhandenen Bernstein-Paneele – 10,55 mal 11,50 Meter und sechs Meter hoch –, und so wird das Meisterwerk um zusätzliche Schnitzereien und 24 venezianische Spiegel erweitert, nun also eine großartige Kitschmixtur aus preußischem Barock und russischem Rokoko. Der aus Italien stammende Hofarchitekt Carlo Rastrelli braucht dafür in Zusammenarbeit mit sechs weiteren Kollegen insgesamt acht Jahre. Die Spiegel, die drei großen Fenster – allein das läßt die Bernsteinpracht glitzern und funkeln. Wenn am Abend die Kerzen in den Leuchtern an Decke und Wänden angezündet werden, ist der Zauber vollkommen.

Wir haben zwei Kunstliebhaber befragt, die das Bernsteinzimmer in Zarskoje Selo noch mit eigenen Augen bestaunt haben. »Eine traumhafte, märchenhafte, ganz eigene Welt«, schwärmt der langjährige Sowjetbotschafter in Bonn, Valentin Falin, dessen melancholischer Blick bei diesem Thema noch versunkener wirkt. »Der Besuch des Bernsteinzimmers hat in mir die Erkenntnis geweckt, daß es im Leben etwas ganz besonders Schönes geben kann.« Und die Ostpreußin Marion Grafin Dönhoff, Herausgeberin der Wochenzeitung »Die Zeit«, bringt es mir ihrer Antwort auf den Punkt: »Es war das Erstaunen, daß man so etwas aus Bernstein gestalten konnte. Das hat wohl entscheidend zu dem Mythos des Zimmers beigetragen. Wenn das nun irgendein Stein gewesen wäre, der als Verkleidung von Fußböden oder Wänden bekannt war – aber Bernstein: das war etwas ungeheuer Neues und Unfaßliches.«

KUNSTRAUB AUF FÜHRERBEFEHL

Der Raum im Puschkiner Zarenschloß hat heute leere Wände. Aber noch immer schwillt die Stimme der russischen Fremdenführer an, wenn sich eine der vielen Besuchergruppen aus dem westlichen Ausland in das kahle Geviert des ehemaligen Festsaals schiebt: »Und hier befinden Sie sich im Bernsteinzimmer!« Nur die Decke ist restauriert, alles andere bleibt der Phantasie überlassen. Dann die einfache Erklärung: »Die wertvollen Wandverkleidungen wurden während des Krieges entwendet. Man weiß nicht, wo sie sind.« »Sauerei«, sagt ein etwa sechzigjähriger Tourist aus Herford. Als wir Lampen aufstellen und Schienen verlegen, um Filmaufnahmen zu machen, kostet uns jeder Meter, den wir ausholen wollen bei der Kamerabewegung, um den Raum besser zu erfassen, weitere Devisen. Jeder unserer Schritte

120 Am ehemaligen Ort des Bernsteinzimmers sind heute die Wände großenteils kahl.

wird von einem Heer von Schloßaufsehern mit argwöhnischen Blicken begleitet, obwohl die Deutschen doch schon vor 50 Jahren den Saal leergeräumt haben.

Denn 1941, nachdem fast zwei Jahrhunderte lang das goldgelbe Kleinod im Zarenschloß – es hatte den Ersten Weltkrieg überstanden und die Oktoberrevolution – der Augenschmaus von Staatsgästen, Höflingen und schließlich Sowjetbürgern gewesen war, verkehren die Nachfahren Friedrichs das großzügige Geschenk in sein Gegenteil. Sie nehmen es einfach wieder mit. Hitlers Truppen erreichen schon drei Wochen nach Beginn des »Unternehmens Barbarossa«, dem Überfall auf die Sowjetunion, am 15. Juli 1941 die Tore Leningrads. 900 Tage lang wird die Stadt, die heute wieder St. Petersburg heißt, belagert. Keinem deutschen Soldaten gelingt es, auch nur einen Fuß über die Stadtgrenze zu setzen. Aber in die Vororte dringen sie ein – auch in Zarskoje Selo. Das heißt seit 1937 Puschkin, zu Ehren des russischsten aller russischen Dichter, der hier das Lyzeum besuchte.

Das Katharinenpalais liegt inmitten des Frontverlaufs. Eine russische Bombe zerreißt den großen, direkt neben dem Bernsteinzimmer

119 So haben die letzten Augenzeugen das Bernsteinzimmer in Puschkin noch erlebt.

gelegenen Saal. Deutscher Beschuß tut das Übrige. Doch das Bernsteinzimmer bleibt wie durch ein Wunder unversehrt. Die Wände werden in aller Eile und nur notdürftig mit Holzbrettern abgedeckt. Wind und Wetter haben nun freien Zutritt zum Palais – und die deutschen Landser. Nachdem sie sich an der pornographischen Sammlung der einstigen Schloßherrin Katharina »der Großen« sattgesehen haben, arbeiten sie sich über rauchendes Mobiliar und heruntergestürzte Decken zum »achten Weltwunder« vor. Daß auch Hauptmann Hans Hundsdörfer mit von der Partie ist, will er im Rückblick als Glück für das Bernsteinzimmer gewertet wissen. »Es war schon viel von den Wänden abgerissen«, erzählt er später, »auch die Spiegel kamen schon zum Vorschein und die Elfeinbeingemälde. Zwei Unteroffiziere mußte ich davonjagen, weil sie mit ihren Seitengewehren versucht haben, kleine Souvenirs herauszuholen. ›Das könnt ihr nicht machen‹, habe ich denen gesagt, ›das ist doch ein großes Kunstwerk.‹«

Es bleibt nicht bei kleinen Souvenirs. Die größten Kunsträuber sitzen in der Etappe. Reichsmarschall Hermann Göring hätte das Bernsteinzimmer gern für seinen Landsitz Karinhall oder ein anderes seiner sieben Besitztümer. Außenminister Ribbentrop will das Bernsteinzimmer bei zukünftigen Friedensverhandlungen mit der Sowjetunion als Faustpfand einsetzen. Die Wehrmachtführung hätte es am liebsten als Mittelpunkt des geplanten Heeresmuseums. Und im direkten Auftrag Hitlers geistert der »Einsatzstab Reichsleiter Rosenberg« (sic!) in den besetzten Ländern umher, um die dortigen Kunstgüter »sicherzustellen«. Seit Beginn des Krieges gibt es den »Sonderauftrag Linz«. Hitler will in dieser Stadt ein Museum bauen, das an Größe und Inhalt alle anderen in der Welt übertreffen soll. Dafür braucht er weit mehr als den eigenen Monumentalkitsch. Zu Beginn des Krieges erhält dieser Plan für ein »deutsches Rom« seine letzte Steigerung: Nach dem »Endsieg« sollen auch der gesamte europäische Kunstbesitz neu verteilt und alle Werke aus sogenannten germanischen Einflußzonen nach Deutschland geschafft werden. Überall in den besetzte Gebieten läßt Hitler delirienhaft »artgerechte Kunst« zusammenrauben, wobei man nach vielbändigen »Führerkatalogen« vorgeht, die der Generaldirektor der Dresdner Galerien, Hans Posse, für Hitler zusammengestellt hat. In zweifelhaften Fällen behält sich der Hobbymaler jedoch ganz persönlich die Entscheidung darüber vor, was mit beschlagnahmten Gemälden, Skulpturen, ja selbst Büchern, Waffen und Teppichen zu geschehen hat. Ob das Bernsteinzimmer auf der Wunschliste steht, ist nicht eindeutig zu sagen. Unterlagen gibt es darüber nicht, doch es steht zu vermuten.

Der Kunstraub der Nazis vollzieht sich an den europäischen Fronten unter dem Propagandaspruch: »Sicherheitsdienst rettet Kunstschätze vor der Vernichtung«; eine böse Verhöhnung der Haager Landkriegsordnung, die zwar die Evakuierung von Kunstgütern aus dem unmittelbaren Kampfgebiet vorsieht, jedoch nicht ihre dauerhafte Aneignung.

So geschieht es aber im Katharinenpalais. In nur 36 Stunden baut die SS die Bernsteinvertäfelung ab und transportiert sie in 24 Kisten per LKW »heim ins Reich«. Tagebucheintragung des 50. Armeekorps vom 14. Oktober 1941: »Abtransport der durch die Kunstsachverständigen Rittmeister Graf Solms und Hauptmann Poensgen [...] sichergestellten Kunstschätze, u.a. der Wandbekleidung des Bernsteinsaales aus Schloß Puschkin, nach Königsberg.« (Rittmeister Ernst Otto Graf zu Solms-Laubach und sein Begleiter Hauptmann Georg Poensgen unterstanden dem Chef der Heeresmuseen. Im Zivilleben waren sie Kunsthistoriker und arbeiteten für die preußische Verwaltung Schlösser und Gärten.)

Einer der getreuesten und brutalsten Vasallen an Hitlers Seite, und in dieser Zeit gar nicht so weit von Leningrad entfernt, ist Erich Koch, der Gauleiter von Ostpreußen, Amtssitz Königsberg. Von ihm stammt wohl der Beschluß, das Bernsteinzimmer nach Königsberg zu bringen, womit er vermutlich dem »Einsatzstab Reichsleiter Rosenberg« zuvorkommen wollte.

Erich Koch

Mit den passenden Argumenten wird Koch auch vom Direktor der Königsberger Kunstsammlungen, Alfred Rohde, versorgt, der sich am 9. August 1941, während der Kämpfe um Leningrad und aus Sorge um das Bernsteinkabinett, in einem Brief an seinen Gauleiter wendet: »Es müssen unbedingt die erforderlichen Maßnahmen für die Rückführung des Meisterwerks in das Vaterland ergriffen werden. Da es aus preußischem Bernstein angefertigt ist, sollte es nach Ostpreußen, nach Königsberg, gebracht werden.«

Koch plant sorgfältig, und so kommt der wertvolle Transport, schwerbewacht und als geheime Reichssache deklariert, wohlbehalten in der Ostseemetropole an. Die »Königsberger Allgemeine Zeitung« meldet am 13. November 1941: »Wände aus Bernstein im Schloß.«

Im Königsberger Schloß, einer ehemaligen Burg des Deutschen Ordens, wird das Bernsteinzimmer wieder aufgestellt: im Südflügel, dritter Stock, Zimmer 37. Eine vergleichsweise notdürftige Unterkunft, denn der vorhandene Platz reicht nicht aus: Der Rest (die langen Spiegel und die Sockelplatten) wird, in Kisten verpackt, in den Gewölben des Schlosses verstaut. Das Intarsienparkett mußte natürlich in Puschkin bleiben, ebenso die Deckenmalerei und die Kronleuchter. Gerade das alles zusammen hatte den märchenhaften Charakter des Bernsteinzimmers erst ausgemacht.

Direktor Rohde, vor unverdientem Glück halb außer sich, jubiliert in der Kunstzeitschrift »Pantheon« im Juni 1942, das Bernsteinzimmer sei »zurückgekehrt in des Wortes bester und tiefster Bedeutung in seine Heimat«. Das Wort »zurückgekehrt« macht deutlich, daß niemand daran dachte, das Bernsteinzimmer nach Kriegsende wieder zurückzugeben und es etwa vor den Zerstörungen des Krieges nur zeitweilig sicherzustellen. Das »achte Weltwunder« wird von den Nazis jedenfalls ostentativ zur Besichtigung freigegeben. Irgendwie will man wohl zeigen, daß sich die Katastrophe des Krieges bezahlt macht.

Ein Krimi beginnt

Über Nacht jedoch erreicht der Krieg auch Königsberg: Im August 1944 laden Bomber des britischen Air-Force-Generals Harris in zwei schweren Angriffen nachts ihre todbringende Fracht über Ostpreußens Metropole ab. Die Innenstadt wird zerstört, auch das Schloß brennt fast vollständig nieder.

Doch Direktor Rohde hat vorgesorgt. Nach einem Mißgeschick im Frühjahr desselben Jahres – im Südflügel des Schlosses war während einer Wehrmachtsausstellung Feuer ausgebrochen, durch dessen Rauchentwicklung das Bernsteinzimmer Schaden erlitten hatte – läßt er auch den geraubten Schatz in Kisten verpacken und im Keller verstauen.

Was passiert mit den Kisten in den beiden Bombennächten vom August 1944? Über diese entscheidende Frage machen die zwei letzten noch lebenden Zeitzeugen heute widersprüchliche Aussagen: Friedrich Henkensiefken, der ehemalige Schloßverwalter, sieht sich am Tag nach den Angriffen mit Direktor Rohde die Schäden im Schloß an. »Bei dieser Gelegenheit sagte Rohde mehr beiläufig zu mir, das Bernsteinzimmer sei ja Gott sei Dank erhalten geblieben.« Liesl Amm, eine Freundin von Rohdes Tochter, die den Direktor am selben Morgen im Schloßhof trifft, erinnert sich ganz anders. »›Na, Doktor,‹ fragte ich, ›und das Bernsteinzimmer?‹ Und er antwortete mir: ›Alles ist hin.‹« Liesl Amm wird noch heute aschfahl im Gesicht, wenn sie erzählt, wie Alfred Rohde sie anschließend in den Keller des Schlosses geführt hat: »Ich sah eine honigartige Masse, versehen mit Holzresten. Das war das Bernsteinzimmer.« Friedrich Henkensiefken weist diese Aussage entschieden zurück. Er ist davon überzeugt, die Frau habe in der Aufregung nicht genau zugehört und hingesehen.

Wir haben einen Bernstein, der im Mittelniederdeutschen eigentlich Brennstein (bernen = brennen) hieß, angezündet, um zu sehen, was geschieht: Bernstein brennt bei 375 Grad Celsius und schmilzt. Übrig bleibt keine honigartige Masse, sondern ein schwarz-grünes Destillat, für chemische Laien kaum noch als Bernstein erkennbar.

121 Bernstein brennt bei 375 Grad und schmilzt. Übrig bleibt ein schwarz-grünes Destillat. Eine Augenzeugin hat Widersprüchliches gesehen.

Was also hat Frau Amm gesehen? Tatsächlich könnten die schon vorher getrennt in Kisten verpackten Sockelplatten verbrannt sein. Tatsächlich könnte Rohde an jenem Morgen bewußt oder unbewußt widersprüchliche Äußerungen gemacht haben. Zweifelsfrei belegbar aber ist, daß er selbst zwei Tage später, am 2. September 1944, an seinen Vorgesetzten Zimmermann, den Chef der Gemäldesammlungen in Berlin, schreibt: »Das Bernsteinzimmer ist bis auf sechs Sockelplatten erhalten geblieben.« Und noch im Dezember desselben Jahres fährt er durch Thüringen und Sachsen auf der Suche nach geeigneten Unterstellplätzen für Kunstobjekte. Am 12. Januar schreibt Rohde in seinem letzten erhaltenen Brief: »Das Bernsteinzimmer wird gegenwärtig verpackt.« Und am 14. Januar sagt er zu seinem Sohn Wolfgang, das Bernsteinzimmer sei in Sicherheit.

Um die widersprüchlichen Erklärungen des Direktors Rohde im brennenden Königsberg des August 1944 kreist die bis heute anhaltende Verwirrung über das Bernsteinzimmer. Möglich immerhin, daß man dem deutschen Volk angesichts des auf sich warten lassenden Endsieges die Nachricht über das zerstörte Bernsteinzimmer vorenthalten will. Doch darin läge wenig Sinn, wo doch überall zwischen

Maas und Memel weit größere Kulturgüter in Schutt und Asche fallen. Plausibler erscheint, daß der neue Aufenthaltsort vor den alliierten Truppen verheimlicht werden soll.

Seit dem 30. Januar 1945 ist die Festung Königsberg von der Roten Armee eingeschlossen und steht unter pausenlosem Beschuß. Am 10. April 1945 geben die deutschen Truppen ihren Widerstand auf. Wie überall folgen den sowjetischen Frontsoldaten auf ihrem Marsch gen Westen Sicherheitsoffiziere und Kunstexperten. Auch Stalin schätzt den öffentlichen Flirt mit der Kunst. Doch als Mitglieder seiner Trophäenkommission im Königsberger Schloß nach dem Bernsteinzimmer suchen, sind außer billigem Ramsch nur noch ein paar Bücher und Bilder übrig.

Mord?

Letzte Hoffnung für die Russen bleibt Direktor Rohde, der in Königsberg geblieben ist. Der sowjetische Militärgeheimdienst GRU fahndet nach ihm und ertappt ihn dabei, wie er Papiere verbrennt. Er hat – soviel wissen die Sowjets – die Kisten mit dem Bernsteinzimmer als letzter unter seiner Obhut gehabt. Im Hof oder im Keller des Königsberger Schlosses. Alfred Rohde ist ein dienstbeflissener Mann. Kein glühender Nazi, aber ein deutscher Beamter. Und ein eisenharter Hüter der ihm anvertrauten Dinge. Wochenlang wird er von den Sowjets verhört. Rohde laviert, spielt den Verwirrten. Er will oder kann das Geheimnis des Bernsteinzimmers nicht lüften. Plötzlich ist Rohde tot. Offiziell heißt es, er und seine Frau seien an Typhus gestorben. Ein Schicksal, das in diesem kalten Hungerwinter 1945 Hunderte von Menschen in Königsberg traf. Doch unter Rohdes Grabplatte in Königsberg liegt kein Leichnam, und an einem natürlichen Tod müsse gezweifelt werden, wie uns der langjährige ZK-Abteilungschef der KPdSU, Valentin Falin, zu berichten weiß.

Es kann indes nicht ausgeschlossen werden, daß der ehemalige sowjetische Deutschlandpolitiker hier nur ein altes Gerücht auffrischt: In den fünfziger Jahren verbreitet die »Kaliningradskaja Prawda« den Bericht eines russischen Kunstschutzoffiziers, Rohde sei einem Giftmordanschlag zum Opfer gefallen, bevor man die Verhöre hätte beenden können.

Was folgt, ist eine verwegene, zuweilen grotesk anmutende Jagd nach dem Bernsteinzimmer. Seit 1945 hat es unendlich viele Suchaktionen gegeben, noch mehr Gerüchte und Spekulationen. Kein Hinweis ist abenteuerlich genug, um nicht Heerscharen von Mitjägern zu mobilisieren. Bei vielen wird die Suche zur fixen Idee, der verschwundene Schatz zu einem Gral. Ehemalige Soldaten erinnern sich auf einmal an geheimnisvolle Begegnungen; Ausgebombten und Flüchtlingen fallen Beobachtungen ein, die sie jahrzehntelang vergessen hatten – und immer wieder erinnert sich jemand an Kisten. Ein Politthriller, bei dem ein unsichtbarer Dritter die Fäden zieht? Es scheint, als habe sich das Bernsteinzimmer, das immerhin einige Lastwagen füllt, in Luft aufgelöst.

Selbstmord?

Zwei gebürtige Ostpreußen sind es, die bis zu ihrem fast zeitgleichen Tod im Jahr 1987 – Zufall? fragen sich manche – alle ihnen verfügbaren Spuren und Hinweise zusammentragen und unermüdlich das Schicksal des Bernsteinzimmers verfolgen: Georg Stein, ein Landwirt aus der Nähe von Hamburg, und Paul Enke, ein promovierter Jurist und Kunstliebhaber in Diensten der DDR-Staatssicherheit.

Am 20. August 1987 finden Spaziergänger in einem Wald in Bayern eine schrecklich zugerichtete Leiche. Neben dem Toten liegen Messer und Skalpell. Es handelt sich um Georg Stein. Selbstmord analysiert die Polizei, sicher zu Recht. Der Landwirt hat für die Suche nach dem Bernsteinzimmer seine gesamte Zeit aufgewendet und buchstäblich Haus und Hof aufs Spiel gesetzt. Der finanzielle Ruin und die erfolglose Suche treiben ihn schließlich in die Verzweiflung und den Tod. Doch den inszeniert er so, daß viele munkeln, Stein sei ermordet worden, weil er auf eine heiße Spur gestoßen sei.

Im Stadtmuseum von Königsberg durchforsten wir den Steinschen Bernsteinzimmer-Nachlaß. Die Ergebnisse seiner jahrelangen Forschung hat ein Förderer Steins, der Liechtensteiner Baron Eduard Falz-Fein, der Familie abgekauft und hierherschaffen lassen. Welch übersteigerte Hoffnungen die sowjetischen Kunstexperten auf das Aktenerbe Georg Steins setzen, geht aus der rührend anmutenden Beschreibung Juri Iwanows, des Vorsitzenden des Kalingrader Kulturfonds, hervor, der die Ankunft der Papiere mit dem Schnellzug »Jantar« (=Bernstein) auf dem Bahnhof, Gleis 4, erwartete: »Ach, da ist endlich der ›Jantar‹! ... Die blauen Wagen mit den gelben Querstreifen huschen an mir vorbei, da ist meiner, der dreizehnte! Durch das Fenster sehe ich Nina Petrowna, meine Stellvertreterin im Kulturfonds. Sie lächelt, nickt mir zu: ›Ich habe es! Ich habe es!‹ Das Archiv, das man, wie von einigen Zeitungen gemeldet wurde, versucht hatte zu stehlen, ist da! Die sechs großen Pappkartons nehmen ein ganzes Abteil ein.

***122** Ist der Kalischacht »Wittekind« in Volpriehausen bei Göttingen das Versteck des Bernsteinzimmers? Der Schacht ist eine unzugängliche Industrieruine.*

Auf jedem steht mit sauberen, großen Buchstaben geschrieben: ›GEORG STEIN‹. Willkommen in Kaliningrad, Georg Stein!«

Georg Stein verfolgt zeit seines Lebens, soviel geht aus den rund 30 Aktenordnern eindrucksvoll hervor, Hunderte von Spuren, ebenso viele verwirft er wieder. An einer hält er bis zu seinem Ende fest: Das Versteck ist, so glaubt er, der Kalischacht »Wittekind« in Volpriehausen bei Göttingen, ab 1938 Sitz der Heeresmunitionsanstalt. Noch bei Kriegsende lagert dort eine Unmenge an Explosivem. Im Herbst 1944 wird der Inhalt von 24 Eisenbahnwaggons im Schacht eingelagert. Augenzeugen haben große Kisten unter der Fracht entdeckt. Was war in diesen Kisten? Ganz sicher auch Bernstein – nämlich die Bernsteinsammlung der Universität Königsberg, die nach dem Krieg wieder ans Tageslicht kommt und 1958 in den Räumen des Geologischen Instituts der Universität Göttingen untergebracht wird. In der Nacht vom 28. auf den 29. September 1945 aber werden die Einwohner von Volpriehausen von einer ohrenbetäubenden Detonation geweckt: Im Kalischacht hat es eine Explosion gegeben. In der darauffolgenden Nacht gehen weitere unterirdische Sprengkörper hoch.

Hat sich restliche Munition selbst entzündet, oder haben Unbekannte den Schacht für immer verschütten wollen? Vielleicht ehemalige SS-Leute? Vielleicht alliierte Besatzungssoldaten, die einen Kunstraub vertuschen?

Noch heute ist der Schacht zu Volpriehausen eine unzugängliche Industrieruine. Georg Stein vermutet den verschollenen Schatz in 600 Metern Tiefe. »Ein Besessener«, erinnert sich Marion Gräfin Dönhoff, die Georg Stein in den achtziger Jahren ermöglicht, in der »Zeit« über seine Suche zu berichten. Stein will den Schacht unter allen Umständen öffnen, schreibt sogar an Bundeskanzler Kohl. Er bekommt keine Antwort, kann aber den Berliner SPD-Bundestagsabgeordneten Nils Diederich auf seine Seite ziehen. Der fragt im Parlament nach dem Fortgang der Angelegenheit. Im Namen der Bundesregierung antwortet der parlamentarische Staatssekretär und spätere Frankfurter Oberbürgermeister Andreas von Schoeler, da sich keine hinreichenden Anhaltspunkte für die Vermutungen ergeben hätten, werde aus Kostengründen auf Bergungsversuche verzichtet. Der Schacht bleibt zu. Aber es bleiben auch viele Fragezeichen.

Einmal nur wird Stein fündig, zufällig: Im Ikonenmuseum in Recklinghausen entdeckt Stein den Klosterschatz aus Petschur in Estland, der vom »Einsatzstab Reichsleiter Rosenberg« 1944 geraubt worden war. Der Schatz wird 1973 an die Sowjetunion zurückgegeben. Seitdem haben die Russen Stein in ihr Herz geschlossen. Ihm wird als erstem Westeuropäer der »Wladimir-Orden« der russisch-orthodoxen Kirche verliehen. Sogar in einem Theaterstück wird Stein verewigt. Der russische Schriftsteller Julian Semjonow läßt darin seinen Helden am Schluß von Agenten ermorden.

Die Stasi im Bernsteinfieber

Im östlichen Teil Deutschlands fahndet zur gleichen Zeit – nicht minder fanatisch, aber mit mehr Unterstützung versehen – Paul Enke nach dem verschwundenen Schatz. Streng geheim, die Öffentlichkeit erfährt nur durch gelegentliche Presse-Aufrufe zur Mitarbeit von der großangelegten Suche. Das hat seinen Grund: Enke sucht im offiziellen Auftrag des Ministeriums für Staatssicherheit. Um unverdächtiger recherchieren zu können, wird Enke die Legende verpaßt, er sei ein »pensionierter Mitarbeiter des Innenministeriums«. Sein oberster Boß, Erich Mielke, ist von dem Gedanken fasziniert, das gestohlene Bernsteinzimmer als Zeichen der unverbrüchlichen deutsch-sowjetischen Freundschaft an die Genossen in Moskau zurückgeben zu können. Auch Enke ist – unabhängig von seinem amtlichen Auftrag – irgendwann vom Bernsteinfieber gepackt, erzählt sein ehemaliger Führungsoffizier, Oberstleutnant Hans Seuffert, bei der Stasi zuständig für die »elektronische Kampfführung«. Doch im Unterschied zu seinem westdeutschen Mitstreiter Georg Stein ist Paul Enke von Anfang an gut ausgestattet. Ihm steht alles zur Verfügung, was er zum Buddeln braucht, sei es Geld oder schweres Räumgerät. Innerhalb der Stasi sind die Bernsteinschnüffler in der »Hauptabteilung Untersuchungsorgan« (HA IX) des Mielke-Stellvertreters Gerhard Neiber angesiedelt.

Hunderte von stillgelegten Bergwerken, verschlossenen Stollen und Kellergewölben in der DDR werden durchsucht, ungezählte Zeugen befragt. Kein Hinweis ist windig genug, um ihm nicht nachzugehen. Aber ein Flop reiht sich an den anderen.

Buddel-Tric

Immer wenn Mielke nach Moskau fährt, hat er – einige Male auch Honecker selbst – den Vorgang »Bernsteinzimmer« (Deckname: PUSCHKIN) im Gepäck, um den Genossen beim großen Bruder KGB über den planmäßigen Fortgang der Suche in der DDR zu berichten. Die werden nur einmal hellhörig: Die Zuschriften von DDR-Bürgern, die sich mit eigenen Erinnerungen und Hinweisen auf Zeitungsartikel zum Bernsteinzimmer melden, muß Mielke vollständig in Moskau abliefern. Das Prinzip »Von der Sowjetunion lernen, heißt siegen lernen« will auch hier nicht so recht funktionieren – die Sowjets selbst sagen nichts. Noch heute wundert sich Seuffert darüber, wie einseitig der Informationsfluß läuft.

Enke aber buddelt weiter. Allein für seine heiße Spur »Weiße Erde«, ein stillgelegtes Kaolinbergwerk im Raum Aue/Sachsen, setzt er 2,5 Millionen Mark in den Sand, weil die hochmodernen schweizerischen Sonden und Präzisionsbagger gegen Devisen ausgeliehen werden müssen.

Am Ende bleibt auch das Gespann Mielke-Seuffert-Enke erfolglos. Einziges greifbares Ergebnis: meterlange Regale mit Akten, die heute beim Nachlaßverwalter der Stasi, der Gauckbehörde, liegen. Sie lesen sich wie ein Musterverzeichnis für Pleiten, Pech und Pannen.

Während der turbulenten Wendewochen 1989/90 kommen einige Teile dieser Akten abhanden. Sie werden uns später mit dem Versprechen, das Versteck des Bernsteinzimmers sei darin haargenau beschrieben, gegen viel Geld im Westen angeboten.

Hans Seuffert, einstmals mächtiger Mann in der Ostberliner Normannenstraße, jetzt zwangspensionierter Heimwerker in seiner trostlosen Plattenbauwohnung, kann darüber nur noch gequält lächeln. Er klagt allerdings, daß ernstzunehmende Bernsteinzimmer-Spuren im Westen nicht gründlich untersucht worden seien.

Je länger die Stasi nämlich sucht, desto weniger mag sie den Verdacht ausschließen, daß der imperialistische Klassenfeind ihr auch hier zuvorgekommen sein könnte: US-Truppen haben im Frühjahr 1945 auch weite Teile Mitteldeutschlands eingenommen, die sie später auf Grund der zwischen den Alliierten festgelegten Besatzungszonen zugunsten der Sowjets wieder räumen müssen. Hier wie überall suchen die Amerikaner nach versteckten Schätzen der Nazis. Und sie werden fündig: Ob Hitlers unterirdisches Museum, das Gold der Reichsbank oder die Särge der preußischen Könige – vieles wird ans Tageslicht gebracht, das meiste registriert und zurückgegeben. Aber eben nur das meiste. Zahlreiche Kunstwerke gehen mit den GIs über den großen Teich in die Heimat und werden dort »privatisiert«. Daß auch das Bernsteinzimmer darunter ist, kann nicht restlos ausgeschlossen werden, ist aber eher unwahrscheinlich – als Handgepäck jedenfalls wäre es nicht zu tarnen.

Spuren

Ernster zu nehmende Spuren führen immer wieder in die ehemalige Sowjetunion. In den Kellern der berüchtigten Lubjanka, der Zentrale des sowjetischen Geheimdienstes KGB in Moskau, lagern in ungeheuren Mengen Dokumente über menschliche Schicksale und politische Affären. Nur peu à peu gelangen sie ans Licht der Öffentlichkeit. Wo jahrzehntelang das Prinzip galt, daß möglichst niemand wissen darf, wo sich was befindet, werden nun Gegenstände genauso wie Informationen meistbietend gegen Devisen verhökert. So wird plötzlich auch ein Tagebuch im Westen bekannt, das schon seit dem Jahr 1945 existiert. Darin schreibt unter dem Datum des 10. Juni der russische Kunstschutzoffizier Alexander Brjussow, der von den Deutschen verschleppte Kunstschätze, darunter das Bernsteinzimmer, wieder in die Heimat überführen soll – eben jener Offizier, der unter einem Pseudonym später die Geschichte vom gewaltsamen Tod des Ehepaars Rohde verbreitet –, er habe das Bernsteinzimmer gesehen, verbrannt in der Schloßruine: »Wahrscheinlich war der von unseren Soldaten entfachte Brand der Grund dafür.« Versehentlich hätten sowjetische Soldaten, trunken und im Freudentaumel, ein Feuer angezündet,

123 ***Vor kurzem wurde ein Tagebuch des russischen Kunstschutzoffiziers Brjussow aus dem Jahr 1945 im Westen bekannt: Er will das Bernsteinzimmer gesehen haben.***

dem auch die Kisten mit dem Bernsteinzimmer zum Opfer fielen. Viele Bernsteinzimmer-Jäger sind von der Wahrhaftigkeit der Meldung überzeugt und geben deshalb enttäuscht ihre Suche auf.

Als nach mehreren vergeblichen Anläufen unser Treffen mit Filipp Bobkov endlich zustande kommt, gilt der Brjussow-Eintragung eine unserer wichtigsten Fragen. »Vergessen Sie das Tagebuch«, winkt Bobkov ab. »Wir kennen das Tagebuch seit langem. Glauben Sie, wir hätten weitergesucht, wenn wir von seiner Richtigkeit überzeugt gewesen wären? Das hat hier niemand ernst genommen.«

Tatsächlich sucht sogar Brjussow selbst nach Kriegsende weiter nach den Bernsteinpaneelen. Dafür könnte es jedoch zwei Gründe geben. Entweder es sind nur Scheinaktivitäten, weil er zwar seinem Tagebuch anvertrauen, keinesfalls aber Stalin eingestehen mag, die eigenen Truppen seien für die Zerstörung des Kunstwerks verantwortlich. Oder aber Brjussow hat seine Königsberger Beobachtungen später selbst als voreilig erkannt und uminterpretiert. Der Ex-Vize-Chef des KGB Bobkov jedenfalls ist davon überzeugt, daß das Bernsteinzimmer nicht vernichtet wurde. Er glaubt, daß es noch heute auf dem Gebiet in oder um Kaliningrad liegt.

WUNDER BRAUCHEN ETWAS LÄNGER

Die Suche in Kaliningrad war jahrzehntelang nur sowjetischen Organisationen möglich. Die Stadt war für westliche Besucher gesperrt, denn das einstige Königsberg und sein eisfreier Hafen waren sowjetisches

Militärsperrgebiet. Heute ist das anders. Wer jedoch in die Stadt reist, in der das Bernsteinzimmer zum letzten Mal öffentlich gesehen wurde, muß nach Spuren des alten Königsberg gründlich suchen. Insbesondere im Zentrum haben die Sowjets – nachdem schon der Krieg verheerend gewütet hatte – nur wenig bewahrt, das an die frühere Ostpreußenmetropole erinnert. Die Börse steht noch und – als Ruine – der Dom. Das ausgebombte Schloß wurde restlos geschleift. An seinem Platz findet in den achtziger Jahren ein architektonischer GAU statt: In dem noch immer halbfertigen Hochhausmonster planten die Königsberger Kommunisten ihre neue Parteizentrale. Jetzt soll daraus ein österreichisches Luxushotel werden. Die Radikalkur zur Tilgung deutscher Spuren will man nach dem Zusammenbruch des Sowjetimperiums möglichst schnell vergessen machen.

Jahrzehntelang hatte man westliche Touristen schroff abgewiesen, jetzt wirbt man um sie. Überall in Kaliningrad sind Postkarten mit Motiven des historischen Königsberg und frischgedruckte alte Stadtpläne zu kaufen, junge Leute fragen nach der Geschichte. Selbst der Dom, in dem das Grab Immanuel Kants von einem Soldaten bewacht wird, soll mit westlichen Spenden wiederaufgebaut werden. Ungewöhnliche Lektüre wird auch in der Lobby des Hotelschiffs angeboten, auf dem wir in Kaliningrad übernachten: Dort liegen Zeitungen der deutschen Vertriebenenverbände aus.

In Kaliningrad hat eine sowjetische Suchkommission immer wieder nach dem Bernsteinzimmer gefahndet. Eine der größten Suchaktionen gilt 1988 einer Brauerei im Stadtteil Ponath. Eine Zeugin will sich erinnern, sie habe beobachtet, wie die SS im Januar 1945 große Kisten im Eiskeller der Bierfabrik verstaut und die Eingänge gesprengt hat. Das »achte Weltwunder« eisgekühlt?

Zunächst aber suchen die Sowjets in der falschen Brauerei. Als sie nichts finden, tut man in Moskau den Tip als Stammtischgeschwätz ab und will die Aktion einstellen. Dann erhält man die Information, daß es in Ponath noch eine zweite Brauerei gibt.

Als der Staatssicherheitsdienst der DDR davon erfährt, wird die Farce komplett. Dem großen Bruder soll tatkräftige Unterstützung widerfahren. Oberstleutnant Hans Seuffert wird eigens dafür aus dem Urlaub zurückzitiert. Vor laufenden Kameras des sowjetischen Fernsehens wird der richtige Eiskeller erwartungsvoll geöffnet. Die Sendung wird live in die DDR übertragen. Die Experten dringen tief in das

124 Die Ruine des Doms von Königsberg (Kaliningrad).

Gewölbe ein. Sie folgen dabei einem Plan, der, so Seuffert, von einem Okkultisten ausgearbeitet worden ist. Der hat zuvor ein Pendel über einer Karte Ponaths mit der Brauerei schwingen lassen und damit die exakte Stelle angegeben, wo gesprengt, gebohrt und gebuddelt werden soll. Das Grundwasser hat längst alle Räume überspült. Vorsichtig wird jeder Hohlraum untersucht.

Doch die Öffnung der verschlossenen Gänge endet enttäuschend. Keine Spur vom Bernsteinzimmer. Als wir Filmaufnahmen in der Brauerei machen, in der jetzt Limonade gemischt wird, steht die Produktion still. Nicht unseretwegen: Es gibt zur Zeit keine Flaschen, um die süße Flüssigkeit abzufüllen.

Über 200 Objekte wurden bis heute von den Sowjets auf dem Territorium der Stadt Kaliningrad untersucht, berichtet das langjährige Mitglied der staatlichen sowjetischen Suchkommission, Andrej Orlow. Allerdings nicht alle sehr intensiv. Seiner Meinung nach gab es in den letzten Kriegswochen gar keine andere Möglichkeit, die Kisten mit dem Bernsteinzimmer zu verstecken, als innerhalb oder in der Umgebung der Stadt.

Davon ist auch Valentin Falin überzeugt. Im Herbst 1990, nachdem sich bei den sowjetischen Behörden ein alter Mann mit neuen Informa-

125 Das ausgebombte Schloß von Königsberg wurde restlos geschleift. An seinem Platz steht ein halbfertiges Hochhausmonster, die neue Parteizentrale der kommunistischen Partei.

tionen als Zeuge gemeldet hat, veranlaßt Falin mit Unterstützung des KGB eine intensive Suchaktion nördlich von Kaliningrad. Doch da seit 1945 unzählige neue Birken aus dem Boden geschossen sind, läßt sich die von dem alten Mann bezeichnete Stelle nicht genau identifizieren. Trotzdem wird weitergebuddelt. Erst als die Sonden wegen der einbrechenden Winterkälte nicht mehr in die Erde dringen, wird die Aktion unterbrochen. Im folgenden Frühsommer forciert die Achse Falin-Bobkov die Suche aufs neue. »Aber dann«, so Falin, »kamen die bekannten Ereignisse des August 1991 und haben uns von weiteren Schritten abgehalten.« Mit den »Ereignissen« meint Falin den Putsch der orthodoxen Kommunisten gegen Gorbatschow, nach dessen kläglichem Ende auch der außenpolitische Stratege und Bernsteinzimmer-Liebhaber Falin seinen Schreibtisch im ZK-Gebäude räumen muß. Noch heute ist er überzeugt, daß man jahrelang nicht intensiv genug gesucht habe. Das bestätigt

126 In den ehemaligen Stallungen im Katharinenpalais von Puschkin sitzen Rekonstrukteure des Bernsteinzimmers bei der Arbeit.

auch Filipp Bobkov: »Wir hatten noch wichtigere Sorgen als das Bernsteinzimmer.«

Das glaubt man gern, aber es verwundert, daß trotz dieser Sorgen der Kreml 1980 den Auftrag erteilt, das Bernsteinzimmer neu entstehen zu lassen. Seitdem sitzen in ehemaligen Stallungen des Puschkiner Katharinenpalais Rekonstrukteure an der Arbeit. Die macht mehr Mühe als das Original. Zwar gibt es Konstruktionszeichnungen und Abbildungen vom Original, aber im Unterschied zu ihren Vorgängern im 18. Jahrhundert mangelt es den Künstlern von heute an Geld und am Rohstoff Bernstein. Als der Kreml den Startschuß für das ehrgeizige Projekt gibt, wird der Export aus der Sowjetunion streng verboten, um das Gold des Meeres ausschließlich für Puschkin zu reservieren. Doch ob jemals die riesigen Massen an Bernstein zusammenkommen, die verarbeitet werden müßten, ist inzwischen mehr als fraglich. Auch für M. Krylow, den Leiter der Werkstatt der Restaurateure in Puschkin: »Einen Mythos wieder aufleben lassen zu können, das ist für mich eine Art Selbstbestätigung. Ich habe dann das Gefühl, nicht mehr in dieser hektischen, beängstigenden Welt zu sein. Ich arbeite für die Zukunft – darin liegt der tiefste Sinn meines Schaffens.« Aber die Zukunft ist nicht glänzend, sie ist grau: Es muß bezweifelt werden, daß das »achte Weltwunder« neu entsteht.

Als wir die Werkstatt betreten, liegen zwar zwei, drei fertige Paneele aus Bernstein herum, doch die Künstler schleifen an kleinen Schmuckstücken und Schlüsselanhängern, die sie im Schloß an die Touristen verkaufen wollen. Der Baron Falz-Fein hat ihnen immer wieder Geld für Bernstein und einen Brennofen spendiert, denn die rohen Stücke werden besonders transparent und honigfarben, wenn man sie längere Zeit erwärmt. Doch inzwischen ist der Nachschub an größeren Bernsteinklumpen, der für den Fortgang des Werks notwendig wäre, seit langem versiegt. Trotzdem geben Krylow und seine Kollegen nicht auf. Vielleicht wollen sie einfach nur beweisen, daß auch sie das Handwerk beherrschen. Seit Jahren schon werden immer wieder ein und dieselben Teilstücke in den leeren Raum des Katharinenpalais geschleppt, um zu demonstrieren, wie es hier einmal ausgesehen hat und wieder aussehen soll. Und wie zur eigenen Beschwörung und der der Besucher steht im leeren Saal ein meterhohes Gerüst, das tatsächlich den Eindruck vermittelt, als stehe man hier kurz vor einer großen Tat.

Die Geständnisse des Gauleiters Koch

Der Mann, der den Sowjets die Sisyphusarbeit hätte ersparen können, sitzt bis zu seinem Tode 1986 im Kreisgefängnis Barczewo im polnischen Teil Ostpreußens: Gauleiter Erich Koch. Er machte sich nach dem Krieg zunächst aus dem Staub, tauchte mit gefälschten Papieren in Westdeutschland unter. Im Mai 1949 wird er in der Nähe Hamburgs von britischen Sicherheitskräften entdeckt und ein Jahr später an Polen ausgeliefert. Er muß noch weitere acht Jahre auf seinen Prozeß warten. Angeklagt, den Mord an 400 000 Polen veranlaßt zu haben, wird er zum Tode verurteilt. Die Strafe wird dann aber in lebenslange Haft umgewandelt.

Jahrzehntelang wird der Naziverbrecher immer wieder verhört, auch über das Bernsteinzimmer. Koch laviert mit Andeutungen und rätselhaften Hinweisen über den Verbleib des Schatzes herum, um seine polnischen Bewacher bei Laune zu halten und für sich Hafterleichterungen zu erpressen. Koch ist ein gewiefter politischer Pokerspieler. Als einzige deutschsprachige Zeitung darf er das »Neue Deutschland« lesen, aber die Protokolle seiner Verhöre beweisen, daß er bis ins hohe Alter politisch bestens informiert ist – auch ein Geheimnis, das er allen anderen Lesern des SED-Zentralorgans voraushat. Filipp Bobkov reagiert noch heute halb amüsiert, halb verärgert auf die Arglosigkeit der polnischen Vernehmer Kochs: »Wenn man ihn uns überlassen hätte, wäre mehr dabei herausgekommen.«

Von Kaliningrad aus fahren wir über die russisch-polnische Grenze nach Barczewo. Der Übergang erscheint uns als eine der bestbewachten Grenzen der Welt. Auch wir schaffen es, trotz korrekter Formulare, erst im zweiten Anlauf, sie zu passieren. Barczewo ist ein kleiner Ort am Rande der Masurischen Seenplatte, nur wenige Kilometer von Olsztyn (Allenstein) entfernt. Idyllisch gelegen: das Kreisgefängnis. Der Direktor erwartet uns, bittet zum Kaffee. Er hat Koch noch persönlich kennengelernt und versucht, sein eigenes Insiderwissen zu betonen. Unsere Ankunft spricht sich unter den Häftlingen blitzartig herum. Als wir über den Hof in den Trakt gehen, in dem Koch eingesessen hat, stehen die Gefangenen hinter ihren vergitterten Fenstern, pfeifen, johlen, singen – und einer spielt, wie auch immer, deutsche Marschmusik von einem Tonband ab. Der Direktor ist amüsiert. Zelle 12 – hier saß Erich Koch bis zu seinem Tod. Der Direktor bietet uns an, ein wegen

Stockholm
Ostsee
Gdingen
(Gotenhafen)
Gdansk
(Danzig
Hamburg
Rostock
Demmin
Szczecin
(Stettin)
Elbe
Prenzlau
Berlin
Poznan (Posen
Volpriehausen
Göttingen
Kamenz
Oder
Bad Sulza
Weimar
Köln
Erfurt
Jonastal
Döbeln
Dresden
Gotha
Zwickau
Chemnitz
Wrocla
(Bresla
Frankfurt
Plauen
Aue
Rhein
Main
Prag

Helsinki
Finnischer Meerbusen
St. Petersburg
Tallinn
(Reval)
Riga
Dvina
Dnjepr
Memel
Baltijsk
(Pillau)
Kaliningrad
(Königsberg)
Vilnius
(Wilna)
Weichsel
Warzawa
(Warschau)
Kiew
200 km
Grenzen von heute

127 Im Gefängnis von Barczewo, am Rande der Masurischen Seenplatte, saß bis zu seinem Tode Gauleiter Koch. Was haben seine Bewacher in Verhören von ihm erfahren?

Mordes zum Tode verurteilter Häftling könne vor der Kamera einen Rundgang innerhalb des eingezäunten Hofteils machen, so, wie dort Koch zu gehen pflegte. Doch wir haben kein Interesse daran, den Hofgängen Kochs zu folgen, sondern einer Spur, die er hier – absichtlich oder nicht – gelegt hat.

Das Bernsteinzimmer, so steht in einem Vernehmungsprotokoll, sei auf ein deutsches Schiff verladen worden. Welches Schiff hat Koch gemeint?

Viele deutsche Schiffe haben im Winter 1944/45 in den Häfen der Ostsee gelegen: zum Beispiel die »Emden« und die »Pretoria«, mit denen im Januar 1945 die Särge des Ehepaars Hindenburg und Militaria aus dem Ehrenmal Tannenberg in Ostpreußen nach Swinemünde transportiert wurden, bevor sie auf dem Landweg als Zwischenlager den Kalischacht Bernterode in der Nähe von Nordhausen erreichten. Oder die »Robert Ley«, die am 20. März 1945 von Gotenhafen nach Hamburg fuhr und dort vier Tage später von britischen Bomben versenkt wurde.

Deren Schwesterschiff, die »Wilhelm Gustloff«, hat traurige Geschichte gemacht: 1937 in Anwesenheit Hitlers auf den Namen des von einem Juden ermordeten NSDAP-Führers in der Schweiz getauft, gehört der Musikdampfer zunächst zur Weißen Flotte der Nazi-Freizeitorganisation »Kraft-durch-Freude«. Mit der Kraft und der Freude aber ist es bald vorbei. Im Krieg wird die »Wilhelm Gustloff« umgerüstet: erst zum Lazarettschiff, dann zum Flüchtlingstransporter. Im Januar 1945 liegt sie in Gotenhafen, heute wieder Gdingen (polnisch Gdynia), nahe Danzig. Für viele die letzte Hoffnung auf der Flucht vor der heranrückenden Roten Armee. Als der Bauch der »Wilhelm Gustloff« zum letzten Mal gefüllt wird, steht der damalige Zahlmeister-Anwärter Heinz Schön an der Reeling. »Während das Schiff am Morgen des 30. Januar beladen wurde, kamen auch schwere Kisten an Bord, die kurz zuvor von LKWs angeliefert worden waren. Proviant, glaubte ich zunächst, aber dafür waren die Kisten viel zu schwer. Später haben wir

es nicht für ausgeschlossen gehalten, daß da das Bernsteinzimmer drin war.« 6000 Flüchtlinge und kriegsverwundete Soldaten sind an Bord, als die »Wilhelm Gustloff« bei 17 Grad unter Null mittags aus Gotenhafen ausläuft. Kurz nach 21.00 Uhr feuert das sowjetische U-Boot S-13 drei Torpedos auf das Flüchtlingsschiff ab, das Kommandant Alexander Marinesco in stockfinsterer Nacht für ein deutsches Kriegsschiff hält. Die Geschosse bohren sich in die Backbordseite.

128 Am 30. Januar 1945 versenkt ein sowjetisches U-Boot die »Wilhelm Gustloff«. 5300 Menschen sterben. War auch das Bernsteinzimmer an Bord?

Das ist das Ende des Schiffes. 5300 Menschen sterben in den eisigen Fluten. Versinkt mit ihnen auch das Bernsteinzimmer, wie der Schatz der Nibelungen?

Das Wrack der »Wilhelm Gustloff« liegt 20 Meilen vor Swinemünde, 45 Meter tief, in polnischem Gewässer. Auf der Seekarte ist es zum »Navigationshindernis Nr. 73« geworden. Wir sind mit Tauchern hinausgefahren auf die Ostsee. Nach mehrmaligen Versuchen werden unsere Taucher fündig: Sie finden das Wrack, entdecken den Namen des Schiffes an der verrotteten Außenwand. Das Schiff ist zerbrochen. Immer wieder sind die Taucher gezwungen aufzutauchen. Die Tiefe erlaubt ihnen keinen längeren Aufenthalt. Im Innern des Schiffes ist zu erkennen, daß hier bereits andere getaucht haben. Schon in den frühen siebziger Jahren sind polnische Taucher in das Wrack hineingeschwommen. Mitgenommen haben sie, was immer sie für interessant hielten und bergen konnten. Auf Kisten mit dem Bernsteinzimmer sind sie nicht gestoßen. Und Anhaltspunkte dafür, daß es zwischen den sterblichen Überresten Tausender Flüchtlinge jemals gelegen haben könnte, gibt es auch nicht.

DAS GEHEIMNIS DES BORIS JELZIN

Das Ende des kalten Krieges und die Öffnung des Eisernen Vorhangs geben dem Jagdtrieb der Bernsteinzimmer-Fahnder aus Ost und West neuen Aufschwung. Die Hoffnung auf neue, bis dahin der west-östlichen Geheimniskrämerei zum Opfer gefallene Informationen bleibt nicht lange ungestillt. Am 19. November 1991 schlägt eine Überschrift der »Rabotjscha Tribuna« wie eine Bombe ein: »Bernsteinzimmer gefunden.« Der Setzer habe nur das Fragezeichen vergessen, erklärt nach Erscheinen des Artikels dessen Autor Alexander Nadscharow, der sich auf eine Mitteilung des Geheimdienstes der Sowjetarmee GRU beruft. Die Reaktion aber ist so, als habe jemand eine Lawine losgetreten.

Zur gleichen Zeit ist auch Boris Jelzin zu Gast in Deutschland. Auf einer Pressekonferenz wird er natürlich nach dem Bernsteinzimmer gefragt. Jelzins Antwort, mit schelmischem Lächeln vorgetragen: Er könne das derzeit nicht präzisieren, aber er wisse, wo es ist.

Darüber, welcher Teufel den russischen Präsidenten auf dieser Pressekonferenz geritten hat, wird noch immer gerätselt. Valentin Falin erzählt, er habe damals, angeregt durch Recherchen des »Spiegel« und eine Intervention Rudolf Augsteins, neue Informationen über den Verbleib des Bernsteinzimmers erhalten. In einem Brief, den er gerade bekommen hatte, stünden wichtige Hinweise. Dieser Brief sei noch ungeöffnet von seinem Schreibtisch im Moskauer ZK-Gebäude – während der Niederschlagung des Putsches vom August 1991 – in die Hände Jelzins gefallen und habe diesen zu seiner orakelhaften Erklärung veranlaßt.

Wahrscheinlicher ist, daß Jelzin einer Einflüsterung des Liechtensteiner Barons Falz-Fein erlag, der im Bonn-Besuch Jelzins eine Chance witterte, der Suche nach dem Bernsteinzimmer neuen öffentlichen Schwung zu geben.

Jelzins Spruch jedenfalls löst einen atemberaubenden Goldrausch aus. Der Ort ist schnell ausgemacht: das thüringische Jonastal bei Ohrdruf. Dort haben die Russen gerade infolge der deutschen Wiedervereinigung einen Truppenstützpunkt geräumt. Tausende von Schatzsuchern fallen über das Gelände her, das von unzähligen unterirdischen Gängen durchzogen ist. Kilometerlang sind die Anfahrtswege von Autos verstopft. Am Straßenrand verkaufen fliegende Händler Spitzhacken. Unter den Pilgerscharen sind Belgier und Holländer mit Bergsteigerausrüstungen, Familien mit Picknickkörben und Eispickeln – und deutsche Neonazis. Denn der Berg hat seine eigene Geschichte: Im Herbst 1944 schlagen Häftlinge aus dem nahe gelegenen Konzentrationslager Buchenwald, die anschließend alle ermordet werden, 25 Stollen in das Kalkmuschelmassiv. Hier plant Hitler sein letztes Führerhauptquartier. Code-Name: Olga. Augenzeugen wollen gesehen haben, wie in den letzten Kriegstagen, General Pattons 3. US-Armee rückt heran, deutsche LKWs – getarnt als Schweizer Rotkreuz-Wagen (die damals wirklich in der Gegend waren, um freigekaufte KZ-Häftlinge wegzutransportieren) – in die Stollen fahren, beladen mit großen Kisten. Kurz darauf werden die Eingänge von der SS gesprengt. Darüber gibt es einen angeblichen Funkspruch eines SS-Sturmbannführers: »An das Reichssicherheitshauptamt. Befehl ausgeführt. Aktion Bernsteinzimmer beendet. Zugänge befehlsmäßig getarnt. Sprengung erfolgt. Gustav Wyst.«

1959 meldet sich der Sohn von Sturmbannführer Wyst bei der »Freien Welt«, dem Organ der Gesellschaft für deutsch-sowjetische Freundschaft in der DDR. Wyst junior erklärt, er habe diese Meldung vor Jahren in einer Tasche des verstorbenen Vaters entdeckt, aber aus Verbitterung über dessen Rolle bei den Nazis auf der Stelle verbrannt. Nun sei ihm der Inhalt der verbrannten Dokumente wieder eingefallen.

Nicht nur die Stasi horcht auf. Auch der sowjetische Geheimdienst lädt den plötzlich wichtig erscheinenden Zeugen nach Moskau ein und verhört ihn. Doch an dessen Glaubwürdigkeit darf gezweifelt werden. Ein Einwand besteht zum Beispiel in der Tatsache, daß bei Objekten, die in jener Zeit höchster Geheimhaltungsstufe unterliegen, in der Funkübermittlung niemals der Klarname verwendet wird.

In den Chor der Wichtigtuer, Hellseher und Phantasten, die der Bernstein-Rausch im Lauf der Jahrzehnte unvermeidlich mobilisiert, mischt sich irgendwann auch der »Stern«-Reporter Gerd Heidemann, der schon die angeblichen Hitler-Tagebücher versilberte. In Moskau unterbreitet er das Angebot, er werde das Bernsteinzimmer, das er im

129 ***Boris Jelzin orakelte, er wisse, wo sich das Bernsteinzimmer befände. Der Ort ist schnell ausgemacht: das thüringische Jonastal. In gesprengten Bergstollen soll ein SS-Trupp den Schatz versteckt haben.***

Urwald von Paraguay entdeckt habe, gegen den in Berlin-Spandau einsitzenden »Stellvertreter des Führers«, Rudolf Heß, austauschen.

Auch die durch Jelzin ausgelöste Suche im Jonastal verläuft enttäuschend, aber nicht ohne Komik. Ein Mann versucht, sich mit seinen eigenen Hosenträgern in einem engen Schacht abzuseilen, andere bekritzeln die Stollenwände mit fiktiven Liebesgedichten Eva Brauns an Hitler und mit verschlüsselten Botschaften. Es sind nicht nur Hobbygräber, die den Berg auf oftmals abenteuerliche und ebenso gefährliche Weise attackieren. Als der thüringischen Landesregierung die öffentliche Sicherheit gefährdet erscheint, macht sich auch ein offizieller Suchtrupp auf den Weg in das Bergmassiv.

Tatsächlich enthält das Labyrinth Vorrichtungen für eine provisorische Regierungszentrale. Aber die tagelange Durchsuchung des Berges, in dem Hitler gern den Einsatz der letzten »Wunderwaffen« befehligt hätte, fördert keinerlei Spuren des Bernsteinzimmers zutage. Außerdem: Kann man etwa 25 große Kisten quer durch Deutschland transportieren und alle Beteiligten auf Dauer zum Stillschweigen verpflichten? Auch Boris Jelzin schweigt danach. Die Stolleneingänge im Jonastal sind seitdem wieder geschlossen. Aber alle paar Wochen werden die schweren Eisengitter nächtens aufgebrochen, weil Hitler-Nostalgiker dort Wallfahrtstreffen und okkulte Seancen abhalten.

Was die alten und neuen Nazis angeht, so suchen im Lauf unserer Recherchen und später, während der Dreharbeiten zu unserem ZDF-Film, immer wieder Leute Kontakt, die Informationen darüber haben wollen, daß in einem kleinen Kreis ehemaliger NSDAP- und SS-Leute die Sache eindeutig sei: Das Bernsteinzimmer befinde sich an sicherem Platz. Aber man habe sich geschworen, »Deine Ehre ist die Treue«, die wichtigste deutsche Kriegsbeute dürfe niemals wieder in die Hände der Russen fallen. Solche und ähnliche »todsichere« Tips haben wir in den letzten zwei Jahren oft erhalten.

Die lockeren Sprüche des russischen Präsidenten Jelzin lenken die Aufmerksamkeit allerdings auch auf einen ernsten politischen Hintergrund. Nicht allein die Rekonstruktionsarbeiten in Puschkin konnten als Hinweis verstanden werden, die Sowjets hätten sich mit dem dauerhaften Verlust des originalen Bernsteinzimmers abgefunden. Auch die offizielle Auflösung der staatlichen Suchkommission wies auf allgemeine Resignation hin. Viele Mitglieder der Kommission kennen allerdings bis heute nicht den wahren Grund für diesen Schritt und werfen den zuständigen Moskauer Ministerien vor, es sei keineswegs gründlich gesucht worden.

Die zeitweilige Funkstille um das Bernsteinzimmer hört schlagartig auf, als 1990, nach dem Fall der Mauer und dem Einzug eines neuen Geistes im Kreml, im deutsch-sowjetischen Vertrag die schrittweise Rückführung gegenseitigen Kunst-Beuteguts vereinbart wird. Nun wird offiziell bestätigt, daß sich in russischen Museen und Magazinen noch eine beachtliche Zahl von deutschen Kunstwerken und Bibliotheken befindet, darunter auch der »Schatz des Priamos«, jenes von dem deutschen Hobby-Archäologen Heinrich Schliemann entdeckte und dem legendären Troja-König zugeordnete Goldgeschmeide, das Stalin 1945 aus Berlin ausfliegen, dann aber stets verleugnen ließ. In weiser Voraussicht machen die russischen Kulturpolitiker jetzt eine Gegenrechnung über die im Krieg aus der Sowjetunion geraubten und angeblich noch immer in Deutschland verborgenen Kunstschätze auf. Es nimmt nicht wunder, daß in dieser auf Billionen Mark bezifferten Liste auch das Bernsteinzimmer auftaucht. Schon vor Jahren frotzelte Irina Antonowa, Direktorin des Moskauer Puschkin-Museums und gleichzeitig Mitglied der Rückführungskommission: »Gebt uns das Bernsteinzimmer zurück, dann werden wir den Schatz des Priamos zu finden wissen.«

Halten die Russen also bewußt die Gerüchteküche um das Bernsteinzimmer unter Dampf, um ihre eigene Verhandlungsposition zu verbessern? Dann fallen ihnen zumindest Filipp Bobkov und die meisten Mitglieder der ehemaligen Bernsteinzimmer-Fahndungsgruppe in den Rücken, die in den Gesprächen, die wir während unserer Recherchen führten, stets die Vermutung oder Überzeugung äußerten, das Kunstwerk befinde sich auf russischem Boden.

Gerüchte

Unweit des Jonastals liegen die deutsche Dichterstadt Weimar und das ehemalige KZ Buchenwald dicht beieinander. Daß viele Bernsteinzimmer-Sucher seit Jahren ihr Interesse immer wieder auf Weimar konzentrieren, basiert unter anderem auf einer Aussage des Gauleiters Erich Koch. Koch, ab 1941 auch Reichskommissar für die Ukraine und dort verantwortlich für die brutale Ausbeutung der Zivilbevölkerung, hat in besetzten Gebieten an Kunstwerken zusammengestohlen, was ihm unter die Hände kam. Irgendwann gibt er – stets von neuem unterbrochen von simulierten Gedächtnisverlusten – seinen polnischen Vernehmern im Gefängnis noch einen weiteren Hinweis: »Wo ihr meine persönliche Kunstsammlung findet, dort ist auch das Bernsteinzimmer.«

Koch, der sich bis zum Ende des Kriegs stets offiziell geweigert hat, wichtige Evakuierungsmaßnahmen zu genehmigen, um in der Bevölkerung keinem »Defätismus« Vorschub zu leisten, hat zumindest einen Teil seiner persönlichen Kunstbeute rechtzeitig aus Ostpreußen in den Westen gebracht.

War auch das Bernsteinzimmer dabei? Diese vielfach geäußerte Vermutung würde sich zumindest mit der Aussage des Königsberger Feuerwehrmanns Wilhelm Stolzke decken, der dabeigewesen sein und beobachtet haben will, wie auf Befehl Kochs im Sommer 1944 – also noch vor den britischen Angriffen – die Kisten mit dem Bernsteinzimmer auf Burg Lochstädt, 60 Kilometer nördlich von Königsberg, zwischengelagert worden sind. Von dort aus könnten sie möglicherweise per LKW und Bahn nach Sachsen oder Thüringen transportiert worden sein. Genausogut könnte man sie aber – wenn es tatsächlich die Kisten mit dem Bernsteinzimmer waren – nach dem britischen Bombardement erneut nach Königsberg zurückgebracht haben. Dort haben ja ab September 1944 Augenzeugen – darunter Marion Gräfin Dönhoff – die Kisten wiedergesehen.

WER SUCHT, DER FINDET

Die Spur der Kochschen Sammlung führt nachweislich in die Hauptstadt der deutschen Klassik. Daß Thüringen als »Trutzgau« das »Tausendjährige Reich« überstehen würde, dessen ist er sich mit vielen anderen sicher. Am 9. Februar 1945 nimmt der Direktor des Weimarer Landesmuseums, Walter Scheidig, die Ladung entgegen und quittiert sie. Eine amtliche Liste aus dem Jahr 1945 über die Gegenstände der Sammlung, die nach der Kapitulation Deutschlands von Scheidig an die Sowjets übergeben werden, beweist, daß zumindest ein Teil von Kochs Kunstsammlung tatsächlich in Weimar war. Doch bei den überstellten Gegenständen handelt es sich nur um ein Drittel, den minderwertigen Teil der Sammlung.

Wohin geht der Rest? Zwei Monate später, in der Nacht vom 9. auf den 10. April, wird ein Teil der Gegenstände auf LKWs – wieder tragen sie Schweizer Kennzeichen – verladen und nach unbekanntem Ort verlagert. So die Aussage Scheidigs, der wiederholt von der Stasi dazu befragt wird. Fahndungsleiter Paul Enke ist nach diesen Angaben und wegen der großen Zahl vergoldeter Leuchter auf der Liste – auch das Bernsteinzimmer schloß viele Leuchter ein – sicher, das Bernsteinzimmer sei anschließend auf dem Jagdschloß Reinhardsbrunn, nahe Gotha, zwischengelagert worden. Der Schloßherr, Herzog Carl Eduard von Sachsen-Coburg-Gotha, hatte sein Anwesen gegen Kriegsende zu Evakuierungszwecken der Reichskanzlei zur Verfügung gestellt. Enkes Nachforschungen ergeben, daß dort wirklich Kisten mit Bernstein lagerten. Erst nach seinem Tod kommt indes heraus, daß er einem Mißverständnis aufgesessen ist: Bei den Bernsteinen von Reinhardsbrunn handelte es sich um die Danziger Inklusensammlung, Fundstücke, in denen Insekten eingeschlossen sind.

Museumschef Scheidig hat als Grund für den Weitertransport der Sammlung Kochs angegeben, die Kellerräume des Landesmuseums seien nicht gegen Bomben geschützt. Bombensicher dagegen ist ein Gewölbe quasi um die Ecke: Das Weimarer Landesmuseum grenzt unmittelbar an einen Baukomplex, das sogenannte ehemalige Gauforum. Hitlers Architekt Hermann Giesler hatte nach dessen persönlichen Vorgaben rund um den Adolf-Hitler-Platz (ehemals und jetzt wieder Carl-August-Platz, zu DDR-Zeiten Karl-Marx-Platz) ein gigantisches Ensemble nationalsozialistischen Größenwahns konzipiert: vier Ge-

Weimar

bäude, die ein Karree bilden – das »Haus der Gliederungen« der NSDAP, die »Halle der Volksgemeinschaft«, das »Haus der Arbeitsfront« und den Büroklotz der Gauleitung. Verschiedene Zeugenaussagen legen nahe, daß die LKWs damals Weimar gar nicht verlassen haben, sondern, aus dem Landesmuseum kommend, nur um den Block gefahren und durch eine versteckte Einfahrt in der Brennerstraße unter dem Adolf-Hitler-Platz verschwunden sind. Denn die wie ein Fußballplatz große Rasenfläche in der Mitte der Nazi-Bauten ist mit einem riesigen, vierstöckigen Bunker unterkellert, Deckname »Werner«. In seinem Innern gibt es vermauerte Gänge und Versorgungsleitungen, die scheinbar im Nichts enden, Hohlräume und doppelte Böden, gebaut von KZ-Häftlingen aus dem nahen Buchenwald. Die Gefangenen mußten selbst dann noch weiterbauen, als der eigentliche Bunker schon fertig war. Allein für Luftschutzzwecke macht die labyrinthartige Anlage mit Sackgassen und meterdicken Trennwänden keinen Sinn. Der unterirdische Safe ist wie geschaffen für gestohlene Beute. Offiziell wurde zu DDR-Zeiten in den unterirdischen Geschossen, deren Eingang die Rote Armee nach Kriegsende sprengte, nie gesucht. Auch nicht von Enke, der in den teils lückenhaften, teils falschen Aussagen von Direktor Scheidig einen Grund fand, sich von Weimar abzuwenden.

Der Weimarer Hobbyforscher Hans Stadelmann hat schon vor der Wende in seiner Heimatstadt nach dem Bernsteinzimmer gefahndet. Stadelmann ist davon überzeugt, daß das Bernsteinzimmer mit der Kochschen Kunstsammlung in den Kellern des Landesmuseums aufbewahrt worden und anschließend nicht weit gekommen ist.

Er wittert unter dem Gauforum nicht nur Schätze und vielleicht das Bernsteinzimmer, sondern auch ein trauriges Geheimnis. In die Bunkeranlage seien 1945 von den sowjetischen Besatzern deutsche Kriegsgefangene getrieben worden, die in den Kellerräumen elendig starben. Dies – so Stadelmann – sei der Grund, warum die Sowjets jahrzehntelang Nachforschungen unter dem Platz verhindert hätten. Als er die Spannung nicht mehr aushält, bohrt Stadelmann selbst einen zugemauerten Gang auf – und landet in der Sauna einer angrenzenden Großhandelsfirma.

Wen immer wir während unserer Recherchen danach befragen, Bestätigungen für Stadelmanns Theorie finden wir nicht. Und so sucht er selbst weiter, sein selbstgewähltes Motto: »Wer nicht sucht, kann auch nicht finden.« Dann aber – Jelzins Pressekonferenz ist schuld – rückt der Platz in das Interesse der Schatzsucher aus aller Welt. Nun kommt auch die Landesregierung nicht mehr darum herum, aktiv zu werden. In ihrem Auftrag werden auf dem Platz Messungen vorgenommen – Befund negativ. Für die offiziellen Stellen ist damit die Sache erledigt. Nicht aber für die privaten Forscher um Hans Stadelmann. Aufnahmen mit Wärmebildkameras zeigen, daß Stahlwände bis tief in das Erdreich hineinragen. Genug Hohlräume scheint es also unterirdisch zu geben. Geöffnet wurde die Bunkeranlage bis heute nicht.

Anfang der neunziger Jahre taucht in Weimar auch ein kommerzielles Bergungsunternehmen aus den USA auf, das Sponsoren aus der Industrie mit der Zusage lockt, die amerikanische Fernsehgesellschaft ABC werde die Bohr- und Sprengaktionen mit Kameras aufzeichnen. Auch unser ZDF-Team wird wochenlang mit Fax-Eilmeldungen bombardiert, die Exclusiv-Bildrechte für bestimmte Bergungsversuche seien noch frei und in wenigen Tagen werde es losgehen. Aber die Amerikaner sitzen in den Weimarer Hotels und Kneipen tagelang herum, ohne daß etwas geschieht. Eine Genehmigung, in Weimar oder Umgebung Bunkeranlagen aufzubrechen, wurde bis heute bei der Landesregierung nicht beantragt.

Sicher ist, daß es in Thüringen und Sachsen noch Hunderte von unterirdischen Gängen, Kasematten und gemauerten Stollen gibt, die bei Kriegsende verschlossen und seither nicht wieder geöffnet wurden. Was sie verbergen, weiß niemand.

Aber nachdem wir zwei Jahre lang allen möglichen Gerüchten, Spekulationen und Dokumenten nachgegangen sind, führt uns die Jagd nach dem Bernsteinzimmer zurück an die Ostsee, in die Gegend von Königsberg, wo es 1944 zuletzt gesehen wurde. Jeder Transport des Schatzes aus dem Gebiet, – und erst recht über Hunderte von Kilometern, hätte – wenn überhaupt durchführbar – irgendwelche Spuren hinterlassen müssen. Und außerdem: Seit dem 30. Januar 1945 war die Festung Königsberg von der Roten Armee eingeschlossen, ab dem 31. Januar war auch jede Verbindung zum Hafen Pillau – die Reichsstraße 131 – durch sowjetische Panzer unterbrochen. Drei Wochen später wurde sie von deutschen Soldaten noch einmal freigekämpft und blieb bis zum 6. April offen.

Neueste Forschungen lassen den Schluß zu, daß Kochs Hinweis auf ein Schiff so falsch nicht war. Aber wußte er auch, daß das Bernsteinzimmer in einem ostpreußischen Hafen vielleicht nie eingetroffen ist? Heinz Schön, der den Untergang der »Gustloff« überlebte, erzählt uns eine Geschichte, die sich mit den neueren Erkenntnissen russischer Forscher bemerkenswert deckt. Danach soll eine Einheit des Volkssturms den Auftrag gehabt haben, die Kisten mit dem Bernsteinzimmer per LKW auf ein Schiff zu bringen. Unterwegs merkten die Teilnehmer des Kommandos, daß die Front bereits so nahe war, daß an ein Durchkommen bis zur Küste nicht zu denken war. Da sie das Bernsteinzimmer auf keinen Fall zurückbringen wollten und Angst hatten, daß es in die Hände der Russen fallen könnte, haben sie es in einem Moor in der Nähe von Königsberg versenkt. Alle Beteiligten kamen in russische Kriegsgefangenschaft. Einer von ihnen kam Jahre später in die Heimat zurück und hat es erst jetzt, kurz bevor er starb, erzählt.

Auch Andrej Orlow von der staatlichen sowjetischen Suchkommission hat die Information, daß LKWs – mit Kisten beladen – in Richtung Pillau an der Küste gefahren sind. Die Stadt wurde bombardiert und war nicht mehr zu erreichen. Die sowjetische Armee rückte heran. Daraufhin habe der deutsche Stoßtrupp die Kisten schon sieben Kilometer hinter der Stadtgrenze von Königsberg, in der Gegend von Metgethan, ausgeladen und versteckt. Und auch Ex-KGB-Boß Filipp Bobkov legt uns diesen Weg nahe. Er glaubt, daß es sich bei diesem Unternehmen um eine geheime Mission gehandelt hat. Denn – so sinniert er und lächelt dabei verschmitzt – die Deutschen seien immer sehr genau und würden über alles, was sie tun, Dokumente anlegen. Im Fall des verschwundenen Bernsteinzimmers aber gebe es nicht ein einziges Schriftstück, das Hinweise auf einen offiziellen Abtransport Richtung Westen enthält. Auch er ist davon überzeugt, daß das Bernsteinzimmer in oder um Königsberg herum versteckt wurde. Und: Noch 1949 wurden in der Durchfahrt des Albrechtstors des Königsberger Schlosses Bernsteinsplitter gefunden. So, als ob bei einem Transport eine Kiste beschädigt worden sei.

Tatsächlich gibt es Augenzeugen, die die Kisten mit dem Bernsteinzimmer zuletzt im Hof des Königsberger Schlosses gesehen haben wollen – fertig zum Abtransport. Das Problem ist, daß niemand von ihnen in die Kisten hineingeschaut hat und sich die Zeitangaben stark widersprechen. Gerhard Strauss, Beamter des Königsberger Provinzialamts, will die Kisten am 30. August 1944 erspäht haben. Alfred Rohdes Tochter Lotti Elias ist sich sicher, daß die Kisten im Januar

1945 aus dem Schloß Richtung Güterbahnhof gebracht worden sind. Und von Rohdes Sekretärin, Magdalena Rau, stammt die Behauptung, sie habe die hölzernen Behälter mit dem Bernsteinzimmer noch am 25. Januar 1945 im Keller der Schloßruine gesehen.

Je länger sich das Kunstwerk in Königsberg aufgehalten hat, desto unwahrscheinlicher ist es, daß einem deutschen Spezialkommando ein längerer Transport gen Westen gelingen konnte, ohne von den Truppen der Roten Armee aufgehalten zu werden. Vieles spricht dafür, daß der verlorene Schatz irgendwo zwischen Königsberg und der Ostsee sein bislang geheimes Versteck gefunden hat. Möglich, daß – sollte es jemals gefunden werden – nichts als verfaultes Holz und ein riesiges Puzzle losgelöster Bernsteinplättchen übriggeblieben sind. Sollte da die Welt nicht lieber mit ihrer Phantasie und dem Mythos des verschwundenen »achten Weltwunders« weiterleben?

Literaturverzeichnis

Enke, Paul: Bernsteinzimmer-Report. Raub, Verschleppung und Suche eines weltbekannten Kunstwerkes. 2. Aufl. Berlin 1987.

Geyer, Albert: Geschichte des Schlosses zu Berlin. Bd. 2: Vom Königschloß zum Schloß des Kaisers (1698-1918). Hg. Stiftung Preuß. Seehandlung. Bearb. v. Sepp Gustav Gröschel. Berlin 1992.

Iwanow, Juri N.: Von Kaliningrad nach Königsberg. Auf der Suche nach verschollenen Schätzen. Leer 1991.

Janßen, Karl-Heinz: Großfahndung nach dem Bernsteinzimmer. Die Zeit, Nr. 47, 16.11.1984, S. 17 ff.

Köhne, B. v.: Das Bernstein-Kabinett im Königlichen Schlosse und Das Bernsteinzimmer im Kaiserlichen Palais zu Zarskoje-Selo. Schriften des Vereins für die Geschichte Berlins. Heft XX, 1982, S. 97ff.

Rohde, Alfred: Bernstein – ein deutscher Werkstoff. Seine künstlerische Verarbeitung vom Mittelalter bis zum 18. Jahrhundert. 1937.

Rohde, Alfred: Das Bernsteinzimmer Friedrichs I. im Königsberger Schloß. Pantheon, Nr. 7, 1942, S. 200 ff.

Rudat, Klaus: Bernstein – ein Schatz an unseren Küsten. Entstehung – Gewinnung – Verarbeitung. 2. Aufl. Husum 1989.

Wermusch, Günter: Die Bernsteinzimmer-Saga. Spuren, Irrwege, Rätsel. Berlin 1991.

Die Autoren

Jens-Peter Behrend,
geboren 1945. Studium der Soziologie, Amerikanistik und Theaterwissenschaft. Von 1974 bis 1980 Redakteur beim Sender Freies Berlin, danach freiberuflich als Autor und Regisseur zahlreicher Kinderprogramme, Fernsehdokumentationen und Fernsehspiele.

Michael Gregor,
geboren 1951. Studium an der Film- und Fernsehakademie in Berlin. Seit 1987 freiberuflich tätig als Autor, Kameramann und Regisseur von Fernsehdokumentationen mit dem Spezialgebiet Lateinamerika.

Hans-Christian Huf,
geboren 1956. Studium der Geschichte, Germanistik, Politologie und Soziologie in München, Paris und Bordeaux. Seit 1987 in der Redaktion »Kultur und Gesellschaft« des ZDF. Leitender Redakteur der Prime-Time-Fernsehserie »Sphinx- Geheimnisse der Geschichte«.

Günther Klein,
geboren 1956. Studium der evangelischen Theologie, Kunstgeschichte und Journalistik. Seit 1984 bei verschiedenen Fernsehsendern, darunter für vier Jahre beim Südwestfunk. Seit 1991 Redaktionsleiter bei der Ifage-Filmproduktion in Wiesbaden.

Ulrich Lenze,
geboren 1947. Studium der Rechtswissenschaft und Politik in Hamburg und Bonn. Arbeitete als Verlagslektor und freier Journalist für Rundfunk und Zeitschriften, seit 1982 Autor und Regisseur zahlreicher Fernsehfilme, Produzent bei der Multimedia-Gruppe, Hamburg.

Eike Schmitz,

geboren 1944. Studium der Klassischen Philologie und der Anglistik. Lehrtätigkeit an der Cornell University, USA, und an der Technischen Universität Berlin bis 1981. Seither freiberuflich tätig als Autor und Regisseur von Fernsehdokumentationen.

Heiner Stadler,

geboren 1948. Studium der Publizistik und Theaterwissenschaft, anschließend Hochschule für Fernsehen und Film in München. Freiberuflicher Autor, Regisseur und Kameramann bei Dokumentar- und Spielfilmen. Zahlreiche Auszeichnungen.

Nina Steinhauser,

geboren 1958. Studium der Geschichte, Germanistik und Erziehungswissenschaften in Mainz. Nach dem zweiten Staatsexamen ständige freie Mitarbeiterin der Redaktion »Zeitgeschichte« des ZDF, seit 1990 für verschiedene Fernsehanstalten als Autorin und Regisseurin tätig.

Bildnachweis

Archiv für Kunst und Geschichte, Berlin: 2, 3, 4, 18, 22, 31, 45, 51, 69, 70, 76, 110, 115, 116

Atlantis-Film: 80, 81, 82, 84, 85, 86, 87, 88, 89, 90, 91, 92, 93, 94, 95, 96, 97, 98, 99, 100, 101, 102, 103, 104, 105, 106, 107, 108

Bibliothèque Nationale, Paris: 25, 47

Bildarchiv Preußischer Kulturbesitz, Berlin: 37, 119

Farkas, Gyula: 24, 26, 27, 28, 29, 30, 32, 33, 34, 35, 36, 38, 39, 40, 41, 42, 43, 44

Gregor, Michael: 1, 5, 6, 7, 8, 9, 10, 11, 12, 13, 14, 15, 16, 17, 19, 20, 21, 23

Heidbrink, Frank: 48

Klein, Günther: 49, 50, 52, 53, 54, 55, 56, 57, 58, 59, 60, 61, 62, 63, 64, 65, 66, 67, 68, 71, 72, 73, 74, 75, 77, 79

Kunsthistorisches Museum, Wien: 46

Lenze, Ulrich: 109, 111, 112, 113, 114, 117, 118, 120, 121, 122, 123, 124, 125, 126, 127

Staatsgalerie Stuttgart: 78

Unbekannt: 83, 128, 129

Register